良質な筋肉をつくるための

山本式
アスリート栄養学

微量栄養素とスカベンジャー編

山本義徳
Yoshinori Yamamoto

下

永岡書店

はじめに

「必要な栄養は食事から摂りましょう」。この文言は医師や栄養士の間で金科玉条のように使われ、耳あたりもよく、人工的なものを嫌い、自然なものを好む現代の風潮に合っています。

しかし、昔の支配者層が健康的だったとは限りません。ミイラをＣＴスキャンしたところ、その多くに動脈硬化が認められたという報告があります。農薬も添加物もなく、安全で栄養豊富なはずの食物ばかり食べていたはずなのに、なぜそうなるのでしょうか。

「多くの食材をバランスよく食べればよい。それが健康的な食事というものだ」。当然のように言われる言葉ですが、現実はそうでないことを歴史が証明しています。

健康になるためには、どのような食事をすればよいのでしょうか。それを知るためには、食物が含んでいる栄養素について詳しく知る必要があります。それも表層的な知識ではなく、生化学に根差した厳密な因果関係によって成り立った知識を得ていかねばなりません。

現在の栄養学は残念ながら経験に依拠するものが多く、カントの言うような数学的厳密性は担保されていません。「ある人にはこの食事法が効果的だったが、別の人には効果がなかった」となるようでは、科学とは言えないのです。

栄養学を少しでも本当の科学に近づけたい、それが筆者の念願でもあります。

この書は２０１７年にＰＯＤ（Print on Demand）で発行された『アスリートのための最新栄養学　上下巻』に加筆し、イラストなどを加えて読みやすくしたものです。上巻では炭水化物とタンパク質、脂肪。下巻ではビタミンとミネラル、スカベンジャーについて解説してあります。

五大栄養素とスカベンジャーについて最新の知識を得たいアスリートやトレーナーのために。そして、筆者に生涯学習の扉を開けてくれた故・三石巌氏のために。

山本義徳

Contents

Part 2
健康維持に必須な無機質
ミネラル

Chapter 2 カルシウムの働き 149

Chapter 3 鉄の働き 161

Chapter 4 亜鉛の働き 174

Chapter 5 マグネシウムの働き 186

Chapter 3 代表的なスカベンジャー 261

◎本文中に多出する（※1）といった※と数字の表記は、筆者が執筆の際に参考にした文献や研究報告を示し、巻末の「参考文献・資料一覧」で出典を記載しています。

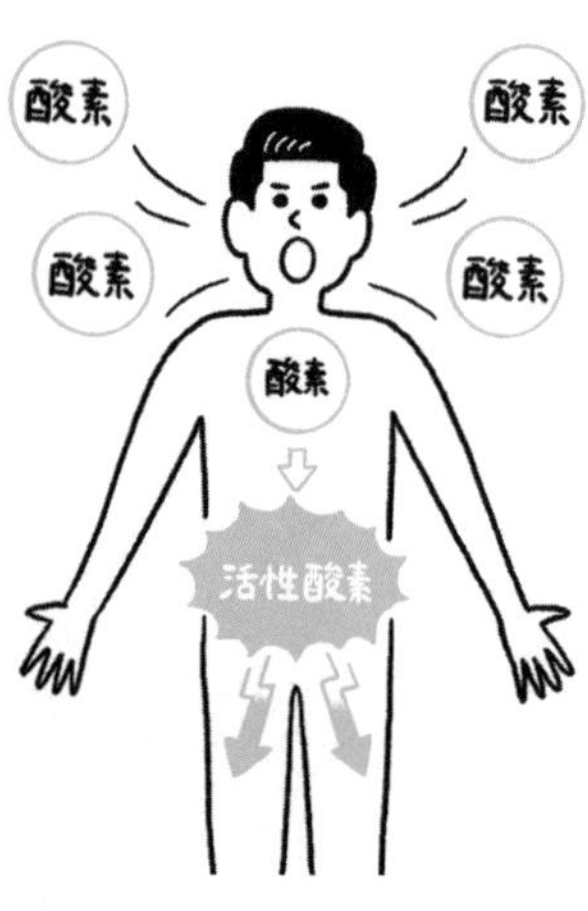

Part 1

代謝を助ける

ビタミン

ビタミンの基礎知識

糖質・脂質・タンパク質の代謝を助ける栄養素です。
体内ではつくれないため食事やサプリメントなどから摂取します。

主なビタミンの働き

代謝に関わる酵素の働きを助けるなど、体の機能を正常に保つために必要な栄養素です。体内に存在する量はとてもわずかですが、多くは合成ができないため食事やサプリメントなどから摂取する必要があります。また、それぞれのビタミンに働きがあります。

※それぞれの働き・欠乏症・過剰症については
各ビタミンの解説ページを参照してください。

ビタミンB群は補酵素としてエネルギー代謝に働く

ビタミンB群は、特にエネルギー代謝の補酵素として、糖質や脂質、タンパク質がATPをつくるのを助けます。そのため、ビタミンB群が不足すると疲れやだるさを感じやすくなったり、集中力の低下などにもつながります。

水溶性ビタミンと脂溶性ビタミンの2種類に分けられる

水に溶けやすい性質の「水溶性ビタミン」と、水に溶けない「脂溶性ビタミン」に分けられます。水溶性ビタミンは体液に溶けて体内をめぐり、余分は尿として排出されます。一方、脂溶性ビタミンは肝臓や脂肪組織に貯蔵され、少しずつ使われます。

余分な水溶性ビタミンは尿として体外に排出されるため、食事からこまめに摂取する必要がある。

脂溶性ビタミンは簡単に排出されないため、過剰に摂取すると不調を引き起こすことも。

多く含まれるもの

脂溶性ビタミン

●**ビタミンA**：レバー／うなぎ／チーズ／卵　●**ビタミンD**：キノコ類（シイタケ、キクラゲ）／魚介類（マイワシ、鮭）／卵　●**ビタミンE**：種実類（アーモンド、落花生）／植物性油脂／野菜類（モロヘイヤ、カボチャ）　●**ビタミンK**：のり／野菜類（パセリ、しそ）／納豆／鶏肉

水溶性ビタミン

●**ビタミンB1**：豚肉／うなぎ　●**ビタミンB2**：レバー／ブロッコリー／アボカド／牛乳　●**ビタミンB3**：魚介類（タラコ、マグロ、サバ）／鶏胸肉　●**ビタミンB5**：鶏肉／レバー／シイタケ／納豆　●**ビタミンB6**：ニンニク／イモ類（ジャガイモ、サツマイモ）／魚類（マグロ、カツオ）／ブロッコリー　●**ビタミンB7**：レバー／豆類／卵黄　●**ビタミンB9**：レバー／野菜類（モロヘイヤ、ホウレンソウ、ブロッコリー）　●**ビタミンB12**：レバー／貝類（牡蠣、アサリ、シジミ）　●**ビタミンC**：果物類（キウイフルーツ、レモン、いちご）／野菜類（ピーマン、ブロッコリー、ホウレンソウ）

Chapter 1

ビタミンとは何か？

生きていくために必要な「代謝」を効率的に行うためには、ビタミンが不可欠です。
十分なビタミンを摂ることについても考えてみましょう。

ビタミンは重要な栄養素

「優先順位が高いサプリメントは？」と聞かれたら、多くの人が「プロテイン」とか「アミノ酸」、「クレアチン」などと答えるのではないでしょうか。

でも、ちょっと待ってください。プロテインもクレアチンも、「ビタミン」や「ミネラル」がないと、本来の効果を発揮できません。「飲んでも体感できない！」といってサプリメントプログラムからビタミンを外してしまう人も多いですが、それではダメ。ビタミンやミネラルはまさに「縁の下の力持ち」として、見えないところでしっかりと働いてくれているのです。

この章ではビタミンが私たちの体の中で、どのような働きをしているのかについて解説していきます。

ビタミンの働き

私たちが生きていくためには、食べ物を消化する、エネルギーを生産する、骨や筋肉、内臓の細胞を新しく入れ替えるといった、さまざまな化学反応が必要です。このように**人間の体内で起こる化学反応のことを、特に「代謝」と呼びます。**

その**代謝に必要とされるのが「酵素」**です。酵素というと「消化酵素」がすぐに思い浮かぶと思いますが、ほかにも抗酸化作用を持つ抗酸化酵素や、エネルギーを合成する酵素、ＤＮＡを複製する酵素など、さまざまな種類の酵素があります。

酵素は、ＤＮＡのメッセージを受けて「タンパク質」からつくられます。そのため、酵素をつくるには、まず十分なタンパク質（アミノ酸）がなければいけません。食事でタンパク質をしっかり摂取していないと酵素をつくることができず、代謝がうまくいかなくなってしまいます。

さらに、タンパク質さえあれば代謝が順調に進むというわけではありません。酵素が反応を起こすとき、多くの場合において、反応を助けてくれる「触媒」も必要なのです。この触媒を「補酵素」と呼び、**補酵素の多くがビタミンです。**

角砂糖にライターの火を近づけてみましょう。そのままだと火は点きません。しかし、角砂糖にタバコの灰をこすりつけ、その灰に火を近づけてみると角砂糖に火が点くはずです。

ビタミンは触媒として、この灰のような働きをしています。


通常では遥かに高い温度でないと起こらないような化学反応を、体温より少し高い程度の体内で起こすことができる。それが酵素の素晴らしい役割です。

運動するときにウォームアップをしますが、それは酵素の働きを高めることにもつながります。普通より高めの体温になると、酵素の活性が高まるのです。つまり、ウォームアップが完了する頃にはエネルギーを合成する酵素が活性化したり、筋肉の収縮に必要な酵素が活性化したり、神経伝達物質をつくる酵素が活性化したりしているということです。

補酵素としてのビタミン

多くの酵素は「アポ酵素」と「補酵素」の2つが組み合わさってできています。**アポ酵素はタンパク質**です。そして多くの場合、補酵素はビタミンとなっています。

アポ酵素だけでは酵素として働くことはできませんが、補酵素が組み合わさると「ホロ酵素」と

●アポ酵素と補酵素の関係（GABAの場合）

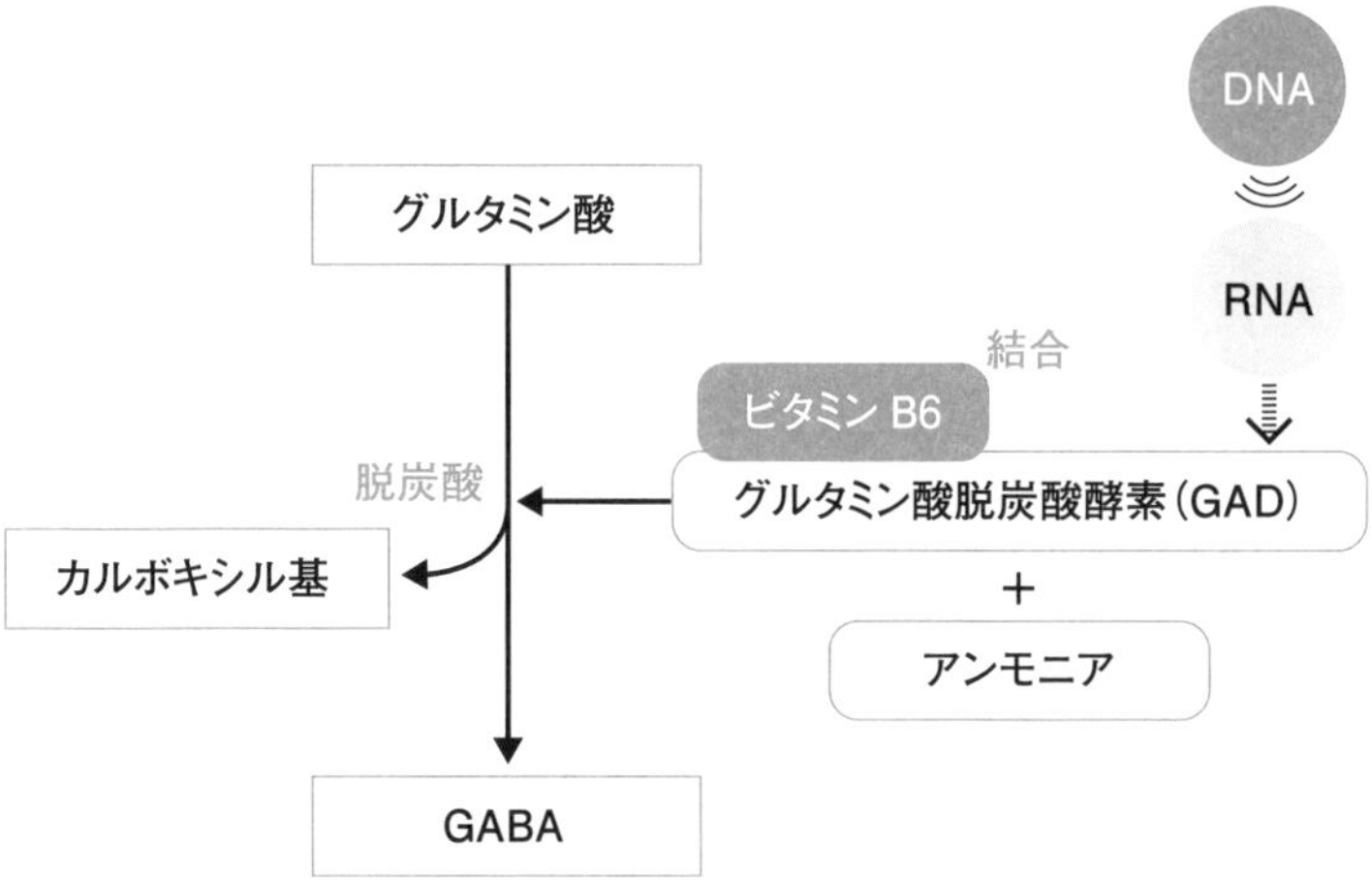

なり、はじめて機能します。

では、アポ酵素とビタミン（補酵素）の関係がわかる例として、体内でGABA*という神経伝達物質ができるときの流れを追ってみましょう。

アミノ酸の「グルタミン酸」に、アンモニアと「グルタミン酸脱炭酸酵素（GAD）」が働くことによって、GABAはつくられます。脱炭酸、つまりグルタミン酸からカルボキシル基を外すのが、この酵素の働きです。

しかしGADは、そのままだとうまく働きません。**GADにビタミンB6が結合することによって酵素の形が変わる**のです。そうして酵素の形が変わることでグルタミ

*** GABA（ギャバ）**
γ－アミノ酢酸。交感神経の働きを抑制し、集中力を高める作用やリラックス作用、血圧低下作用などがある。

ン酸やアンモニアのレセプターができ、はじめてこれらと結合できるようになります。

「パーフェクトコーディング」の考え方

私たちの体内にはＧＡＤもビタミンＢ６も存在します。しかしこの２つの物質がうまい具合に出合わないと、ＧＡＢＡはつくられません。反対に、出合う確率が高くなればなるほどＧＡＢＡはできやすくなります。

出合う確率を高くするには、量を増やせばいいわけです。つまりＧＡＤとビタミンＢ６が多ければ多いほど、ＧＡＢＡは多くできることになります。実際に「ビタミンＢ６を摂取したところＧＡＤの活性が高くなり、ＧＡＢＡが増えた」という報告があります。（※１）

ＧＡＢＡをつくるコーディングの例

まずＧＡＤをつくるため、ＤＮＡに記されているタンパク質配列情報（コード）をＲＮＡが転写します。このように転写された情報を基にタンパク質をつくることを「翻訳」と呼びますが、翻訳されたＧＡＤにビタミンＢ６が結合し、さらにアンモニアとグルタミン酸が結合することでＧＡＢＡができあがります。

ここまでの流れ、すなわち**「DNAからスタートして、目的とする物質ができるまでの代謝」のことをまとめて「コーディング」と呼びます。**

そして、すべての代謝を滞りなくスムーズに達成し、体が目的とする物質を得られる状態に保っておくことを、物理学者であり、分子栄養学を提唱した故・三石《みついし》巌《いわお》氏は「**パーフェクトコーディング**」と名付けました。パーフェクトコーディングが達成できていれば、体が求めるすべての代謝は完遂され、健康レベルは最高になるわけです。しかし、すべての代謝を完全に行うことは、そう簡単ではありません。

補酵素との結合しやすさは人それぞれ

人によって、持っているDNAはそれぞれ異なります。つまりGADの構造も人によって微妙に違いがあるということになります。

GADはビタミンB6と結合しますが、このレセプターの形もDNAによって異なります。要するに、人によってビタミンB6と結合しやすいGADだったり、結合しにくいGADだったりするわけです。結合しやすいGADを持つDNAの人であれば、ビタミンB6は少なくても構いません。反対に、結合しにくいGADを持つDNAの人の場合、大量のビタミンB6がないとうまく結合してくれないということになります。

つまり、**DNAの違いによって、補酵素であるビタミンとの結合しやすさが異なる**ということであり、これこそが「体質を決める重要な一因」となっています。この結合しやすさの程度のことを、三石巌氏は「**確率的親和力**」と名付けました。

例えば、ビタミンCにはコラーゲンを合成する作用や、免疫を高める作用があります。ケガをしにくい人はコラーゲンを合成しやすい人なので、「コラーゲンを合成する酵素とビタミンCの確率的親和力が高い」と推測できます。

一方で風邪を引きやすい人の場合、この人は「免疫細胞をつくる能力が低く、免疫細胞をつくる酵素とビタミンCの確率的親和力が低い」と考えられるでしょう。この人（確率的親和力が低い人）がそれを解決するためには、十分な量のビタミンCを摂取して、免疫細胞とビタミンCが結合する確率を高めるしかありません。

パーフェクトコーディングを達成するためには、十分な量のビタミンを摂取して、酵素がスムーズに働くようにすることが大切になるのです。

「ビタミンカスケード」の理論

三石巌氏の提唱したもう一つの理論が、**「ビタミンカスケード」**です。カスケードとは「段々滝」のことで、**人によってビタミンの使われ方の優先順位が異なる**という理論です。

ビタミンCの例で解説しましょう。

滝の最上流から一定量のビタミンCの水を流すのを想像してください。
最初の滝で「コラーゲン合成」に水が流れ落ち、次の滝で「インターフェロン合成」に水が流れ落ち、3番目の滝で「活性酸素除去」、4番目の滝で「鉄の吸収促進」に水が流れ落ちていきます。すると、その後に続く最後のほうの滝には、まだまだ「アルコール分解」や「副腎皮質ホルモン合成」があるのに、もう流れる水が残っていません。この人はケガをしにくく(コラーゲン合成)、風邪やがんに罹《かか》りにくい(インターフェロン合成)のに、アルコールの分解や副腎皮質ホルモンの合成ができないため、お酒やストレスに弱いということになります。

別の人では、最初の滝に「アルコール分解」や「副腎皮質ホルモン合成」があるかもしれません。その人はアルコールやストレスには強いけれど、ケガや風邪、がんなどの問題を抱えることになります。この場合も、大量にビタミンを摂取することで解決することができます。つまり、**カスケードの最下流の滝にまで、十分水が流れ込むようにする**ということです。

三石氏が「ビタミンカスケード」理論にたどり着くまで

三石巌氏は、１９６１年、60歳の頃に白内障の診断を受けました。医師から「失明は免れない」と言われましたが、だからといって黙っているわけにはいきません。文献をあさり、「白内障はビタミンＣの不足が関係している」ということを発見しました。

そのとき三石氏が考えたのは、「なぜ自分の妻は白内障になっていないのに、自分だけなったのか」ということです。同じようなものを食べているのだから、ビタミンＣの摂取量は同じくらいのはずです。そこで「個人差」の原因を考えるに至り、ビタミンＣの注射を続けて、自力で失明を免れることになったのです。

それから約半世紀が過ぎ去り、国内のコホート研究で「ビタミンＣの摂取量が多いほど、白内障になりにくい」ということが示されました。（※２）

２００７年にようやく発表されたこの論文では「欧米ではビタミンＣと白内障の関連が報告されていたが、日本人にも同様の傾向があるかどうかわかっていなかった。このコホート研究で、日本人においてもその可能性があることがわかった」と言っています。

ビタミンの過剰摂取による影響は？

「ビタミンを十分に摂取することにより、体の求めるホロ酵素が十分につくられ、代謝が完遂される」という流れは理解していただけたと思います。ここで気になってくるのが、「摂り過ぎの弊害」です。ビタミンを大量に摂取することの副作用には、どのようなものがあるのでしょうか。これについては個々のビタミンの項で詳しく解説していきますが、先にざっと紹介しておきます。

まずはビタミンを「水溶性」と「脂溶性」に分けて考える必要があります。水溶性ビタミンにはビタミンＢ群やＣ、脂溶性ビタミンにはビタミンＡやＤ、Ｅ、Ｋが挙げられます。

水溶性ビタミンについて

ビタミンＢ群やビタミンＣなどの**水溶性ビタミンは、大量に摂取したとしても余剰分はすぐに尿中に排出されてしまいます**。ですから、**過剰摂取はほとんどの場合で問題ない**と言っていいでしょう。

ビタミンＢ６の場合は神経障害を起こす可能性が示唆されていますが、一般的な摂取量であればまったく問題ありません。ビタミンのサプリボトルを一気飲みするようなことがなければ大丈夫です。

また、ビタミンCの場合は「シュウ酸*の濃度が高くなり、結石の原因になる」と言われていたことがあります。しかし、この場合も腎臓に問題のある患者が大量に摂取した場合の話で、通常はなんの問題もありません。

さらに、**水溶性ビタミンが水に溶ける性質を利用して、利尿作用を狙うこともできます**。ビタミンB群やビタミンCを大量に摂取すると、体内の余計な水分を排出することができるのです。むくんでいるときや、計量で一時的に体重を減らしたいときなどには、このことをちょっと思い出してみましょう。

脂溶性ビタミンについて

水溶性ビタミンはすぐに体外に排出されますが、脂溶性ビタミンは体内に留まります。そうなると、なんらかの悪影響が懸念されます。

＊シュウ酸

2つのカルボキシ基の炭素原子が直接結合した構造を持つ「ジカルボン酸」。ホウレンソウ、パセリ、ショウガなど一部の野菜に含まれる。

ビタミンEの影響

後述のとおり、ビタミンEは全部で8種類に分けられます。このうち、ほとんどのものは水溶性ビタミンと同様に余剰分はすぐに体外へ排出されるため、副作用の心配はまったくありません。ビタミンEの中でもっとも活性の高いD‐α‐トコフェロールはα‐TTPと呼ばれるタンパク質と結合して体内に貯留しますが、厚生労働省の報告でも、ビタミンEの過剰摂取による弊害はほとんど認められていません。よってビタミンEの過剰摂取については問題ありません。

ビタミンDの影響

実は、ビタミンDはホルモンのように作用し、他のビタミンとは少し性質が異なります。また、ビタミンDはカルシウムの吸収を高める作用もあるため、長期にわたって摂り過ぎると高カルシウム血症*を起こすこともあります。

ただし、実際にはビタミンDは不足している人が多く、また、ビタミンDを補うことでさまざまな健康への効果があることもわかってきています。現在、欧米ではサプリメントとしてビタミンDを摂取することがトレンドとなっており、特に副作用の問題は出ていません。詳しくは後述(➡91ページ)します。

＊ **高カルシウム血症**
血液中のカルシウム濃度が高い状態。腎臓に結石ができたり、骨がもろくなったりする原因になる。

ビタミンＡの影響

最後にビタミンＡです。これがもっとも議論の出てくるところではないでしょうか。

フィンランドで行われた有名な研究によれば、喫煙者に限り、βカロテン（ビタミンＡの前駆体）を摂取することでがんによる死亡率が高まったとされています。

しかし一般に、がんは数十年かけて大きくなっていくものです。この研究では調査期間が５～８年だったため、βカロテンのサプリメントを摂取したときには既にがん細胞が体内にあったのかもしれません。

また、βカロテンは抗酸化物質として作用しますが、このときビタミンＣやＥと一緒に働いています。喫煙者は体内のビタミンＣが少ないため、βカロテン自体が弱い活性酸素になってしまう場合があるのです。

ビタミンＡについて、厚生労働省の報告では、「経口あるいは筋肉注射で適切に使用する場合、おそらく安全だ」とされています。また、一時的に何かの間違いで大量摂取してしまった場合もそれほど害はなく、長期にわたって毎日大量に摂取した場合にのみ害が表れるとされています。

よってビタミンＡの場合も、ラベルに書いてある量を普通に摂取するのであれば、特に過剰性の心配はしなくていいと思われます。これについても詳しくは後述します。

「天然」と「合成」に違いはあるのか？

「合成は体に悪く、天然のものは体によい」。そう思う人が大半だというのは、心情的には理解できます。しかし、フグや毒キノコの例を挙げるまでもなく、体に悪い天然のものはいくらでも存在します。また、ビタミンに限らず、「合成のサプリは効かない」という意見もありますが、薬は合成のものが大半です。合成がダメだったら、大半の薬も効かないということになってしまうのではないでしょうか。

人間の体は、分子構造が同じである限り、天然モノと合成モノを区別することはできません。例えば、ビタミンB群やビタミンCのように、水溶性のビタミンは天然のものとまったく同じ分子構造のものを合成することができます。ですから、これらのビタミンは「天然も合成もまったく同じ価値」だと考えてください。

しかし、ビタミンAやEなどの脂溶性ビタミンは分子構造が複雑で、天然とまったく同じものを合成できません。そのため、昔は合成のビタミンAやEが流通していましたが、その効力の弱さが指摘されるようになり、今ではほとんどが天然の材料から抽出した製品になっています。つまり、一般的なメーカーが販売しているビタミン製品であれば、たいていは天然のビタミンAとEが使われているのです。

ただし、天然を謳《うた》っているサプリメントの中には、高価なのをごまかすために「天然」を強調しているものもあります。**しっかりと成分表を見比べ、本当の価値を見極めて選ぶようにしたい**ものです。

ビタミンは食事で十分に摂れるのか？

「栄養は食事から摂取すること。サプリメントに頼ってはいけません！」。頭の古い栄養士や医師が言いそうな言葉です。まず、食事から十分にビタミンを摂取しようとすることの問題点を挙げましょう。

●農薬や除草剤の使用により、現在の野菜類は昔よりも栄養成分が減っている。もちろん農薬や除草剤自体の悪影響も懸念される。

●忙しい現代人にとって、毎食栄養バランスを考えて自炊するのは無理な話。
●食物から十分なビタミンを摂取するのは不可能。例えば、ビタミンEの冠状動脈疾患予防効果を得るには1日に200IU*以上の摂取が必要だが、食事から摂取できるのはせいぜい10IU程度。免疫力をアップさせるためにビタミンCを1g摂ろうとしたら、レモンを1kg食べなければならない。
●安全で栄養豊富な野菜を手に入れることはできるかもしれないが、非常に高価になると思われる。

ちなみに、厚生労働省もこのあたりのことはわかっているようで、「妊婦は葉酸(ビタミンB群の一つ)のサプリメントを摂取することを勧める」としています。国の立場としては、ビタミンは食事から十分に摂取可能だとしたいところでしょう。しかし、胎児の障害を防ぐため、妊婦が必要とする葉酸摂取量は、普通に食事で摂れる量を明らかに超えてしまっているのです。

また、ここでは詳しく触れませんが、野菜は生物に食べられるのを防ぐため、もともと自分の中に「毒物」を仕掛けていることが多いのです。「アク」があるのも、そのためです。ですから、野菜を無理して食べる必要はありません。

＊**IU(アイユー)**
International Unit(国際単位)の略。ビタミンやミネラルで近い分子構造を持つ物質が同じような働きをもつときに使う、生体内での活性量を示す単位。

ビタミンのサプリメントは効率的

「完全な食事プログラムを栄養士に毎日つくってもらう」「三食とも自炊して、好き嫌いを言わずに食べる」「値段の高さには目をつぶって、ビタミンたっぷりの有機野菜を買い求める」……。このような条件をすべて満たすことができるなら、もしかするとビタミンの不足は起こらないかもしれません。

でも、そんなのは無理な話です。普通の人でさえビタミンが不足していることのほうが多いのに、トレーニングをして、より多くの栄養が必要な人ではなおのことでしょう。それならば**サプリメントでビタミンを摂るようにしたほうが遥かに効率的**で、「このビタミンが足りないんじゃないか?」と不安になるようなこともありません。実際問題として、ビタミンの過剰摂取による問題は起こらず、安くてよいビタミン製品がいくらでもあります。ここは賢く、サプリメントに頼ることにしましょう。

Chapter 2

ビタミンAの働き

免疫力を高めるなどの効果が期待できるビタミンA。過剰摂取をいたずらに不安がらず、適切に摂取することをおすすめしています。

ビタミンAの概要

●体での主な作用

＊夜盲症を防いだり、さまざまな目の障害の治療を助ける・細胞の成長を助ける・成長ホルモンをつくる手助けをする・粘膜を強くする・肌のみずみずしさを保つ・免疫力を上げて病気に罹りにくくする、など。

●不足すると

夜盲症になる・目が乾く・成長が遅れる・乾燥肌になる・免疫が低下して病気になりやすくなる、など。

＊**夜盲症（やもうしょう）**
網膜細胞に異常があり、夜や暗いところでの視力が著しく低下する病気。俗に「とり目」という。

発展途上国ではビタミンＡ不足のため、毎年50万人もの子供たちが失明していると言われている。

●摂り過ぎると

吐き気や頭痛・皮膚がむける・肝臓が肥大する、など。

ただし、一般的な食生活では心配ない。また、サプリメントで摂った場合も、ラベル推奨量の数十倍以上を長期間にわたって摂取したりしない限り、過剰の心配はいらない。

なお、「カロテン」は体内で必要な分だけがビタミンＡに変わるため、副作用の心配はないとされる。

●多く含む食品

肝油・レバー・ニンジン・カボチャ・サツマイモ・卵黄・乳製品など

ビタミンＡの適切な摂取量

私は１９９０年代前半からビタミンＡの摂取を推奨していますが、そのたびに必ず「ビタミンＡは副作用があるようですが大丈夫ですか？」という質問を受けます。

まずは誰でも信頼するであろう、厚生労働省の基準を見てみましょう。「日本人の食事摂取基準（２０２０年版）」によれば、成人男性の推奨量は**「１日に８５０〜９００μgＲＡＥ」**となっています。これは**肝臓に貯蔵されているビタミンＡの最低値（２０μg／g）が維持できる量**です。ビタミンＡが体外に排泄される量は貯蔵されている量の約２％で、ここから計算すると、１日の体外排泄量は体重１kgあたり９・３μgということになります。

ですから、体重65kgの成人男性の場合、１日に６００〜６５０μgが最低量となり、これに個人差による変動係数をかけて「成人男性は１日に８５０〜９００μg」ということになりました。成人女性の場合は１日に６５０〜７００μgとなります。

ところで、ビタミンＡの単位として使われている「ＲＡＥ」とはなんでしょうか。

ビタミンＡは大きく「レチノール」「レチナール」「レチノイン酸」の３つに分類されます。それぞれに違う作用がありますが、ビタミンＡの「量」について考えるときは、レチノールとしての活性で考え、これを「ＲＡＥ（レチノール活性当量）」と呼びます。なお、０・３μgＲＡＥが１IUなので、９００μgＲＡＥは３０００IUということになります。

これは「最低値を維持できる量」だということに注意してください。令和元年の「国民健康・栄養調査」では、男性は１日に平均５５２μgＲＡＥのビタミンＡを摂取しているそうです。つまり、

平均的な食事量では、最低量を維持するのにも足りないということです。

また、βカロテンやαカロテン、βクリプトキサンチンなどの**「プロビタミンA」は体内でレチナールをつくりだす**ので、これらも併せてＲＡＥとされます。なお、リコペン（リコピン）やルテインはプロビタミンＡではありません。

レチノイン酸による健康障害

さて、ビタミンＡを過剰に摂取した場合の副作用はどうでしょうか。実際に報告された症状では「頭痛」が主で、他に皮膚が剥がれたり、脱毛が起こったりすることもあります。厚生労働省は１日に１３５００μgＲＡＥを最低健康障害発現量とし、安全のため、その５分の１の２７００μgＲＡＥを１日の上限量としています。これは９０００IUに相当します。

もう少しわかりやすく説明すると、**頭痛などのリスクが起こりうる最小の量が、1日13500μgRAE（45000IU）**ということです。そしてさらに**その5分の1の9000IUなら、確実に安全だろう**ということです。

ここで重要なのは、**ビタミンAの健康障害が起こるのは「レチノイン酸」によるもの**（※３）だと

＊**転写因子**
DNAに特異的に結合するタンパク質の一群。遺伝情報の促進や制御に関わる。

いうことです。美白のためにシミやシワ、ニキビなどの治療でレチノイン酸のクリームを使う方もいるかもしれませんが、使い過ぎないよう注意喚起されているはずです。

　レチノイン酸＊は転写因子である核内受容体に結合して、細胞の分化や細胞分裂周期の停止、アポトーシス＊促進などの作用を起こします。抗がん剤としても使われており、特に**白血病の治療薬**にも使われます。

　２０１５年の論文では、レチノイン酸ががんの幹細胞を攻撃し、がんをコントロールする「P.in１」という遺伝子を阻害する有効な物質であることが発見されています。（※４）

　ただし、細胞の分化に関わっているということは、妊婦が大量に摂取すると胎児の細胞分裂に問題が起こるということです。そこで、胎児に影響がない範囲でビタミンAが不足しないよう、**妊娠後期には１日８０μgＲＡＥ、授乳婦の場合は４５０μgＲＡＥを「追加摂取」することが推奨されています。**

　つまり、ビタミンAの副作用を恐れて摂取量が少なくなると、かえって問題になるということです。繰り返しますが、普通の食事量では最低量を維持するのにも足りていません。なお、妊婦が摂取して問題のない量は、１日４５００μgＲＡＥ（１５０００IU）とされています。

＊**アポトーシス**
細胞の自然死。体をよい状態に保つため細胞自体にプログラムされている。

ビタミンAの体内での変化

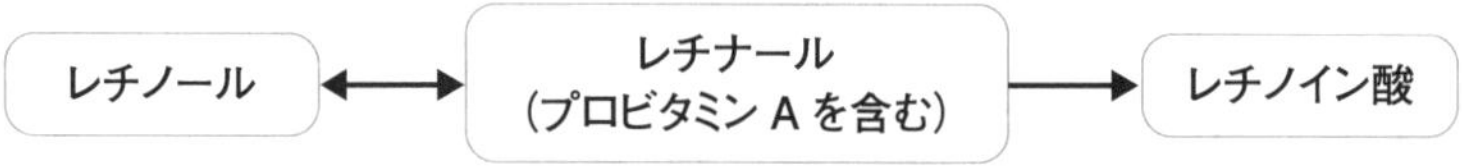

副作用の問題はまず起こらない

サプリメントのビタミンAは、ほとんどがレチノールです。レチノールは体内でレチナールとなり、レチナールがレチノイン酸になります。なお、プロビタミンAはレチナールで、これはレチノールにもなりますし、レチノイン酸にもなります。図にすると上のとおりです。

よく「βカロテンは体内で必要なだけビタミンAになるので、副作用の心配はない」と言われますが、βカロテンは普通のビタミンA（レチノール）よりもレチノイン酸になりやすいことを考えると、必ずしもそうとは言えません。

しかし、ここで強調したいのは、**レチノイン酸をつくる代謝は厳密に調整されていて、少々多くビタミンA（レチノール）を摂取したところで、副作用となる問題はまず起こらない**ということです。

＊**インターフェロン**
ウイルスが体内に侵入すると免疫系の細胞から生産されるタンパク質。免疫反応の増強や制御などを行うサイトカイン（生理活性タンパク質）の一種。

ビタミンAの効果

私がビタミンAを勧めるのにはいくつか理由がありますが、その一つは**「免疫向上」**です。

鼻水や咳、くしゃみで排出できなかったウイルスは鼻腔や気道に侵入してきます。このとき**最前線に立って戦うのは「粘膜」**です。粘膜はムチンを主体とした粘液を分泌したり、線毛運動を起こしたりすることによって、ウイルスが体内に入り込むのを防いでくれます。

さらに粘膜には、インターフェロン*の産生を誘導して、体内に侵入した細菌などの異物を捕らえて消化するマクロファージや、がん細胞・ウイルス感染細胞などの異常細胞を発見・攻撃するNK細胞を増やし、自然免疫を誘導する作用があり、さらにはT細胞*やB細胞などを増殖・活性化させて、獲得免疫を強化する働きもあるのです。

粘膜を強くするため、もっとも重要なのが「ビタミンA」です。なお、妊娠の可能性がある女性44646名を対象としたランダム化比較試験の論文によれば、妊娠中の夜盲症の発症率低下や子供の9歳〜13歳時における肺活量の増大は、βカロテン摂取群では認められず、ビタミンA摂取群でのみ認められています。（※5）

＊T細胞・B細胞
T細胞はマクロファージからウイルスの情報を受け取って攻撃する指令を出し、B細胞はそのウイルスに対する抗体をつくる。

また、ビタミンＡにはＩＧＦ－１レセプターに結合してｍＴＯＲ＊を活性化する作用もあり、筋タンパク合成を促してくれる可能性が期待できます。（※６）

ラットの実験ではビタミンＡとＥＰＡ、ＤＨＡを併せて摂取することにより、空間記憶が改善され、加齢による海馬のレチノイド受容体減少を抑えることが発見されています。（※７）

レチノイン酸と2型自然リンパ球

そして、ここ10年くらいの間に知られるようになったのが「2型自然リンパ球」の存在です。リンパ球は本来獲得免疫で働きますが、面白いことに2型自然リンパ球は自然免疫で働くという特徴を持っています。Ｔ細胞やＢ細胞は細菌やウイルスと戦いますが、2型自然リンパ球はさらに大きい寄生虫やカビなどをターゲットにし、花粉症もこの2型自然リンパ球が原因だと言われています。

２０１９年1月に発表された日本の研究では、「ビタミンＡの代謝物質であるレチノイン酸が、2型自然リンパ球を制御性自然リンパ球に変換する」ことが発見されています。

2型自然リンパ球はＩＬ－5やＩＬ－13などのサイトカインの産生によって炎症を悪化させますが、ＩＬ－13の刺激を受けるとレチノイン酸によって自身を制御性自然リンパ球に変換し、ＩＬ－10な

＊mTOR（エムトア）
細胞外の栄養状態や細胞内のエネルギーなどの情報を感知して、細胞の増殖や制御に中心的な役割を果たしているタンパク質キナーゼの一種。

どの抑制性サイトカインを産生したり、T細胞の増殖を抑制したりすることで、過剰な炎症を制御するようです。

ビタミンAの摂取方法について

1日10000IU程度をサプリメントとして摂取するのであればまず問題はなく、十分に効果を得ることができます。なお「肝油ドロップ」にもビタミンAが含まれ、子供から大人まで手軽に活用できます。

ビタミンAは脂溶性なので、油の多い食事と一緒に摂取すると吸収がよくなります。

マルチビタミンに含まれるビタミンAは、多くがβカロテンなどのプロビタミンAです。できれば、レチノールとしてのサプリメント（多くはビタミンAとビタミンDの混合）を選んで摂取したいところです。

食事、特にレバーからビタミンAを摂取する場合、牛レバーにはあまりビタミンAが含まれないため、豚レバーや鶏レバーがおすすめです。なお、ビタミンAは卵黄にも多く含まれます。

Chapter 3

ビタミンB群の働き

ビタミンB1やB2、B6、B12などをまとめて「B群」と呼ぶほか、ナイアシンやパントテン酸、葉酸、ビオチンなども含みます。

ビタミンB群の概要

●体での主な作用

B1は糖質をエネルギーに変え、B2は脂肪をエネルギーに変えるときに特に必要とされる。B6はアミノ酸が体の中でさまざまな働きをするときに必要とされる。B12は赤血球をつくり、貧血を予防する。

●不足すると

エネルギーや赤血球がうまくつくれなくなるため、疲れやすくなる。またB1が不足すると脚気*、B2が不足すると口内炎ができやすくなる。B6が不足するとうつになり

＊脚気（かっけ）

食欲不振、疲労感、腱反射の低下、むくみなどが起こる。ビタミンB1を投与すると速やかに回復する。

やすくなったり、不眠症になったりしやすい。B12が不足すると貧血になる。

●摂り過ぎると

多く摂ったとしても尿に排出されてしまうため、副作用の心配は要らない。

●多く含む食品

B1は豚肉・無精製の穀類・大豆・卵黄・野菜類・魚類。B2は乳製品・レバー・豆類・野菜類。B6はレバー・魚・メロン・キャベツ・卵・ナッツ類。B12は肉類・卵・乳製品・魚類などの動物性食品に多く含まれる。なおビール酵母にはビタミンB群が大量に含まれる。

ビタミンB1（チアミン）の働き

ビタミンB1は糖質をエネルギーに変えます。糖質をエネルギーにする「解糖系」ではピルビン酸が最終産物としてつくられますが、その解糖系の次に来るのが「クエン酸サイクル（TCAサイクル）」です。

解糖系とクエン酸サイクルの橋渡しをする際に重要なのは、ピルビン酸をミトコンドリアに運んで、

＊アセチルＣｏＡ（コエンザイムＡ）をつくることです。
この仕組みで最初に必要になるのがビタミンＢ１です。ビタミンＢ１は化学名「チアミン」といいますが、チアミンにリン酸が２つ結合するとチアミンピロリン酸（ＴＰＰ）になります。**解糖系でつくられたピルビン酸がＴＰＰに結合すると「脱炭酸反応（炭酸ガスを飛ばす反応）」を起こし、ＴＰＰのアセチル基がリポ酸に移ってアセチルＣｏＡができる**という流れです。

ビタミンＢ１の研究と効果

ここで１９４６年に発表されたRuth F. Harrellの研究を紹介しましょう。
これは孤児院の子供たちを被験者とし、ビタミンＢ１投与群とプラセボ群の２つのグループに分けて行われました。食事に含有されるビタミンＢ１の量は１日あたり０・９〜１・０㎎でしたが、ビタミンＢ１投与群は追加で１日ごとに２㎎のビタミンＢ１の錠剤を投与され、プラセボ群は見分けのつかない錠剤を投与されました。なお、厚生労働省の指定するビタミンＢ１の１日の推奨量は、８〜９歳の場合で１・０㎎となっています。
18種類の精神反応力を測定するテストにおいて、ビタミンＢ１投与群はすべてにおいて上回り、平均で27%、成績が高かったという実験結果が出ています。（※８）
また、１２２名の女子学生を被験者とした研究では、Ｂ１をサプリメントで摂取した群は反応

＊アセチルCoA（コエンザイムA）
グルコース、脂肪酸、アミノ酸から生成され、TCAサイクルで分解される重要な中間代謝産物。

速度が高まり、気分のよさや思考がクリアになったという体感を得ています。（※9）

さらに、１日１００㎎のＢ１を摂取したところ、運動による疲労の軽減と回復の促進が起こっています。（※10）

吸収率が高いフルスルチアミン

ビタミンＢ１の吸収性を高めた「フルスルチアミン」が「アリナミン」として販売されています。これを４週間にわたって大量に摂取したところ、運動中における疲労の軽減と乳酸やアンモニアの減少の効果が得られました。（※11）

アリナミンは日本の軍に脚気が蔓延し、それを治療するために旧陸軍から武田製薬が依頼されて開発したものです。１９５２年の時点でニンニクに含まれる成分「アリシン」とビタミンＢ１が結合すると吸収が高まることが知られており、最初はニンニクの学名である「アリウム・サティブム」とチアミンを合わせて「アリチアミン」と命名されました。

しかし、ニンニク臭がするなどの欠点があったため、今ではコーヒーの香り成分からヒントを得て、フルフリル基をＢ１に結合させた「フルスルチアミン」がアリナミンとなっています。

ラットに風邪を引かせて自発行動量を調査した研究があります。フルスルチアミン非投与群は1日目に自発行動量が50％まで減少し、回復するのに7日間を要しました。しかし、投与群は3日目から有意な運動量の回復を見せ、4日目には通常時の自発行動量にまで回復しています。

また、フルスルチアミンを投与することでTPP濃度が上昇していることが観察され、ラットの遊泳運動後のATP*低下が抑制されています。このときラットには限界まで泳がせているのですが、非投与群は150秒、チアミン群は200秒、フルスルチアミン群は250秒の遊泳時間でした。

生体利用率を高めたベンフォチアミン

日本では先述したような事情からフルスルチアミンがB1誘導体として知られていますが、海外では「ベンフォチアミン(Benfotiamine)」が活性型B1としてよく使われています。これは日本では薬剤扱いになっています。

ベンフォチアミンも1959年に日本の三共株式会社で開発されたもので、**普通のB1に比べると吸収率や生体利用率が非常に高い**のが特徴です。ベンフォチアミンは消化管で吸収されてから体内でチアミンに代謝されるため、チアミンに比べ約5倍の生体利用率があるとされています。

『ヒューマン・ニュートリション』(日本医療企画)には「チアミンは主に小腸上部で吸収され、食事

＊ATP（アデノシン三リン酸）
体内のエネルギー供給物質。筋肉の収縮、代謝、合成など生命活動で利用されるエネルギーの貯蓄・利用に関わるため「エネルギー通貨」とも言われる。

と一緒にチアミンを摂ったときのほうが、単独でチアミンを摂取したときよりも吸収率が高い。単独のときのほうが吸収率が悪いのは、十二指腸がアルカリ性であるため、チアミンが分解されてしまうことと関係があるものと考えられている」とあります。

なお、ベンフォチアミンは脂溶性ビタミンB1だとも言われていますが、実際には脂溶性ではなく、また脳には到達しません。

ベンフォチアミンの大きなメリットとして、「糖化を強力に抑制する」というものがあります。

ベンフォチアミンの摂取により、AGEs（終末糖化産物）が多量に含まれる食事をしても、血管内皮細胞の機能は保持され、酸化ストレスも抑制されています。また、糖尿病性の神経障害にもよい影響を与えます。

ベンフォチアミンは、サプリメントとして海外から安価に購入できるため、フルスルチアミンより有用かもしれません。

ビタミンB1を分解する酵素

貝類やワラビ、ゼンマイなどの山菜、鯉や鮒などの淡水魚には「アノイリナーゼ」というビタミン

Ｂ１を分解してしまう酵素が含まれます。このことを知っている馬は、山菜を食べないそうです。そのため、これらを多食するとビタミンＢ１が欠乏することがあります。アノイリナーゼは加熱により分解されるので、多食する場合は加熱したほうがよいでしょう。

ビタミンＢ２（リボフラビン）の働き

ビタミンＢ２は体内でフラビンモノヌクレオチド（ＦＭＮ）あるいはフラビンアデニンジヌクレオチド（ＦＡＤ）に変換されます。

脂肪がエネルギーになるときは、「β酸化」という経路を使います。これは脂肪酸から炭素が２つずつ外れていき、それぞれがアセチルＣｏＡになるという反応です。例えばステアリン酸の場合は炭素が18個あるので、９個のアセチルＣｏＡができるわけです。

β酸化の最初の段階において、ＦＡＤによる「脱水素反応」が起こります。そのため、ビタミンＢ２は脂肪のエネルギー化において必要だとされるのです。

ちなみに高脂血症の患者２９０名を対象にビタミンＢ２を１日に１２０㎎投与したところ、総コレステロールと悪玉コレステロール（ＬＤＬ）、中性脂肪が低下しています。（※12）

また、電子伝達系において電子を受け渡すときに、＊ＣｏＱ10（コエンザイムＱ10）と並んで活躍す

＊CoQ10(コエンザイムQ10)
補酵素の一つ。肉類や魚介類、ナッツ類などに含まれている脂溶性のビタミン様物質で、体内で合成することもできる。

るのがＦＡＤです。

ＦＡＤはグルタチオンレダクターゼのリサイクルに関わるため、ビタミンＢ２は抗酸化能力を高める目的においても必要です。脂肪の代謝に関わるため、脂性によるニキビにもよいと言われています。

老化防止とビタミンＢ２

神戸大学バイオシグナル総合研究センターの研究では、「老化ストレスを受けた細胞にビタミンＢ２を添加すると、ミトコンドリアのエネルギー産生機能が増強され、老化状態に至るのを防ぐ効果がある」ということが明らかになりました。

細胞は老化ストレスを与えられると、ＳＬＣ52Ａ1というビタミンＢ２を細胞内に取り込むトランスポーターの産生を増やし、老化に抵抗性を示します。

ビタミンＢ２は細胞内に取り込まれてＦＡＤになり、ミトコンドリア複合体Ⅱの働きを一時的に高めます。その活性が低下すると老化状態に陥るのですが、**ビタミンＢ２の量が増えるとミトコンドリア活性が高い状態が維持され、老化抵抗性が持続する**とのことです。

ミトコンドリア活性が高いと細胞内エネルギーセンサーである*ＡＭＰＫ（ＡＭＰ活性化プロテイン

＊ **AMPK（AMP活性化プロテインキナーゼ）**
細胞エネルギーのバランスを維持する役割を果たす酵素。低血糖、低酸素状態など細胞へのエネルギー供給を枯渇するストレスに対して活性化される。

キナーゼ）の活性が低下します。逆にミトコンドリア活性を低下させるとＡＭＰＫが活性化し、老化などに関わるｐ53タンパクに細胞分裂を止めるように指示を出し、老化状態に至るのです。

ナイアシン（ビタミンB3）の働き

ナイアシンは「ニコチン酸」と「ニコチン酸アミド」の総称です。体内でニコチンアミドアデニンジヌクレオチド（ＮＡＤ）、あるいはニコチンアミドアデニンジヌクレオチドリン酸（ＮＡＤＰ）に変換されて、非常に多くの反応における補酵素として活躍しています。

また、ナイアシンはアミノ酸の**トリプトファンから合成され、摂取したトリプトファンの60分の1がナイアシンに変換される**と言われます。米や小麦と比較してトウモロコシはトリプトファンが少ないため、トウモロコシを主食とする民族はナイアシンが不足して、ペラグラ*（ナイアシン欠乏症）という疾患になることがあります。

ナイアシンとアルコールの関係

通常はナイアシンが不足することはありません。しかし、アルコールの代謝にナイアシンが使われるため、アルコールを大量に飲む人はナイアシンが不足します。

＊ **ペラグラ**

皮膚炎（日光があたる部分に水疱や色素沈着が起こる）、胃腸障害、頭痛、イライラ、食欲不振などの症状を引き起こす。

●アルコールの代謝とナイアシン

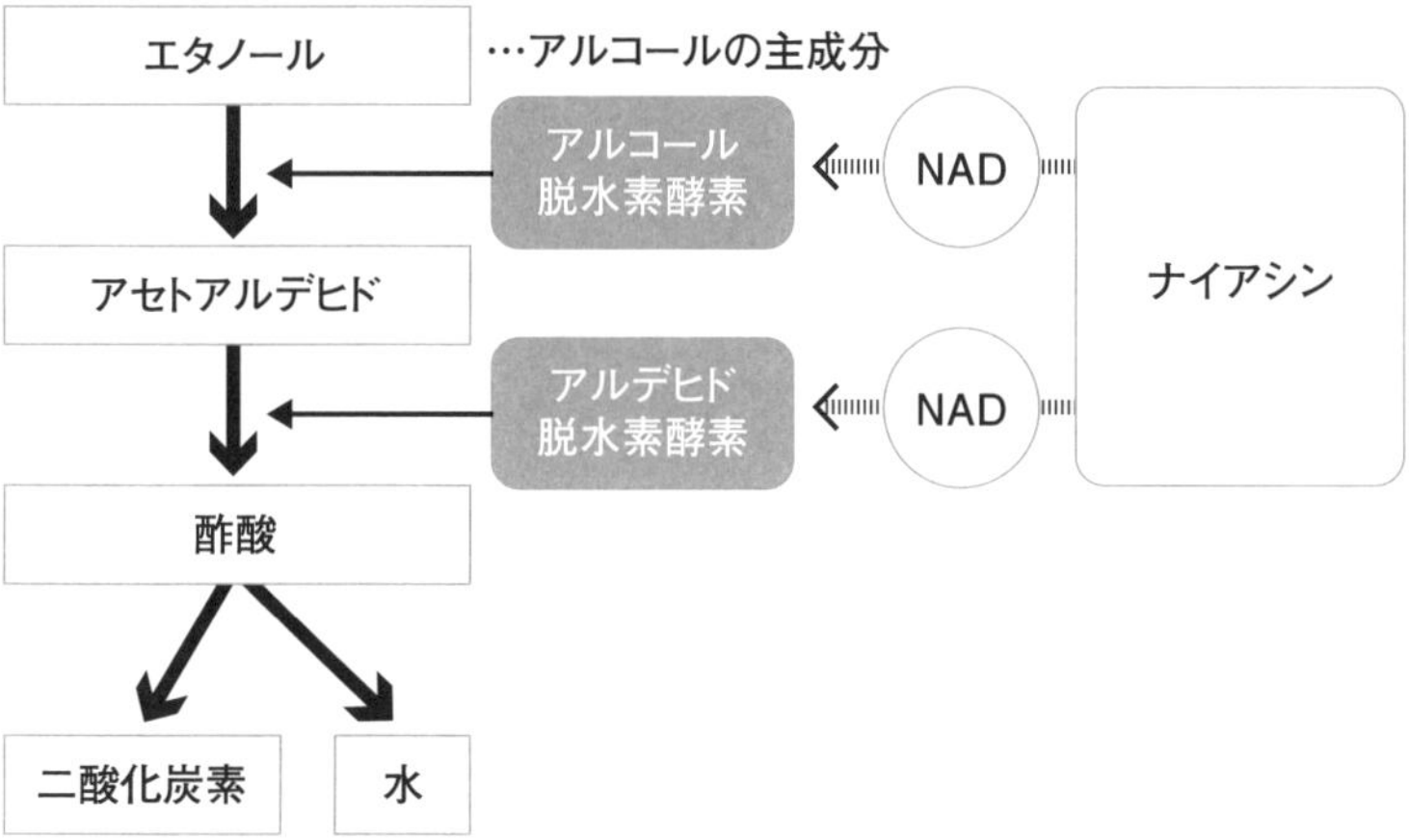

アルコールの主成分は「エタノール」です。酒を飲んでエタノールが体内に入ると、肝臓で酸化されて「酢酸」に変わります。そして酢酸は血中に流れ出して、主に筋肉に送り込まれます。

筋肉において酢酸はＴＣＡサイクルに入り込み、ＡＴＰの材料となって最終的に二酸化炭素と水になり、完全に分解されます。つまり**筋肉が多ければ多いほど、酢酸の処理能力も高いため、アルコールを分解しやすい**ということです。

また、エタノールはアルコール脱水素酵素の働きによって「**アセトアルデヒド**」になります。そして、アセトアルデヒドはアルデヒド脱水素酵素の働きによって酢酸になります。アセトアルデヒドは毒性が高く、この作用によって顔が赤くなったり頭痛がしたり、吐き気がしたりします。つまりアセトアルデヒドが残っていると、二日酔いになるわけです。

アルコール脱水素酵素とアルデヒド脱水素酵素は、ナイアシンを材料としてつくられる「NAD」を材料にしています。ですから、ナイアシンを十分に摂取しておけばアルコールが分解されやすく、二日酔いになりにくいということになります。

ナイアシンの健康への効果

ナイアシンには善玉コレステロール（ＨＤＬ）を増やす作用があるため、脂質異常症の治療に使われることがあります。ナイアシンを1日に2～4g、コレステロール低下薬と同時に摂取したところ、心臓血管系イベントの発症率が低下しています。（※13）

また、心筋梗塞の既往がある男性にナイアシンを1日3g摂取させたところ、死亡率の低下が認められました。（※14）

ナイアシンは肝細胞におけるＡＴＰ合成酵素β鎖の発現を抑制し、ＨＤＬコレステロールの肝臓への取り込みを防ぐことで、血中ＨＤＬコレステロールの低下を防ぐようです。

ナイアシンを大量に摂取すると、肝臓に負担がかかる可能性があると言われていますが、それはどうでしょうか。

確かにナイアシンで肝機能や肝臓の数値が悪化したという報告はいくつかあります。さらに「**ナイアシンはホモシステインのレベルを高める**」という問題が最近になって指摘されています。

ホモシステインは必須アミノ酸のメチオニンから生まれる物質で、体内に存在するものです。しかし、これが大量につくられると、活性酸素を発生させて酸化ストレスを発生させたり、非対称ジメチルアルギニン（ＡＭＤＡ）の産生によりＮＯ産生（自然免疫活性）を阻害したり、タンパク質のジスルフィド結合を切断して変性させたり、ホモシステイン・チオラクトンに変換されてタンパク質のリジン残基に結合したり、小胞体ストレス*を起こしたりといった問題を引き起こすと言われています。

その他、たった３００mgのナイアシンでも、ホモシステインのレベルが高くなったという報告もあります。

ホモシステインの体内での流れについて、もう少し解説しましょう。

体内には「1炭素代謝（1-carbon metabolism）」という代謝がありますが、これは「葉酸代謝」と「メチオニン代謝」を合わせたもので、メチオニンと葉酸、ビタミンB2、ビタミンB12から構成される経路です。１炭素代謝では、ＳアデノシルメチオニンＳ（ＳＡＭｅ）がつくられます。これから

＊ 小胞体ストレス
脳の小胞体で異常なタンパク質が蓄積されることによって起こる現象。アルツハイマー病などの神経変性疾患やがんなどさまざまな病気に関与する。

●ビタミンB群が関わるメチオニンサイクル

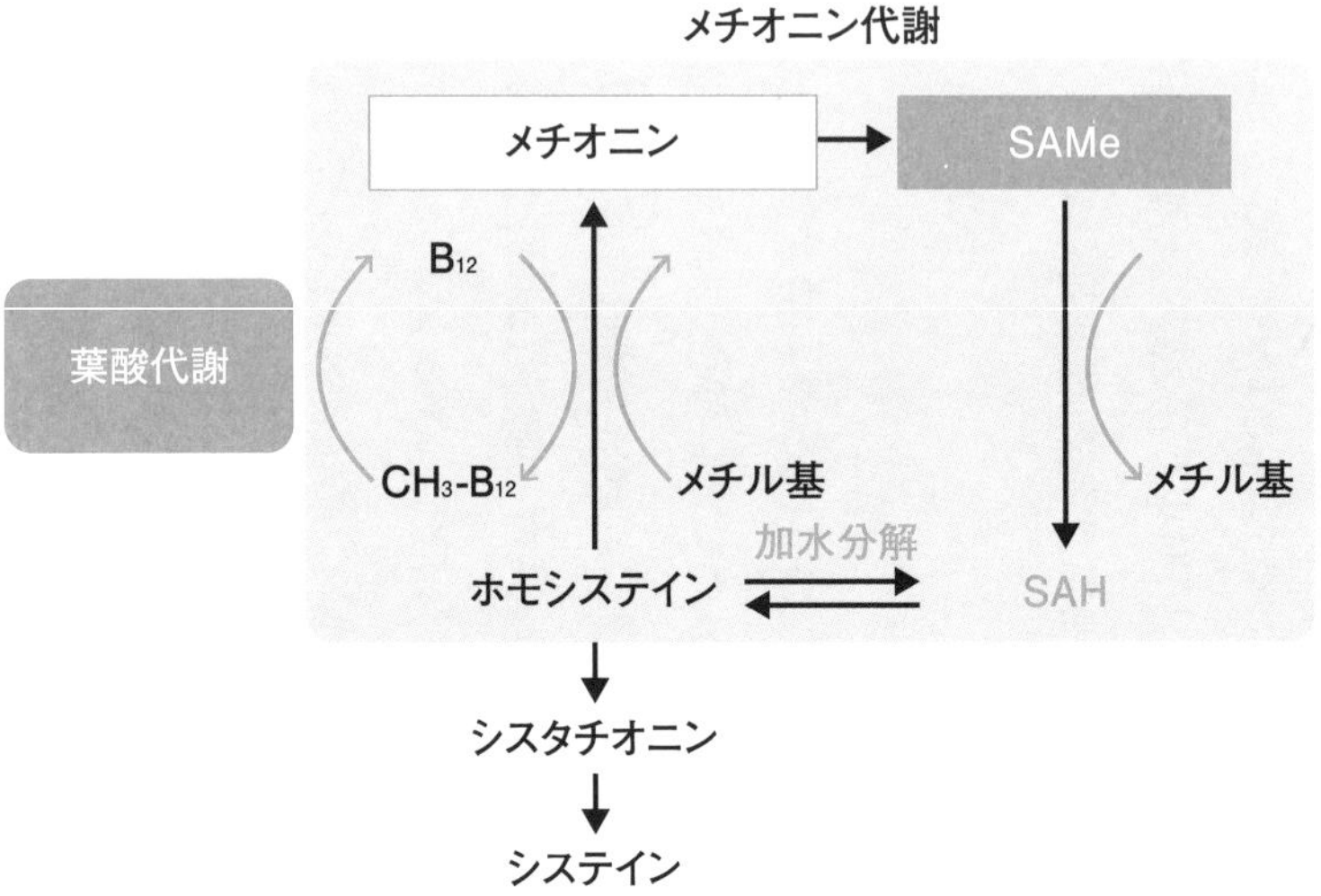

メチル基が外れると、Sアデノシルホモシステイン（SAH）になります。SAHは加水分解されてホモシステインになりますが、これにまたメチル基がくっつくと、メチオニンに戻ります。これをメチオニンサイクルと呼びます。

それとは別に、ホモシステインはシスタチオニンβ-シンターゼ（CBS）によってセリンが付加されてシスタチオニンとなり、さらにシスタチオニン γ-リアーゼ（CTH）によって加水分解されてシステインとなる経路もあります。こちらはトランススルフレーションと呼ばれます。

メチオニンサイクルで重要なのは、ナイアシンは「メチル基受容体」だということです。

大量にナイアシンを摂取するとメチル基がそちらに吸い上げられます。メチル基が吸い上げられるということは、「ホモシステイン＋メチル基 → メチオニン」というメチオニンサイクルの流れも阻害されるわけです。そのため、ナイアシンがホモシステインを増やしてしまうということになります。

ところがおもしろいことに、この現象はナイアシンではなくナイアシンアミド（ニコチン酸アミド。サプリメントではタイムリリースナイアシン）で起こることがほとんどなのです。

いわゆる**「素の」ナイアシンはホモシステインを高めることはなく、問題があるのはナイアシンアミドのほうなのかもしれません。**

いくつかの論文でも、ナイアシンアミドはベタイン（メチル基供与体）を減らしてホモシステインを高めていると書かれていますが、ナイアシンでは有意な違いは出ていません。

ナイアシンの摂取量を無理なく増やしていくために、最初は「大量のナイアシンアミド＋少量の素のナイアシン」とする方法が日本の先進的な医師たちによって確立されてきていますが、まずはレシチンやベタインなど、メチル基供与体となるものを別に摂取しておくとよいかもしれません。

ナイアシンとＧＰＲ１０９Ａ

ナイアシンの多くの効果は、「**ＧＰＲ１０９Ａ**」という受容体と結合することによって得られます。この受容体は**腸でつくられる酪酸の受容体でもありますが**、**これらの結合には炎症を抑制する作用**があります。

動脈硬化の原因の一つは、血管の炎症です。血管に炎症が起こると、そこにＬＤＬが入り込み、活性酸素の影響を受けて酸化ＬＤＬとなります。これは「異物」なので、免疫細胞である「単球」が働き、マクロファージとなって自分の中に取り込んでいきます。

そして、大量の酸化ＬＤＬを飲み込んだマクロファージが死んでしまうとアテロームプラーク*になって血管にこびりつきます。これが動脈硬化の原因の一つです。また、アテロームプラークが破れると血栓ができ、血管が詰まって心筋梗塞や脳梗塞を引き起こします。

このとき**ＧＰＲ１０９Ａは血管の炎症を防ぐことによって**、**動脈硬化を予防**してくれるのです。

また、ＧＰＲ１０９Ａは皮膚のランゲルハンス細胞にも存在します。ナイアシンがこれと結合すると、プロスタグランジンＤ２やＥ２が発生して血流が促進され、**ナイアシンフラッシュ**（顔などの皮膚が真っ赤になる）が起こることがあります。

＊ **アテロームプラーク**
動脈の内側に沈着した粥状の堆積物のこと。LDL が多い場合にできやすい。

ナイアシンが寿命を延ばす？

最近になって、ナイアシンの代謝物質に寿命を延ばす効果が期待されるようになりました。**ＮＡＤが酸化されるとＮＡＤ＋になりますが、これが増加することによってミトコンドリアの機能が回復し、若返りを引き起こした**という研究が話題になったのです。（※15）

加齢によって体内のＮＡＤ＋は減少していきます。（※16、※17、※18）だからＮＡＤ＋を増やせば若返りが起こるだろうということで研究（※15）が行われたわけですが、ＮＡＤ＋はそのまま摂取してもすぐに分解されてしまうため、工夫が必要になります。

その工夫の一つが、ＮＡＤ＋の前駆体である「ニコチンアミドリボシド（ＮＲ）」の摂取です。

ナイアシンはニコチンアミドホスホリボシルトランスフェラーゼ（ＮＡＭＰＴ）という酵素によって「**ＮＭＮ（ニコチンアミドモノヌクレオチド）**」になり、ＮＭＮはニコチンアミドモノヌクレオチドアデニリルトランスフェレース（ＮＭＮＡＴ）という酵素によってＮＡＤ＋になります。また、ＮＲはニコチンアミドリボシドキナーゼ（ＮＲＫ）によってＮＭＮになります。

１日１０００㎎のＮＲを摂取したところ、血中ＮＡＤ＋レベルが２７０％増加したという結果が出ています。具体的には、**摂取してから４時間したところでレベルが上がり始め、８時間後に血中濃度が最大になる**ようです。

●NMNとその前駆体

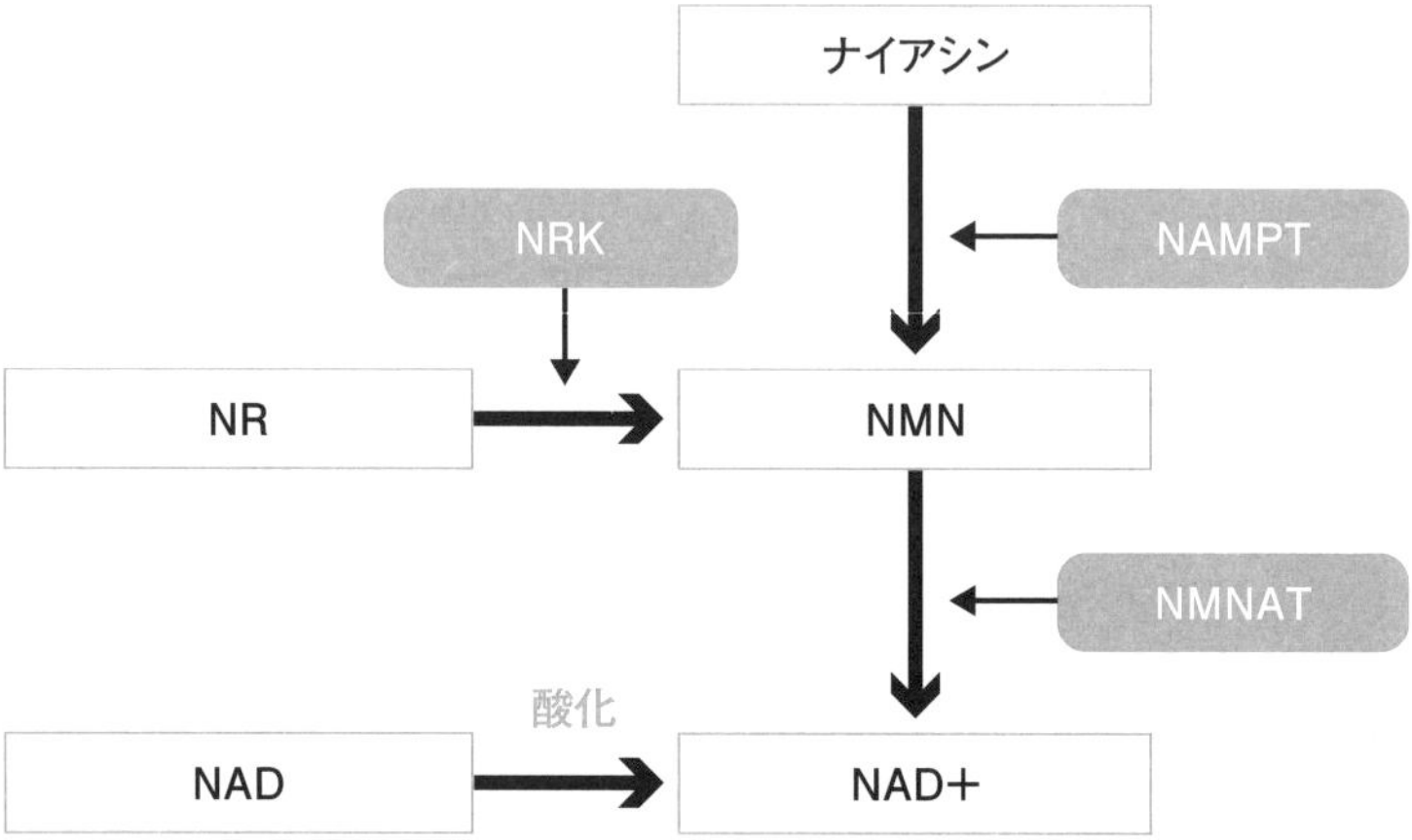

100㎎のNR摂取で血中NAD+レベルは30%増加、300㎎摂取で50%増加したという報告もあります。（※19）

また、マウスの実験では、体重1kgあたり400㎎のNRを摂取させて12週間観察したところ、摂取群は非摂取群と比べて体脂肪が増えておらず、トレッドミルランニングでの持久力も高くなっていることが示されました。（※20）　この量は人間に換算すると、80kgの人で3200㎎以上を摂取する計算になります。

他にNRに期待できる作用として、筋ジストロフィー（筋肉が減っていく病気）の治療としての可能性（※21）や、耐糖能や肝機能を高めて糖尿病の神経障害を防ぐ可能性（※22）、NLRP3インフラマソームによる炎症を抑制する作用（※23）、神経のシナプス結合のダメージを防いで騒音性難聴から蝸牛《かぎゅう》を護る作用（※24）などがあり、**TRU NIAGEN社などのNRサプリメント**の今後における普及展開が待たれるところです。

ＮＲは１日５００㎎の摂取で顕著にＮＡＤ＋が増加するものの、30日後になるとレベルが徐々に下がるという報告もあります。ということは、最初の30日間は１日５００㎎でローディングし、その後は１日２５０㎎でメンテナンスするといいかもしれません。

また、分解されてしまうとはいえ、ナイアシンを大量に摂取することでも体内のＮＡＤ＋を増やすことは可能です。（※25、※26）

ただし、ナイアシンは大量に摂取すると、前述したように皮膚が真っ赤になってしまう「ナイアシンフラッシュ」を引き起こすことがあります。また、大量摂取すると肝臓への負担が大きくなります。

一方、**NRを摂取した場合では副作用は皆無だった**とのことです。（※27）

NMNも若返りに有効

ＮＭＮもＮＡＤ＋の前駆体であり、ＮＲと同じように寿命を延ばしたり、インスリン感受性を高めたりといった効果が確認されています。ただし、市場に出回っている22種類のＮＭＮ製品を調べた報告では、そのうち16種類の製品にＮＭＮがほとんど含まれていなかったそうです。**ＮＭＮはニセモノに注意したい**ところです。

代謝経路としてはＮＲよりもＮＭＮのほうがＮＡＤ＋に近いのですが、ＮＭＮはリン酸基があるためＮＲより分子量が大きく、細胞膜にうまく入れない可能性を指摘する研究者もいます。マウスには「Slc12a8」というトランスポーターがあり、これがＮＭＮを細胞内に輸送する（ＮＲは輸送しない）ことがわかっていますが、Slc12a8によるＮＭＮ輸送はナトリウム依存的に行われるとのことです。

一方、ＮＲは簡単に細胞膜を通過して細胞内に入り、ＮＲＫによってＮＭＮとなってＮＡＤ＋をつくりだします。研究者の中には、ＮＭＮはＮＲに戻らないと細胞内に入れないのではないかと主張する人もいます。

ただし、ヒトの遺伝子データベースによれば、ヒト小腸と胃、睾丸、甲状腺、結腸にはSlc12a8が多く存在するため、これらの臓器においてはＮＭＮのほうがＮＲより効果的かもしれません。

なお、『LIFESPAN：老いなき世界』を書いたハーバード大学医学大学院遺伝学のシンクレア教授によれば、ＮＲもＮＭＮも高温環境下だとナイアシンになってしまう可能性があるため、低温（2〜8度）で保存するほうがよいとのことです。

ＮＲとナイアシンの摂取

ＮＲは摂取してから4時間経過したところでレベルが上がり始め、摂取8時間後に血中濃度が最大になるようです。シンクレア教授は朝にまとめて１０００mg摂取しているようですが、血中濃度をキープしたいことから、私は朝（多め）と晩（少な目）に分けて摂取するようにしています。

ＮＲが高価だという方はナイアシンとの併用をおすすめします。ナイアシンの大量摂取でもある程度までＮＡＤ＋を高めることは可能で、栄養療法で有名なホッファー博士も1日に４０００～５０００mgのナイアシンを摂取して91歳まで長生きしています。

ちなみにＮＲの場合、ナイアシンやナイアシンアミドよりも大きな分子量を持っています。ナイアシンを2g摂った場合と同等にメチル供与システムに負担をかけようとしたら、ＮＲを実に5g摂らなければならないことになります。

実際にＮＲを1日2g、12週間投与した研究では、肝機能がむしろ改善され、ＡＬＴは低下し、肝臓への脂肪沈着も減っています。

最近ではＮＲを還元したＮＲＨというものも出てきていて、10μMの濃度でＮＡＤ＋レベルを有意に増加させ、低用量でも50倍の高濃度のＮＲを用いた場合と同等に細胞内ＮＡＤ＋レベルの増加を達成するとされています。

ＮＲＨは、約０・５mMでＮＡＤ＋合成に対する最大の効果を発揮し、細胞内のＮＡＤ＋レベルを10倍以上に増加させました。また、作用は極めて速く、ＮＲＨ処理後５分以内にＮＡＤ＋レベルの著しい上昇が観察されました。今後、サプリメントとしての展開が期待されます。

パントテン酸（ビタミンB5）の働き

パントテン酸の「パントテン」は「どこにでもある」という意味で、食物に広く含まれる成分です。体内では補酵素Ａ（ＣoＡ）の構成成分となり、その名のとおり補酵素として広範に利用されます。なお、腸内細菌によっても合成されます。また、ナイアシンやパントテン酸は、発見時にはビタミンだとされていましたが、体内で合成可能なことがわかってからはビタミンのカテゴリーから外されることもあります。

通常は不足することのないパントテン酸ですが、トレーニングをハードに行って、高脂肪食を続けていると徐々に体内のパントテン酸が減少してくることが、ラットの実験で確認されています。（※28）

パントテン酸が不足すると、テストステロン（男性ホルモン）の低下が起こる可能性があります。（※29）また、副腎皮質ホルモンの分泌にもパントテン酸が必要とされ、ストレスに対抗するために必要となります。ビタミンＣと同様、**副腎疲労の軽減にも役立ち、アスリートには欠かせない栄養素**といっていいでしょう。

ストレスへの対抗という面から、アトピーの治療に使われることも多い栄養素ですが、皮膚の脂質代謝を助ける作用もあるため、ニキビや脂性の肌の改善を目的としてもよく使われます。この場合、１日に１０００㎎以上の大量摂取が必要です。

ビタミンＢ６（ピリドキシン）の働き

「ビタミンＢ６」は、ピリドキシン、ピリドキサール、ピリドキサミンと、これらのリン酸エステルの総称です。

このビタミンの主な役割は、「アミノ基転移反応」です。アミノ酸が代謝されるとき、アミノ基が外れて炭素骨格が残りますが、これをアミノ基転移反応と呼びます。アミノ基転移反応には、ビタミンＢ６の誘導体であるピリドキサルリン酸が補酵素として必要になります。

ピリドキサルリン酸は、他にも「アミノ酸の脱炭酸」や「ラセミ化」、「側鎖の修飾」などさまざまな代謝に関わるため、タンパク質を多めに摂取するときは、同時にビタミンＢ６の十分な摂取が必要です。

ピリドキサルリン酸は、グルココルチコイド受容体と結合することによりＡＳＴ遺伝子の発現を抑制します。そのため、ビタミンＢ６が不足しているとＡＳＴ値の上昇が起こる可能性があります。プロテインを飲んだら肝臓の数値が悪くなった……という場合は、この現象が起こっているのかもしれません。

また、**ビタミンB6はビタミンB12や葉酸と協力して、「ホモシステイン」の低下に貢献します。**（※30、※31、※32）

さらに、この組み合わせは脳卒中の発症リスクも低下させています。（※33）

また、補酵素の項（⬇16ページ）で書いたとおり、ＧＡＢＡの合成にも関わります。そのためビタミンＢ６の摂取によりＧＡＢＡが増え、睡眠を深くする作用も期待できます。

「ピリドキサミン」はBioStratum社が開発したビタミンＢ６ですが、これには強い糖化抑制作用があるとされています。日本では糖尿病性腎症治療薬として臨床試験が行われましたが、２００８年に開発が中止されています。

ビタミンB6は他のB群と同様、水溶性のため過剰摂取の心配は要りませんが、超大量（1日に数千mg）を数カ月にわたって継続摂取した場合、神経障害などを引き起こす可能性があります。もちろん、**普通にサプリメントとして摂取する分には、まったく心配は要りません。**

ビタミンB12（コバラミン）の働き

ビタミンB12はコバルトを含むビタミンの総称で、メチルコバラミンやヒドロキソコバラミン、シアノコバラミンなどの種類があります。植物性食品にはほとんど含まれないため、ベジタリアンはB12をサプリメントとして摂取する必要があります。

「異性化酵素反応」や「メチル基転移反応」、「核酸の合成」などがビタミンB12が補酵素として働く主な反応ですが、**ビタミンB12の働きとしてもっとも有名なのは「赤血球の合成」**でしょう。ビタミンB12は葉酸と協働することで、赤血球の核酸が正常につくられるようにします。B12や葉酸が不足すると赤血球が正常につくれず、悪性貧血*や赤血球の減少を引き起こします。

なお、ビタミンB12は葉酸の再生産にも使われるため、葉酸の摂取量が足りないとB12も不足します。また**神経線維は「ミエリン」と呼ばれる鞘《さや》のカバーで覆われています**が、これを合成した

＊悪性貧血
赤血球のもとになる赤芽球が巨大化して（巨赤芽球）正常な赤血球が減ることによって起こる。巨赤芽球性貧血とも言う。

り修復したりするのもＢ12の重要な働きです。そのため、ビタミンＢ12欠乏患者の40％に、神経障害が見られるそうです。

さらにホモシステインを低下させる葉酸とＢ12、Ｂ6の組み合わせにより、脳の萎縮が抑制されます。（※34） また、軽度の認知障害にも効果が期待できます。（※35）

Ｂ12は胃壁から分泌される「内因子」という糖タンパクと結合することによって吸収されますが、加齢によって内因子が減るため、高齢者はＢ12の吸収が悪くなり、不足しがちです。また胃の調子が悪い人も、Ｂ12が不足しがちになります。

このような場合、舌の下にスポイトでＢ12の溶液を垂らし、舌下から吸収させる「舌下サプリメント」が有効です。また、舌下に錠剤を入れて自然に溶けるのを待つタイプの「舌下錠」もあります。こういったサプリメントであれば、Ｂ12を十分に吸収させることができます。

葉酸の働き

葉酸はホウレンソウから発見されたため、この名前が付いています。主に植物性食品に含まれ

●ホモシステインの体内での変化

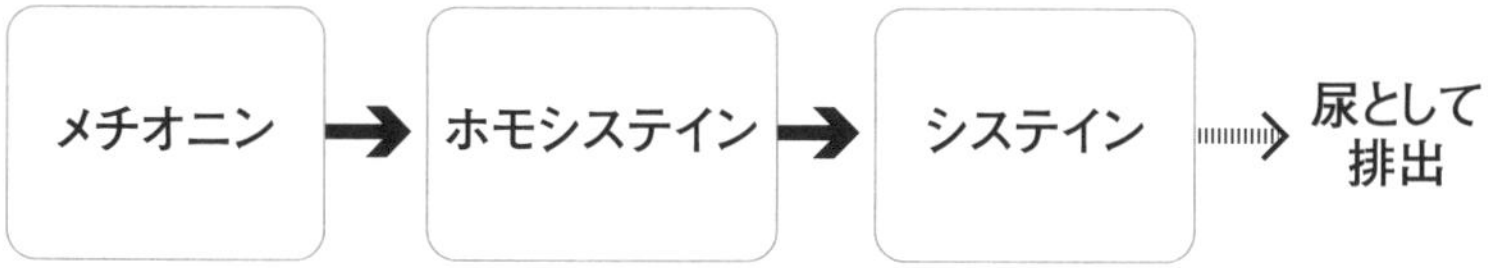

ますが、レバーなどにも含まれます。

「アミノ酸やビタミンの代謝」「タンパク質の生合成」に関与しますが、特に重要なのはホモシステインの代謝です。**ホモシステインが血中に大量に存在すると、血液中の酸素と反応して、酸化を進めます。**このときに活性酸素が発生し、これが血管にキズをつけてしまいます。

また、過剰になったホモシステインは、ホモシステイン・チオラクトンという物質に変わり、ＬＤＬとくっついてホモシスタミドという変性したＬＤＬをつくってしまいます。これもやはり異物として認識され、白血球に食べられて泡沫細胞＊となり、血管壁にくっついてしまうのです。さらに泡沫細胞は血管壁の細胞を活性酸素が蓄積しやすい状態にして、細胞が傷害を引き起こします。

この他、血中ホモシステイン濃度が高いと、アルツハイマー病になるリスクが高くなるという報告も出てきています。（※36）

ホモシステインがつくられるときの大まかな流れは、上図のようになります。

＊泡沫（ほうまつ）細胞
酸化LDLを大量に取り込んで蓄積したマクロファージ。

一度できた**ホモシステインはビタミンB12と葉酸の働きによってメチオニンに戻ります。**また、**ホモシステインがシステインになるときにはビタミンB6が必要となるため、十分なビタミンB12と葉酸、ビタミンB6を摂取しておけばホモシステインが過剰になることはなく、動脈硬化も起こりにくくなるのです。**

1日400～800μgの葉酸摂取で脳卒中のリスクが減り（※37）、ビタミンB6やB12との組み合わせでは血管の弾力を改善し（※38）、冠動脈疾患のリスクを低下させるようです。（※39）

また、シイタケに含まれる「エリタデニン」や、ウコンとして知られる「クルクミン」などもホモシステインを減らすのに効果的だとされています。

葉酸を大量に摂取すると、蕁《じん》麻《ま》疹《しん》やかゆみを症状とする葉酸過敏症や、亜鉛の吸収阻害を引き起こしたりすることがありますが、通常の量（1㎎以下）なら、まったく問題はありません。

葉酸とMTHFR遺伝子の異変

日本人（特に女性）の場合、葉酸をうまく利用できない可能性があります。葉酸を体内で利用するときにはMTHFR（メチレンテトラヒドロ葉酸還元酵素）という酵素が働きますが、**日本人女性の6割以上がMTHFR遺伝子に異常があり、この酵素活性が低下している**のです。つまり、葉酸をうまく使えないということです。

葉酸の利用に働くMTHFR

このような場合は葉酸の摂取量を増やす必要があります。また、ＭＴＨＦＲは葉酸(Folic Acid)を葉酸塩(Folate)にする酵素なので、最初から葉酸塩のサプリメントを摂取すればよいことになります。

ＭＴＨＦＲを活性化させるときに必要な補酵素が「ＦＡＤ(フラビンアデニンジヌクレオチド)」で、ＦＡＤの前駆体はビタミンＢ２です。つまり、**ビタミンＢ２を摂ることにより、葉酸がうまく使われるようになります。**実際にビタミンＢ２の摂取によりホモシステインが低下します。

またＭＴＨＦＲ遺伝子変異におけるＴＴ型は、脳梗塞などの疾患を引き起こしやすいのですが、このＴＴ型の遺伝子多型を持つ人にこそ、ビタミンＢ２の大量摂取が効果をもたらすということです。

ただし、葉酸を多く摂取すると、調子が悪くなる人もいます。その理由はなんでしょうか。

「メチル化」という代謝があります。これはある物質にメチル基がくっつくことを指し、メチル基を与える物質を「メチル基供与体（メチルドナー）」と呼びます。「ホルモンや神経伝達物質の合成」においてメチル化が必要とされますが、その他「細胞分裂」や「ＤＮＡ、ＲＮＡの合成」「遺伝子発現」「免疫細胞分化」など、さまざまな代謝においてもメチル化が必要です。

自閉症の患者はこのメチル化がうまくいかず、また、メチル化において葉酸が必要となるため、ＭＴＨＦＲ遺伝子が変異している人もメチル化がうまくいきません。

自閉症の治療などに高容量の葉酸が使われることがありますが、実は**ビタミンB12が少ない状態で過剰な葉酸を摂取すると、メチル基の過剰となり（ハイパーメチレーション）、「神経障害」「インスリン抵抗性」「DNA障害」などを引き起こしてしまう**ことがあるのです。

厚生労働省は胎児の神経管閉鎖障害のリスクを低減するため、サプリメントとして葉酸を摂取することを勧めています（「妊産婦のための食生活指針」）。妊娠を計画している女性や妊娠の可能性のある女性は、１日に４００～８００μgを摂取するといいでしょう。

ビオチンの働き

ビオチンはビタミンＨと呼ばれたこともありますが、通常はビタミンＢ群に分類されます。**ビオチンは主に「カルボキシル化」反応において働く栄養素**ですが、これはカルボキシル基（－ＣＯＯＨ）を導入する反応のことで、この逆が「脱炭酸反応」です。糖新生*や脂肪酸合成のときにもカルボキシル化が起こります。

ビオチンは食物に十分含まれるので、普通は不足することはありません。しかし最近の研究で、ビオチンにはＡＭＰＫを活性化し、中性脂肪の値を下げて体脂肪合成に関わる遺伝子の発現を抑制するのではないかという報告が出てきました。

ＡＭＰＫというのは細胞のエネルギーセンサーのような役割をしている酵素で、これが活性化すると「体内のエネルギーが不足している」と体は考えます。そして、体脂肪を燃やしてエネルギーに変えようと働きます。つまり、ＡＭＰＫが活性化すると体脂肪が燃えやすくなるということです。

＊ **糖新生（とうしんせい）**
グルコースが不足したとき脂質やアミノ酸など糖質以外の物質から生成する代謝経路。肝臓や腎臓で行われる。

マウスでの実験ですが、8週間の経過後、対照群の体脂肪率は14・9%、ビオチン摂取群の体脂肪率は12・6%でした。また、ビオチン摂取群は中性脂肪の値が対照群に比べて35%低くなりました。(※40、※41)

他にも**ビオチンには、インスリンの働きを高める、3系統のプロスタグランジンの産生を促進する、ヒスチジンを排出することによってアレルギーを防ぐなどの作用があります。**

ただし、ビオチンはαリポ酸と構造が似ており、どちらかを多く摂取すると、もう片方が不足する傾向にあります。そのため、両方とも多めに摂取するようにしたほうがいいでしょう。「αリポ酸 with ビオチン」という名前のサプリメントもあるくらいです。

摂取量は、厚生労働省の推奨所要量によると1日に50㎍です。しかし、ビオチンとしての効果を得るためには、その数十倍、つまり1日に2000㎍(≒2㎎)くらいが必要となります。

もともとビオチンは皮膚炎予防の因子として発見され、ビオチンが不足するとタンパク質や免疫機能などの低下が起こり、皮膚形成が損なわれると言われます。ビオチン製剤として使われている「ビオチン散」はビオチンとして1日に0・5～2㎎を分割経口投与するように指示されています。なお、過剰症の心配はまったくありません。

ビタミンB群全体の摂取方法

このようにさまざまな効果のあるビタミンB群ですが、それぞれを個別に摂取するのは大変です。そのため、「B complex」として、すべてをまとめたサプリメントが主流となっています。「B50」というサプリメントはB1やB2、B6などがすべて50mgずつ、「B100」はすべて100mgずつ入っています。

すべて同じというのはアメリカらしい大雑把さですが、必要のない分は尿から排出されるというB群の特性を活かした、効率の高い方法だと捉えることもできます。

ただし、**まとめて摂取して排出させるのは効率が悪いため、小分けに摂取する**ようにしましょう。**できれば食後に少しずつ摂取する**と、食物の働きによってビタミンB群が体内に残存する時間が長くなるため、効果的に吸収できます。

B100はさすがに多過ぎるため、私としては安価なB50のほうをおすすめします。また、最初からビタミンB群を多めに含んだマルチビタミンを選び、疲れやすい時期やダイエットを頑張りたい時期には、それに追加して単体の「ビタミンB50」を1日2回程度摂取するのもよい方法です。

私はトレーニング後にＢ50を摂取するようにしたところ、筋肉痛が一気に少なくなって、その回復促進効果にびっくりした記憶があります。また、就寝前に摂取することでＧＡＢＡの合成が高まり、睡眠を深くする効果もあります。

「食後にはマルチビタミン、追加でＢ50をトレーニング後と就寝前に飲む」というのが、私が長く続けている方法です。

Chapter 4

ビタミンCの働き

ビタミンの中でもっとも有名なビタミンCの作用は、免疫力の強化、コラーゲンの合成、活性酸素除去など、非常に多岐にわたります。

ビタミンCの概要

●体での主な作用

「コラーゲン」をつくり、肌や爪を綺麗《きれい》にする・免疫力を強くして、病気に罹《かか》りにくくする・コレステロールを下げる・発がん物質から体を守る・アレルギーの症状をゆるやかにする・肝臓の機能を強化する、など。

●不足すると

肌荒れ・爪の異常・歯茎から出血しやすくなる・風邪を引きやすい・ケガの治りが悪くなる、など。

●摂り過ぎると
多く摂ったとしても尿に排出されてしまうため、副作用の心配は要らない。
●多く含む食品
柑橘類・野菜類・トマト・メロン・サツマイモ・ジャガイモ・ピーマンなど。

注目される「ビタミンC」とその働き

もっとも知られているビタミンと言えば、ビタミンCではないでしょうか。本来の名前は「アスコルビン酸」です。「スコルビ」が「壊血病*」という意味で、それを防ぐ酸ということで、このように命名されました。

私が最初にビタミンの効果を実感したのも、ビタミンCによるものでした。小学生の頃から右手の中指と薬指、小指にイボがあり、液体窒素や「スピール膏」などでも取れず、諦めていたところにビタミンCを摂取したところ、ものの数カ月ですべてポロリと取れてしまったのです。

その冬には風邪を引きにくくなったことも実感し、一気にビタミン信者となりました。

＊壊血病（かいけつびょう）
毛細血管がもろくなり歯茎や皮下の出血をもたらす。疲労感や関節痛なども引き起こす。

ビタミンCの作用はあまりに多岐にわたるため、すべてを紹介するのは難しいですが、代表的なものだけでも解説していくことにしましょう。

ビタミンCの「免疫強化作用」

「風邪にはビタミンC！」というのは、もはや決まり文句です。しかし、なぜビタミンCが風邪に効果をもたらすのでしょうか。

免疫には先天的に備わったものと、後天的に獲得されたものがあります。風邪を引いても自然に治るのは、先天的な免疫のおかげです。一方で麻疹や風疹、ＢＣＧのワクチンが効くのは、後天的な免疫のおかげです。

風邪を引くと鼻水や咳、くしゃみが出ます。これらの反応は異物を除去するためのもので、これも先天的な免疫の一つです。鼻腔や気道には粘膜があり、ウイルスや雑菌と闘う最前線となっているのです。

ウイルスや雑菌が最前線を突破すると、今度は好中球*やマクロファージ、ＮＫ細胞が出動して自分にとって異物だと判断したものはすべて、きれいさっぱり排除します。ここまでが先天的な免疫で、

＊ 好中球（こうちゅうきゅう）
白血球の一つ。全白血球のうちもっとも多くアメーバ様運動を盛んに行う。細菌やウイルスなどの異物を貪食し感染から体を守る。

これを「**自然免疫**」と呼びます。

自然免疫を突破されると、今度は後天的な免疫の出番です。これは「**獲得免疫**」と呼びます。獲得免疫ではリンパ球（T細胞やB細胞）が活躍します。これらは相手一つひとつを個別に認識し、スナイパーのように敵を葬り去っていきます。

マクロファージやNK細胞は、「インターフェロン」によって増加します＊。また、インターフェロンにはPKRと呼ばれる酵素を増やしてウイルスタンパクの翻訳を阻害したり、2-5A合成酵素を活性化してウイルスのRNAを分解したりする作用があり、これらによって抗ウイルス作用を発揮します。

このインターフェロンを増やしてくれる作用が、ビタミンCにはあります。（※42、※43、※44、※45）

免疫を強化するわけですから、風邪やインフルエンザだけでなく、感染症全般に幅広い効果をもたらしてくれます。

＊**インターフェロン**
ウイルスなどの病原体や腫瘍細胞などの異物が侵入するときに細胞が分泌するタンパク質。サイトカインの一種。

ビタミンCの「コラーゲン合成作用」

ビタミンCの作用として次に重要なのは「コラーゲン合成作用」ではないでしょうか。コラーゲンが合成されるときには、必須アミノ酸の「プロリン」や「リジン」が「ヒドロキシプロリン」や「ヒドロキシリジン」になる必要があります。

「ヒドロキシ」というのは「水酸化」という意味で、この**水酸化作用にビタミンCが必要**とされます。コラーゲンはアミノ酸の三つ編み構造となっていますが、この構造を形成するのにもビタミンCが必要です。

また、ビタミンCは線維芽細胞＊を活性化し、体内でのコラーゲン合成を促します。（※46、※47、※48、※49）

ビタミンCのコラーゲン強化作用は、がんの転移を防ぐのにも効果的です。がんが転移する第一歩は、細胞のがん化によって、細胞同士を接着させる「フィブロネクチン」が破壊され、がん細胞が基底膜から遊離してしまうことです。遊離したがん細胞は血液やリンパの中に入り、その流れにのって体のさまざまな場所に転移していきます。血管やリンパ管はⅣ型コラーゲンを材料とした基底膜でできていて、本来なら通り抜けることはできません。

ところがこの基底膜が「コラーゲナーゼ」というタンパク分解酵素によって破壊されると、がん細

＊**線維芽細胞（せんいがさいぼう）**
皮膚の真皮にある細胞で、コラーゲン、エラスチン、ヒアルロン酸などの美肌成分を生成する。

胞は血管やリンパ管を通り抜けてしまうのです。

しかし、簡単に基底膜が破壊されてしまうようでは困ります。そこで、コラーゲナーゼの働きを抑制するのが「**Ⅳ型コラーゲナーゼインヒビター**」です。これは骨や軟骨でつくられて、尿から排出されます。かつて飲尿療法というものがありましたが、それは尿酸とⅣ型コラーゲナーゼインヒビターの摂取を目的としたものだったのかもしれません。

Ⅳ型コラーゲナーゼインヒビターは活性酸素によって破壊されます。さらにがん細胞自体もコラーゲナーゼを分泌しています。そこで、活性酸素を抑えると同時に、コラーゲン強化作用のあるビタミンCが活躍するというわけです。

ビタミンCの「活性酸素除去作用」

ビタミンCは、生体内でもっとも発生しやすい活性酸素である「**スーパーオキサイドアニオンラジカル**」**を消去する**働きを持っています。また、最強の活性酸素であるヒドロキシルラジカルを消去する作用もあり、これを水とビタミンCラジカル（ＭＤＡ）に分解します。さらに、一重項酸素を消去する作用もありますが、この場合はビタミンCラジカルが発生しません。

ビタミンCラジカルは他の分子との反応性が低いため、ラジカル連鎖反応を進行させず、発生自体は特に問題ありません。詳しくは活性酸素の項（➡253ページ）で解説します。

ただし、スーパーオキサイドアニオンラジカル（以下、スーパーオキサイド）を消去するとき、ビタミンC単独だと問題があります。ビタミンCがスーパーオキサイドを分解すると、過酸化水素が発生します。通常、過酸化水素はカタラーゼやグルタチオン・ペルオキシダーゼによって酸素と水になり、無害化されます。

しかし、運動などをして大量にスーパーオキサイドが発生している状態でビタミンCを大量摂取すると、過酸化水素も大量に発生します。このとき、二価鉄イオンや一価銅イオンがあると、過酸化水素から最強の活性酸素であるヒドロキシルラジカルが発生してしまうのです。

前述のとおりビタミンCにもヒドロキシルラジカルを消去する作用はありますが、それだけでは足りません。ヒドロキシルラジカルを優先的に消去してくれるビタミンEの協力が必要となります。

ただし、「フェントン反応によって生体内ではヒドロキシルラジカルはつくられず、反応が非常に速く進んで不安定な四価鉄である『Fe（Ⅳ）＝O中間体』が生成される」とする説もあります。これも詳しくは活性酸素の項（⬇172ページ）で解説します。

なお、**ビタミンCによる過酸化水素の発生を利用し、がん細胞を殺そうとするのが「高濃度ビタミンC点滴療法」**です。アメリカの国立衛生研究所（NIH）と国立がん研究センター、食品医薬品局（FDA）が2005年に発表した「高濃度ビタミンC療法はがんに効く」とする論文は、大きな影響を及ぼしました。（※50）

大量のビタミンCががんの治療に効果的である証拠は続々と集まっており（※51、※52）、さらに、がん細胞を殺す作用はあっても正常な作用に悪影響を及ぼすことはないとされています。（※53）

ビタミンCの「美白効果」

ビタミンCの美白効果は有名です。これは、ビタミンCがメラニンの生成を抑えることによるものです。

メラニンはアミノ酸のチロシンからつくられますが、チロシンがメラニンになるときに「チロシナーゼ」という酵素が働きます。ビタミンCはこのチロシナーゼの働きを阻害するのです。（※54）

また、紫外線によってカタラーゼやグルタチオンといった生体内抗酸化物質が減ってしまうのですが、ビタミンCはそれを補って一酸化窒素の発生を抑え、メラニンの合成を防ぎます。（※55）

＊**副腎疲労症候群**

ストレスで副腎が疲弊するとホルモンの分泌が低下し、ストレスに対応できなくなって慢性疲労やうつなどの症状が出る。

ビタミンCの「抗ストレス効果」

ストレスというと精神的なものがイメージされますが、トレーニングなども肉体的なストレスとなって私たちを襲います。**ストレスに対抗するホルモンは副腎でつくられますが、この生成にビタミンCが必要とされる**のです。

ビタミンCが足りないとストレスに対抗できず、「副腎疲労」が起こります。「うつっぽい」「朝起きられない」「立ちくらみがする」「楽しさが感じられない」「よく物忘れをするようになった」「忍耐力がなくなった」などは、[*]副腎疲労症候群の症状です。

このような症状に思い当たることがあったら、ビタミンCを摂ることで改善されるかもしれません。

ビタミンCがトレーニング効果を高める

ビタミンCにはトレーニング効果を高める作用もあります。1日3～7gを摂取することでテストステロンが増え(※56)、ハードなトレーニングにおけるテストステロン低下作用を防止することもできます。(※57)

また、[*]線維筋痛症患者にビタミンCを摂取させたところ、抗疲労効果が示されました。(※58)

さらにビタミンCには、副腎皮質から分泌されるステロイドホルモンの一種であるコルチゾルを減らし、免疫機能が低下するのを防ぐ働きも期待できます。(※59、※60)

＊ **線維筋痛症(せんいきんつうしょう)**
全身に激しい痛みが起こり、重症化すると軽い刺激(気温の変化、髪への刺激、音など)でも激痛を感じるようになる。

一方でビタミンCは、逆に「トレーニング効果を減少させる」という論文もあります。
少し前に話題となった研究で、ビタミンCとビタミンEを摂取したところ、「脂肪細胞の分化」や「脂肪の蓄積の調節」「インスリンの作用」などに関与する「ＰＰＡＲγ」の発現や、活性酸素を優先的に除去する際に触媒として働く「グルタチオン・ペルオキシダーゼ」と動脈硬化の抑制や高血圧を防ぐ「アディポネクチン」の増加が抑制されたという結果（※61）や、ビタミンCは筋肉の回復を遅らせた（※62）というものがありました。

しかし、これらの研究は短期間（2～4週間）の調査で、被験者が若かった（25～26歳）という問題があります。短期間であれば活性酸素の害も受けにくく、若い被験者であれば抗酸化酵素の活性ももともと高かったのでしょう。

逆にハードなトレーニングを長期間行った場合はどうでしょうか。また、若くない被験者だったらどうでしょうか。

平均年齢66歳の男女50名を対象に、6週間にわたってウエイトトレーニングを行わせた研究があります。その結果、ビタミンCとビタミンEを摂取した群は、摂取しなかった群に比べて除脂肪体重が増え、体脂肪も減りました。（※63）

また、90日間にわたってビタミンEとβカロテン、ビタミンCを摂取したところ、体内での抗酸化酵素の活性が高まったという報告（※64）や、60歳以上の持久系アスリートを対象にマルチビタミンミネラルのサプリメントを摂取させたところ、酸素摂取量などのパフォーマンス向上が見られたという結果が出ています。（※65）

こうして並べると、**抗酸化物質が運動のよい面をキャンセルするかもしれないという不安点については気にしなくてもよさそう**です。

ビタミンCによるアレルギーへの効果

ビタミンCには抗ヒスタミン作用や好中球の走化性を高める作用があるため、アレルギー対策にも効果があります。アトピーや花粉症が改善された例は枚挙に暇《いとま》がありません。（※66、※67）

ただしこの場合、かなり大量に摂取しないと効果がないようです。後述のとおり、普通は1日に数gでビタミンCの効果が得られますが、おそらく多くの人にとってビタミンCの抗アレルギー作用はビタミンカスケードの下流にあるのか、1日に10g近くまで増やしてはじめて効果が体感できるようです。

血中ビタミンC濃度が低いと、明らかに健康に悪影響を与えることがわかっています。

6624名を対象にしたアメリカの調査では、血中ビタミンCが1・1㎎／dℓ以上の群は0・4㎎／dℓ以下の群と比べ、脳卒中で26％、心疾患で27％危険率が低下しました。（※68）

また、日本人2121名を対象とした20年間の追跡調査では、血中ビタミンCが1・1㎎／dℓ以上の群と0・7㎎／dℓ以下の群を比較したところ、脳卒中リスクが明らかに減っていました。（※69）

さらに1万9496名を対象にした研究では、血中ビタミンCが高いほど、心臓血管系疾患や虚血性心疾患による死亡率が低くなっています。（※70）

7071名を対象とした別の調査では、血中ビタミンCが低い群は、がんによる死亡リスクが62％高くなっています。（※71）

また前述（⬇22ページ）のとおり、最近ではビタミンCの白内障に対する予防効果が知られるようになりました。それだけでなくビタミンCには緑内障における眼圧を下げる効果もあります。（※72）

また、＊正常眼圧緑内障患者の血中ビタミンCは、正常な視力の者と比べて低いという調査もあります。（※73）

＊ **正常眼圧緑内障**

緑内障は眼圧の上昇が原因で視野が少しずつ欠けていく病気。正常眼圧緑内障は眼圧が正常範囲という特徴がある。

これらの他、鉄の吸収を促進したり、肝臓での薬物代謝を促進してアルコールの分解を促進したり、骨を強くしたり、コレステロール値を改善したりなど、ビタミンCにはさまざまな作用があります。

抗ウイルス作用も強く、1955年の報告では重症のポリオ患者5名がビタミンCの超大量投与によって全快しています。1960年のベートゲンの報告では肝炎の小児245名にビタミンCを投与したところ、食欲の増進や体重の増加が起こり、急速に黄疸が消退したとのことです。クレナーは1949年にヘルペス*の患者にビタミンCを注射したところ、8名中7名に著効が現れ、3日で全快したとのことです。ただし抗ウイルス作用を期待するためには、1日に数十gの超大量投与が必要となります。

アスコルビナーゼについて

キュウリやニンジンなどには、ビタミンCを酸化させる酵素「アスコルビナーゼ」が含まれます。この酵素は50〜60度以上の熱や、pH3〜4の酸で活性が抑えられるため、加熱したり酢の物にしたりすれば、ビタミンCの酸化を抑えることができます。

酸化されたビタミンCは体内で還元されますが、空気中に酸化されたビタミンCを放置してお

＊ **ヘルペス**
ヘルペスウイルスによる感染症で皮膚や粘膜に水ぶくれができる。ヘルペスウイルスには数種類あり、それによって引き起こされる病気も異なる。

くと分解されて生理活性を失ってしまいます。

すりおろしたニンジンと大根を混ぜた「もみじおろし」の場合、60分経過後に総ビタミンCに占める酸化型ビタミンCの割合が81％に増加し、総ビタミンCの残存は91％まで減少してしまうとのことです。

ただ実際問題として、食事から摂れるビタミンCは量が少なくて、もともと期待するようなものではないため、それほど気にすることはないでしょう。

ビタミンCとシュウ酸

ビタミンCを大量に摂るとシュウ酸カルシウムが形成され、結石ができやすくなるという説があります。しかし、ビタミンCを超大量に摂った場合でも、シュウ酸が増えるのはごく微量であり、そのせいでシュウ酸カルシウムが形成されることはありません。（※74、※75、※76）

ビタミンCの摂取方法

ビタミンCは水溶性なので、B群と同様、**小分けにして食事と一緒に摂取する**のがおすすめです。

また、ここまでに紹介したさまざまな効果を得るためには、**1日に最低で2g、できれば3～5g**

ほどは摂取したいところです。アレルギー治療や、風邪を引いたときなどは10gくらいまで増やしても問題ありません。

「ビタミンCは、大量に摂っても尿に出るからムダ」と言われますが、それはちょっと違います。大量に摂取してから排出されるまでの間、ビタミンCは体内のさまざまな臓器をめぐり、臓器のビタミンC濃度を高めていきます。**この組織中の濃度を高めることこそが、ビタミンC大量摂取の意義**なのです。眼球や副腎などはビタミンCの濃度が非常に高く、がんになりにくい臓器となっています。

ヒトやサル、モルモットなどの少ない例外を別にして、ほとんどの動物は自分でビタミンCを合成することができます。ヒトはビタミンCを外部から摂取することにより、自分で合成する機能をなくすことに成功しました。ビタミンCを合成する労力を、他のことに使えるようになったわけです。

ラットの肝臓が1日につくるビタミンCの量を体重60kgの成人男性に換算すると、1・7〜3・4gになります。しかし、ストレスがあった場合、ラットが合成したビタミンCの量は人間に換算して13gにもなったそうです。私の推奨するビタミンC摂取量は、この数値を参考にしています。

脂溶性ビタミンC

水溶性であるビタミンCに脂肪酸であるパルミチン酸を結合させたものを「Ascorbyl Palmitate(脂溶性ビタミンC)」と呼び、肌に塗る美容液などに使われます。飲むタイプのサプリメントとしても入手することができます。

脂溶性ビタミンCは特にコラーゲン合成効果が高く、水溶性ビタミンCに比べ数倍の効果をもたらします。(※77、※78) また、脂溶性ビタミンCにはヒドロキシルラジカルの除去効果も期待できるようです。(※79)

脂溶性ビタミンCをマウスに投与したところ、血漿《けっしょう》と肝臓、脾臓、膵臓のビタミンC濃度は12時間後まで増加し、24時間後まで顕著な低下は見られていません。また、卵巣や肺のビタミンC濃度は6時間後まで増加し、24時間後までほとんど同レベル。尿中のビタミンC濃度は6時間後から24時間後にかけて増加しています。(「オスモ ピュア・ビタミンC」資料より)

脂溶性ビタミンCの場合、1日に1g程度摂取すれば十分です。脂肪の多い食事と一緒に摂取

することで吸収が高まるので、朝食後と夕食後の2回に分ければよいでしょう。

ただし、注意しなければいけないのは、５００mgの脂溶性ビタミンCのうち、純粋なビタミンCは２００mg程度で、残りの３００mgはパルミチン酸（飽和脂肪酸の一種）だということです。

つまり５００mgのカプセルだったら、１gを摂取するためには2カプセルではなく、5カプセル飲まなければいけません。

また、**脂溶性ビタミンCはゆっくり吸収されるので、水溶性ビタミンCのように急激に血中濃度を高くすることはできません。風邪やアレルギー治療の場合は血中濃度の急激な高まりも必要になるので、水溶性ビタミンCを何度にも分けて摂取したほうが効果的な場合もあります。**

私は脂溶性ビタミンCを１日に２g、水溶性ビタミンCを４g程度摂取していますが、ストレスがありそうなときはさらに増やします。

なお、「リポソーマルビタミンC」というものがよく宣伝されています。かなり効果が高いと宣伝していますが、実は普通のビタミンCと比べ、せいぜい１・５倍程度しか変わりません。（※80）

値段を考えると、普通のビタミンCを１・５倍飲んだほうが遥かに効果的です。

また、「リポソーマルビタミンCの経口摂取が高濃度ビタミンCの点滴に匹敵する」というのは誤りで、血中濃度は点滴のほうが10倍ほど高まります。**脂溶性ビタミンCは普通のビタミンCの3倍以上の効果がある**ので、こちらのほうをおすすめします。

Chapter 5

ビタミンDの働き

ビタミンDは脂に溶ける脂溶性のビタミンです。食品で摂取するほか、日光の照射によっても体内でつくられ、健康効果の研究も進んでいます。

ビタミンDの概要

●体での主な作用

カルシウムの吸収を促進する・細胞の分化を誘導し、がんの発生を妨げる可能性がある。

●不足すると

カルシウムの吸収が悪くなる・筋力が低下する。

●摂り過ぎると

高カルシウム血症を引き起こす・食欲不振や腎臓の障害を起こす可能性がある。

●多く含む食品

カツオ塩辛・アンキモ・レバー・卵・牛乳・キノコ類など。

ビタミンDとは

ビタミンDは植物に多く含まれるビタミンD2（エルゴカルシフェロール）と動物に多く含まれるビタミンD3（コレカルシフェロール）の総称です。

皮膚に存在する7－デヒドロコレステロールに紫外線が当たると、ビタミンD3ができます。食事や紫外線によって得られたビタミンD3は肝臓で水酸化され、**25－OH－D**になります。体内のビタミンDの量を評価するときは、これが指標となります。

そして、25－OH－Dはさらに腎臓に行って水酸化され、「**カルシトリオール**」となり、活性型ビタミンDとなります。活性型ビタミンDはカルシウムの吸収を促進するほか、**ビタミンD受容体（VDR）と結合**します。

活性型ビタミンDがVDRと結合すると、*βカテニンの転写活性を抑制したり、*ヘッジホッグシグ

＊**βカテニン**

遺伝子転写の調節と細胞接着に関与しているタンパク質。βカテニンの変異と過剰発現は、さまざまながんに関係している。

体内でのビタミンD合成

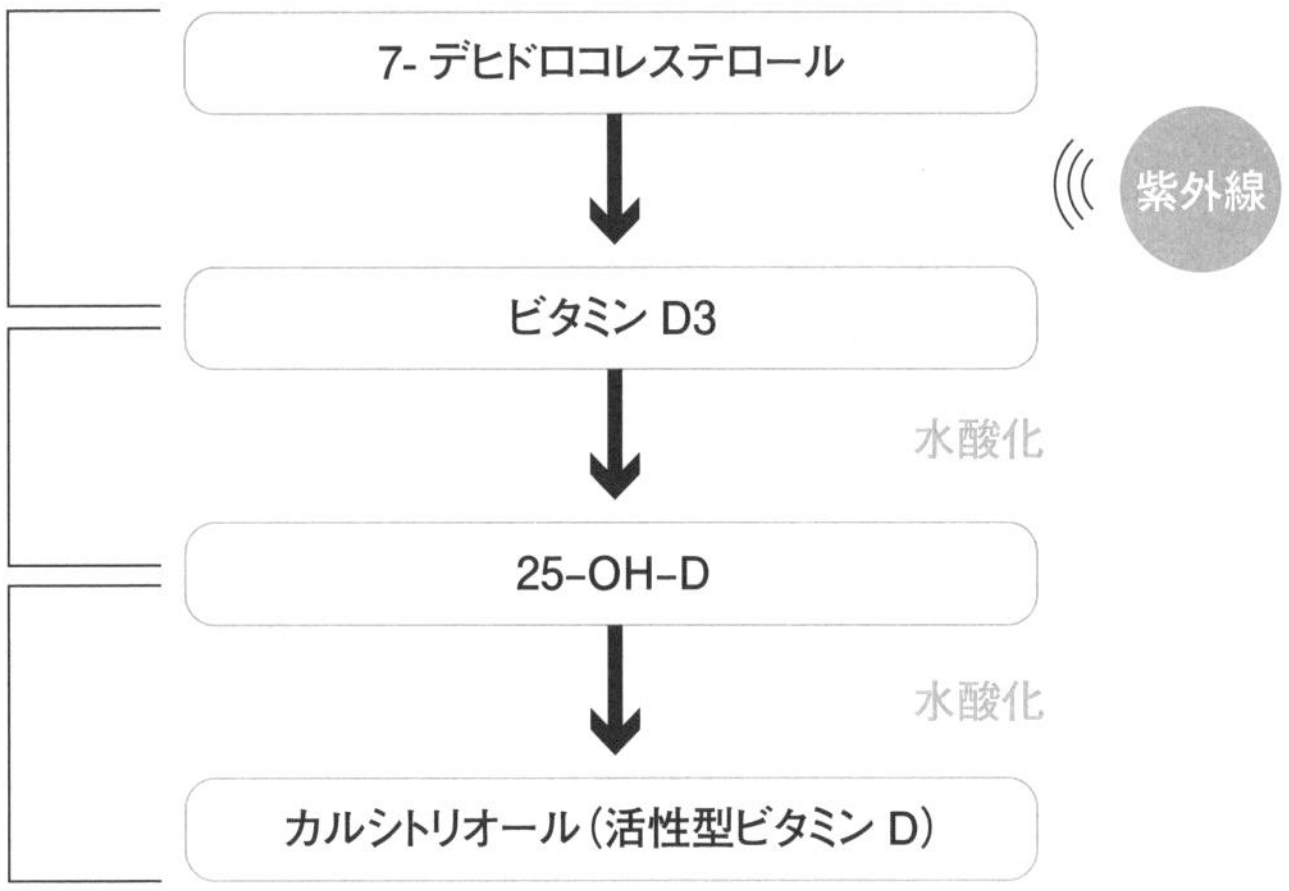

ナル伝達系を阻害したりすることにより、抗がん作用が発揮されます。

ビタミンDの摂取量は？

こうした作用は、どれくらいのビタミンDを摂取すれば得られるのでしょうか。

２０１０年の「日本人の食事摂取基準」によれば、成人が１日に摂取するべきビタミンDは５・５μgでした。**なお、ビタミンDは「IU」という単位で表示されることもあり、μgをIUに直すためには40を掛けます。つまり5・5μgであれば220IUです。**

１日の上限摂取量（副作用の出ない安全な上限の量）は50μg（２０００IU）となっています。

＊ **ヘッジホッグシグナル伝達系**
適切な細胞分化に必要な情報を胚に伝達する重要な経路。

しかし、2020年の「日本人の食事摂取基準」では、成人男性の1日の目安量は8・5μg（340IU）に変わり、一気に1・5倍以上になりました。1日の上限摂取量も100μg（4000IU）と、倍になっています。

これはどのように決められたのでしょうか。以下、引用します。

「日本人の食事摂取基準」によるビタミンDの摂取基準

血清 25-ヒドロキシビタミンD濃度の参照値に関して、食事摂取基準においては、20ng／mℓを用いてきた。しかし最近、日本内分泌学会・日本骨代謝学会により発表された「ビタミンD不足・欠乏の判定指針」では、30ng／mℓ 以上をビタミンD充足、20ng／mℓ以上30ng／mℓ未満をビタミンD不足、20ng／mℓ未満をビタミンD欠乏とした。

しかしこの参照値を採用した場合、最近の疫学調査結果によると、欠乏／不足者の割合は、男性：72・5％、女性：88・0％にも達することから、食事摂取基準の参照値として30ng／mℓを採用するのには、慎重になるべきであり、上に述べた最近の疫学データから考えて、20 ng／mℓを参照値とすることには、一定の妥当性があるものと考え、20 ng／mℓを参照値とした。

つまり、**本来は30 ng／mℓ以上にしなければならないところを、食事ではそれだけ摂るのが難しいから20 ng／mℓを基準にしたということです。**本来ならば「食事では充足できない。だからサプリメントで摂取して30 ng／mℓを超えるようにしたい」とすべきところなのですが……。

体内で合成できるビタミンD

ビタミンDは太陽の光によって体内で合成されます。では、太陽の光が当たらなかったらどうでしょう。

実は、潜水艦の乗務員を対象にした研究があります。その結果、1日に10μg（400IU）を摂取しても、適正なビタミンDの血中濃度を維持できていなかったということでした。（※81）

つまり、太陽の光に当たらない場合には5・5μg（220IU）すら達成できないのです。

ビタミンDを合成する紫外線はドルノ線といって、UV-Bと呼ばれる光線です。これは日焼けのときに肌を赤くしたり、皮がむけてしまったりする原因になります。そのため、日焼けサロンではＵＶ-Ｂは極力減らされていて、代わりにＵＶ-Ａという光線が多くなっています。ですから、**日焼けサロンに行っても、ビタミンDの合成は期待できません。**

余談ですが、ＵＶ-Ｂに比べてＵＶ-Ａは皮膚の奥深くまで浸透するため、皮膚がんになりやすいとも言われています。

また、最近の報告では、北緯34度線を越えると（瀬戸内海のあたりより北だと）、ＵＶ-Ｂが少ないため、ビタミンＤの合成が通常の半分以下に低下するとも言われています。

12月の正午に5・5μgのビタミンＤを産生するためには、札幌で76・4分の日照曝露時間が必要だったとされています。

ビタミンDの効果

ビタミンＤに関する最近の研究には、ダイエッターやアスリートにとって見逃せないものが数多くあります。

まずは「レプチン」について。**ビタミンDが足りないと、レプチンというホルモンの働きが阻害されます。**レプチンは脂肪細胞から分泌されるホルモンで、主な作用としては満腹中枢を刺激することによって食欲を抑えたり、脂肪細胞の分解を促進して中性脂肪を脂肪酸にしたりする働きを持っています。

つまり梅雨時などで日光に当たらなくなると、食欲が増えたり、体脂肪の分解が滞ったりする可能性があるわけです。また、引きこもっていたりする人は、運動不足だけでなくビタミンDの不足による肥満も起こりやすいはずです。

ビタミンDを1日25μg（1000IU）12週間にわたって投与したところ、平均で2・7kgの体脂肪が減ったという結果が出ています。しかも食事制限も運動もしていません。（※82）

さらにビタミンDが不足すると筋肉内に脂肪が入り込んでくることがあり、それが筋肉の機能を低下させてしまいます。

分化した組織細胞が、なんらかの刺激を受けてほかのタイプの細胞に変化することを「**分化転換**」（Transdifferentiation）と呼びます。ビタミンDの量が少ないと、筋前駆細胞の分化転換が起こって脂肪細胞が増え、脂肪滴*の蓄積が増えることがわかりました。

逆にビタミンDの量が多いと、分化転換が減衰し、脂肪滴の蓄積が少なくなりました。このとき同時に筋肉細胞の増加も起こっています。ただし、ビタミンDの量が非常に多い場合には、脂肪滴の増加と筋肉細胞の増加はどちらも抑制されました。（※83）

＊**脂肪滴（しぼうてき）**
細胞の中の脂肪やタンパク質を含む球形の液滴のこと。脂肪細胞では脂肪滴が細胞の大部分を占める。

２０１７年１月に発表された京都大学の研究では、25－ＯＨ－ＤがＳＲＥＢＰ＊の結合パートナーであるＳＣＡＰを、「ユビキチン・プロテアソーム系」によって分解し、ＳＲＥＢＰを不安定化させて働きを抑制することがわかりました。これにより、**数々の脂質代謝疾患の治療に対するアプローチが期待できます。**（※84）

カルシウムの吸収を高める

また、ビタミンＤがカルシウムの吸収を高めることはよく知られていますが、それだけでなくサプリメントで**ビタミンＤを１日に１０００IU摂取することで、タイプⅡ（速筋線維）の量が増え、骨折の割合が減った**という報告もあります。

特に高齢者は転倒によって骨折する割合が高いですが、ビタミンＤを摂取することにより筋力が強化され、骨も強くなります。つまり、転倒しにくくなる上に、骨折する可能性も低下するようです。（※85、※86）

免疫系に対する効果

ビタミンＤには、免疫系を中心とした健康への効果も期待できます。日本で行われた研究では、１日に１２００IUのビタミンＤを摂取することによって、インフルエンザの罹患率が42％も低くなっ

＊**SREBP**
脂肪酸代謝やコレステロール代謝に関与する遺伝子の転写を制御する転写因子。

ています。（※87）

これは、ウイルスの生存率や複製速度を下げる**カテリシジンやディフェンシンの産生をビタミンDが誘発する**ことも関係していると思われます。

また、2週間ごとに50000IUのビタミンD（1日あたり3571IU）を摂取することで、IBS＊（過敏性腸症候群）の症状が改善したという報告もあります。（※88）

さらに、毎日1000～2000IUのビタミンD摂取により、大腸がんのリスクが50%減り（※89）、乳がんと卵巣がんのリスクがそれぞれ30%ずつ減った（※90）という研究もあります。

国立がん研究センターの研究では、血中ビタミンD濃度の低いグループは高いグループに比べて、直腸がんのリスクが男性で4・6倍、女性で2・7倍高くなっていました。（※91）

サプリメントでビタミンDを1日1100IU、カルシウムを1日1400～1500mg摂取したところ、がんの発生を半分以下に減少させたという報告があります。（※92）

その他のさまざまな効果

ビタミンDと死亡率について調べた研究では、血中ビタミンD濃度の低い人ほど心血管疾患での死亡率が高くなっています。また、ビタミンD濃度の高い人ほど、がんになってからの生存期間が長くなっています。（※93）

＊IBS（過敏性腸症候群）
腸の検査では異常がないのに慢性的な腹痛や腹部の張り、便通の異常などが起こる症候群。腸の内臓神経が過敏になっていることが原因とされる。

信頼性の高い医療・健康情報を掲載するイギリスの「コクラン・データベース」にあるメタ・アナリシスでも、「ビタミンＤのサプリメンテーションは高齢者の死亡率を減らす」とされています。（※94）

ビタミンＤはＰ13Ｋ／ＡＫＴシグナル伝達経路を介してロイシンとインスリンの作用を増強してｍＴＯＲを活性化し、筋タンパク合成を促します。（※95）

さらに、ＴＳＣ１／２を活性化してＲｈｅｂを阻害し、ｍＴＯＲの活性を抑制して高血糖によるβ*細胞をアポトーシスから護るという作用も報告されています。（※96、※97）

この他、ＰＰ２Ａ（プロテインホスファターゼ２Ａ）を抑制することによるＡＫＴの活性化と併せて、筋特異的ユビキチンリガーゼであるＭＡＦｂｘとＭｕＲＦ１が減少するという関係性についても示唆されています。（※98）

ビタミンＤが不足している中年男性にビタミンＤのサプリメントを飲ませたところ、テストステロンレベルが高くなってメタボ指標が改善し、勃起機能も高まったという報告（※99）や、ＨＭＢ*とビタミンＤを組み合わせることで筋力が増加したという報告（※100）、カルシウムだけでは効果がなかったがカルシウムとビタミンＤを組み合わせたことで高齢者の筋機能低下が防げたという報告（※101）、２０００IUのビタミンＤサプリメントを２週間摂取したところ、疲労が減って運動能力が高まり、

＊**β細胞**
膵臓のランゲルハンス島にある細胞で、インスリンを分泌する働きをしている。

血圧が低下し、コルチゾルも減ったという報告（※102）などさまざまあり、アスリートにビタミンＤのサプリメンテーションは必須のものと思われます。

私は１日に２００００ＩＵのビタミンＤを摂取することにより、花粉症の症状を劇的に改善することに成功しました。

ナイーブＴ細胞（まだ抗原刺激を受けていないＴ細胞）はＰＬＣ-γ１の発現が低いため、普段は抗原受容体（ＴＣＲ）の反応性が低い状態です。しかし、いったん外部分子が認識されると、ｐ38経路を介してＴＣＲシグナルが送られ、ビタミンＤがＴ細胞内でＶＤＲと結合し、ＶＤＲが活性化されて核に到達します。すると、ＰＬＣ-γ１が生産され、Ｔ細胞が働きだすのです。

さらに、ビタミンＤには抗菌作用のあるペプチドｈＣＡＰ18の発現を亢進させる作用もあるとされ、Ｔ細胞やＢ細胞などの免疫細胞を活性化していきます。

最近ではＣＤＣ（アメリカ疾病予防管理センター）のチーフだったTom Frieden氏が、「コロナウイルスのリスクはビタミンＤで軽減できる」とＦＯＸニュースで発言し、話題となったこともあります。

インフルエンザおよびＣＯＶＩＤ-19のリスクがある人は、25-ＯＨ-Ｄ濃度を急速に上昇させ

＊**HMB**

必須アミノ酸のロイシンの代謝産物。筋肉の分解を抑制する働きがあると言われている。

るため、数週間にわたって１日１００００IUのビタミンＤ３を摂取し、その後１日５００００IUを摂取し続けることが推奨されています。またそれにしたがって、25－ＯＨ－Ｄ濃度を40～60ng／mℓ（１００～１５０nmol／ℓ）以上にすることが目標だとされています。

ビタミンDの摂取方法

食品としては、キクラゲやキノコ類、魚類全般に多く含まれます。サーモンには特に多く含まれるので、ＥＰＡやアスタキサンチンとともに、サーモンの脂肪燃焼作用に貢献しているのかもしれません。

ここまでに紹介した研究の結果から考えて、**１日１０００～２０００IUから健康への効果が得られる**と思われます。１日の推奨摂取量が２２０IU、上限摂取量が２０００IUですが、アメリカの上限摂取量は４０００IUなので、２０００IUをサプリメントで摂取しても、まず問題はないでしょう。

７年間にわたり患者に５０００～５００００IUのビタミンＤを毎日投与している病院のレポートでも、問題は生じていないということです。ちなみにアメリカのサプリメントでは、１カプセルあたり５０００IUや１００００IUが配合されています。アンチエイジングに熱心な日本の学者は、１

日５０００IUを摂取することが標準となっているという記事もあります。

私は１日２００００IUを摂取していると書きましたが、これだけの量になると同時にビタミンＫも摂取しておく必要があります。詳細は「ビタミンＫ」の項（➡１１６ページ）を参照してください。

ビタミンＡの項でも紹介しましたが、子供向けによく使われる肝油ドロップにもビタミンＤが含まれています。「肝油」というのはタラやエイ、サメの肝臓の油のことで、以前はそれらを原材料としていました。最近では「日本薬局方の基準に沿ってつくられた原料」を基につくられているとのことです。「カワイ肝油ドロップＳ」（河合薬業株式会社）の場合、２粒でビタミンＡが４０００IU、ビタミンＤが４００IUとのことなので、１日５～10粒くらいを目安に摂ればよいということになります。

アスリートの場合はどうでしょうか。ホエイアイソレートと組み合わせることで、ビタミンＤの吸収が高くなったという研究があり、カゼインに比べてかなり高くなったようです。

普通の人を対象にした場合、１日１０００IU程度の摂取ではほとんど血中濃度を上げることができないという報告もあります。

アスリート対象の研究では、もともとビタミンＤが不足している場合は１日５０００IUを４週間継続摂取しても血中濃度は31・7ng／mℓ止まりで、もともと足りている場合は1日3570IUを12週間継続摂取してようやく45・6ng／mℓ程度になったという報告があります。

これらを参考にすると、**良好な健康レベルのためには50～70ng／mℓが必要とされると考えられ、アスリートなら1日に5000IU程度を継続して摂取しておきたい**ところです。

また、25-OH-Dが活性型（カルシトリオール）になるためにはマグネシウムが必要とされ、マグネシウムのサプリメントを摂ることは、ビタミンDを1日に400IU多く摂取することと同等だとする説もあります。

ホエイプロテインとマグネシウムを併用することで、ビタミンDの効果がさらに高まるものと思われます。

Chapter 6

ビタミンEの働き

脂溶性のビタミンで、強い抗酸化作用を持つほか、血管の健康や血行の改善など、さまざまな働きを持ちます。成分を確認して摂るとよいでしょう。

ビタミンEの概要

●体での主な作用

酸素をうまく利用できるようになり、スタミナが増す・血液をサラサラにして、心臓病などを防ぐ・筋肉を強くする・細胞の老化を遅らせる、など。

●不足すると

疲れやすくなる・生殖機能に障害がでる・筋肉が弱くなる・流産しやすくなる、など。

●摂り過ぎると

余計な分は排泄されてしまうため、摂り過ぎの心配は要らない。

●多く含む食品

小麦胚芽・ナッツ類・葉野菜・植物油・卵など。

ビタミンEの種類とその働き

ビタミンEは不妊を防ぐための栄養素として発見されました。ギリシア語では「子供を産む＝トコ」、「力を与える＝フェロ」であり、「子供を産む力を与える」という意味である「トコフェロール」がビタミンEの本来の名前です。なお、「オール」はアルコールの意味です。

ただし後述のとおり、トコフェロール以外に「トコトリエノール」もビタミンEであり、それぞれが4種類ずつ存在します。

ビタミンEは脂に溶けるビタミンで、**「α、β、γ、δ」の各トコフェロール、「α、β、γ、δ」の各トコトリエノールの8種類**に分けられます。

また、ビタミンEを合成すると、D体とL体が混ざったものができます。人体で使えるのは天然のD型であり、DL型は使えません。

天然のαトコフェロールのことを、「D-αトコフェロール」と呼びます。現在、ビタミンEサプリメントとして販売されているのは、ほとんどがこのD-αトコフェロールですが、安価なものには未だにDL型が使われていることがあります。

一般的に「ビタミンE」というとD-αトコフェロールを指していましたが、最近になって、γトコフェロールやトコトリエノールの重要性が知られるようになってきました。

最近の知見によれば、トコトリエノールはトコフェロールよりも遥かに強い抗酸化活性を持ち、αトコトリエノールはαトコフェロールの40〜60倍もの抗酸化作用を有すると言われ、特にδトコトリエノールが強力だとされています。

また、γトコトリエノールがヒト線維芽細胞の老化を防いだとする報告もあります。（※103）

ビタミンEの「抗酸化作用」

ビタミンEのもっとも重要な作用は「抗酸化作用」です。

私たちの体の細胞は「細胞膜」で覆われており、細胞の中に入ってよいもの、入ってはいけないものを峻別《しゅんべつ》しています。細胞膜が正常に機能しなくなると、細胞は死んでしまいます。

細胞膜は「不飽和脂肪酸」を含んでいますが、不飽和脂肪酸は活性酸素による傷害を受けやすく、水素が簡単に「過酸化」されて脂肪酸の本体と分離してしまいます。すると、残った脂肪酸は「脂肪酸ラジカル*」となり、過酸化された水素もまた、ラジカルとなります。

このような**ラジカル連鎖反応が起こると、細胞膜に穴が空いてしまうだけでなく、「過酸化脂質」も発生します。**

抗酸化作用によってこれを防いでくれるのが、ビタミンＥです。

老化学の太祖であるネブラスカ大学のハーマン教授は「**ラジカル老化説**」を唱えました。これは、活性酸素が老化の原因であるとするものです。

この説が出た後、細胞を何世代にもわたって分裂させていく実験が行われましたが、その結果、どの細胞も30世代くらいで分裂できなくなりました。これはＤＮＡによるコピーの劣化が原因で、発見者の名をとって、この現象を「ヘイフリックの限界」と呼びます。

そこで、ラジカルの害を防ぐためにビタミンＥを大量に使用するという実験を行ったところ、ヘイフリックの限界を打ち破ることに成功しました。ビタミンＥを与えられた細胞は、30世代を超

＊ラジカル

通常、2つずつ対になっている電子が、なんらかのエネルギーを受けて移動し、不対になることがある。この不対電子を持つ原子や分子、イオンのこと。

えても正常に分裂を続けたのです。

　これは最近(2015年)行われた研究でも裏付けられており(※104)、試験管内の結果なのでそのまま人体に応用できるわけではありませんが、ビタミンEの重要性を大いにサポートしてくれる結果となっています。

ビタミンEの「血行改善作用」

　抗酸化作用についで、「血行の改善作用」がビタミンEのメリットです。ビタミンEは血管の拡張をスムーズにするとともに、血液の粘度を適正に保ちます。
　ビタミンEを主とした抗酸化サプリメントの摂取により、血小板の凝集を促進して血液を固めやすくするトロンボキサンが減少して、血流改善作用と心血管疾患の予防効果が示唆されました。(※105)
　また、FMDと呼ばれる血管拡張反応の上昇とビタミンEの関係も認められており(※106)、血管の内皮機能を改善することも知られています。(※107)
　ビタミンCやB群などとの併用によって、アテローム性動脈硬化*の進行抑制に効果が認められています。(※108)

＊**アテローム性動脈硬化**
血管に余分なコレステロールが蓄積され動脈内が狭くなる病気。進行すると虚血性心疾患や脳梗塞を引き起こすことがある。

さらに、心血管疾患の既往歴がある女性８１７１名を対象にした研究でもビタミンE摂取群にはリスクの低下が認められています。（※109）

動脈硬化について

正常な動脈は、弾性に富むゴム管に例えられます。しかし、動脈硬化によって硬化した動脈は、鉄管のような状態です。

心臓が血液を送り出すとき、血管はふくらみ、送り出す圧力が低下すると、血管は細くなります。つまり、**心臓の拍動は血管の周径に変化をもたらし、これを「脈波《みゃくは》」と呼ぶ**のです。

東京慈恵会医科大学の吉村正蔵教授はこの脈波に着目し、動脈硬化の度合いを客観的に把握する方法を発見しました。ゴム管は十分な弾性を持つため、血管の内径の変動が大きく、その速度は遅くなります。逆に鉄管は内径の変動が小さく、変動速度は速くなります。

つまり、弾性に富む正常な動脈は脈波伝播速度が遅く、硬化した動脈は脈波伝播速度が速くなります。ここで、脈波伝播速度のことを「ＰＷＶ(Pulse Wave Velocity)」と呼びます。

吉村教授は動脈硬化と診断された40～61歳までの患者から、症状のない人を無作為に31名選んで毎日３００㎎のビタミンEを投与し、比較として32名の対照群をつくりました。

その結果、ビタミンE摂取群は1年後に脈波が平均毎秒34㎝遅くなり、2年後には平均毎秒26㎝遅くなりました。一方、非摂取群は1年後に脈波が平均毎秒21㎝速くなり、2年後には平均毎秒45㎝速くなりました。

つまり、ビタミンE摂取群は動脈硬化が改善されて血管が若返ったのに対し、非摂取群は動脈硬化が進行したということです。

ビタミンEによる「運動能力の向上」

前述のとおり、ビタミンEは不飽和脂肪酸の過酸化を抑えます。ということは、それに使われる「酸素」の量を減らすことができ、**体内で酸素をより有効に使うことができる**ということになります。

そのため、**血行改善作用とも相まって、ビタミンEに心肺機能を改善する作用が期待できる**ということになります。

また、ビタミンEが細胞膜の機能を正常に保つことにより、運動によって炎症が起きた後の筋細胞膜の再生をスムーズにすることができます。（※110）

ラットにダウンヒルランニングを行わせた研究では、ビタミンEが足りないと細胞膜が簡単に破壊され、炎症が起きて筋再生に支障が出ることがわかっています。（※111）

順天堂大学の青木純一郎教授らの研究では、同大学の長距離選手を2群に分け、ビタミンE投与群（1日３００IU）と非投与群で比較したところ、乗鞍岳で行った2万m競技において、ビタミンE投与群は2回ともタイムが1分以上も短縮されています。（※112）

また、30名のトップサイクリストを対象にした研究では、自転車レースによる酸化ストレスや筋炎症が少なくなっています。（※113）

ビタミンEの「ホルモン活性化作用」

不妊に効くということで発見されたビタミンEですが、「ビタミンEがテストステロンを増やす」という報告もあります。（※114）

性ホルモンはコレステロールからつくられますが、**コレステロールがテストステロンに変換されるまでの過程でビタミンEが必要になる**のです。具体的には、プレグネノロンがプロゲステロンになるときの補酵素としてビタミンEが使われます。

＊**ハンチントン病**
遺伝性の神経変性疾患。神経症状、行動異常、認知障害などの症状が現れる。

その他の健康への効果

ビタミンEは神経保護作用によって、ハンチントン病*の初期疾患の進行を抑えることができます。（※115）

NASH（非アルコール性脂肪肝炎）の患者に800IUのビタミンEを与えたところ、ALT（GPT）やAST（GOT）、アルカリフォスファターゼ（ALP）、γGTPの低下、過酸化脂質濃度の低下などが起こっています。（※116）

また、NASH患者はTGF-β1*が上昇しますが、これもビタミンE投与で低下し、血清ビタミンE濃度の上昇に伴って血清中の過酸化脂質濃度が下がって酸化ストレスの低下が確認されています。

ビタミンEの摂取方法

前述のとおり、ビタミンEのサプリメントはほとんどがD-αトコフェロールで、多くの研究はこれを用いて行われています。ところが最近になって**γトコフェロールの効果がわかってきました。**

前立腺がんのリスクを減らす効果（※117、※118）や、炎症を抑える効果（※119、※120）、がんや心臓血管系疾患への効果（※121、※122）など、γトコフェロールの作用は見逃せません。

＊**TGF-β1**
細胞から分泌されるタンパク質で重要な生理活性物質の一つ。その異常がさまざまな病気の進展や生命維持に関与する。

ここで問題なのは、**αトコフェロールの摂り過ぎは体内のγトコフェロールを減らしてしまう**こと（※123）です。そのため、**「ミックストコフェロール」として4種類のトコフェロールを含んだビタミンEサプリメント**を推奨したいところです。

また、トコトリエノールも非常に強い抗酸化活性を持つことが最近になってわかってきています。トコトリエノールのサプリメントには米ぬか油由来のものとパーム油由来のものがありますが、米ぬか油由来のものにはδトコトリエノールがほとんど含まれないため、パーム油由来のものを選ぶのがよさそうです。

トコフェロールとトコトリエノール併せて8種類のビタミンEすべてを含んだサプリメントもあり、これを「フルスペクトラムビタミンE」と呼びます。非常によいものですが入手しにくく高価で、またトコフェロールが多いわりにトコトリエノールが少ないという欠点があります。

そのため、まずは「ミックストコフェロール」として4種類のトコフェロールを含んだ普通のビタミンEサプリメントを摂り、それに追加して「EVNol SupraBio™」を摂取するといいでしょう。

なお「EVNol SupraBio™」の旧名が「Tocomin SupraBio®」ですが、販売会社名が変わったことにより商品名も変わったようです。

これは乳化することにより吸収性を高めてあるパーム油由来のトコトリエノールで、これまでのものと比べ２５０％の吸収率を誇り、各臓器に有意な水準で分布されることがわかっています。（※124）

摂取量としてはミックストコフェロールを１日に４００～８００IU程度、EVNol SupraBio™として50～１００mg程度をおすすめします。

Chapter 7

ビタミンKの働き

脂に溶けるビタミンです。K1とK2のほか、K3・K4、K5があります。K3は毒性を持ちますが、安価なため動物用飼料に使うこともあります。

ビタミンKの概要

●体での主な作用

血液を凝固させる・骨を強くする・動脈硬化を防ぐ。

●不足すると

血液が固まりにくくなる・骨が弱くなる・動脈硬化のリスクが高まる。

●摂り過ぎると

特に過剰症の報告はない。

●多く含む食品

葉野菜・クロレラ・海藻類・卵黄・レバー・納豆など。

ビタミンＫの種類とその働き

天然のビタミンＫは、野菜類や海藻類に含まれるビタミンＫ１（フィロキノン）と、主に腸内細菌などの微生物によってつくられるビタミンＫ２（メナキノン）の大きく２種類に分けられます。

ほかに合成のビタミンＫ３などもありますが、毒性が強いため、ヒトへのサプリメントとしては使われていません。

Ｋ１は植物が光合成を行うために合成するもので、青汁やクロレラなどの健康食品にも多く含まれます。

ヒトの体ではＣｏＱ10が電子伝達系で働きますが、それと同じような働きを原核生物*で行うのがビタミンＫ２です。Ｋ２は今のところ14種類まで知られていますが、腸内細菌のほか、卵黄やレバーなど動物性食品に含まれるＭＫ‐４と納豆に多く含まれるＭＫ‐７がヒトにおける主な補給源で

＊**原核生物**
細胞内に細胞核（DNAを包んでいる核）を持たない生物のこと。細菌と藍藻（らんそう）類。

●血液の凝固とビタミンK

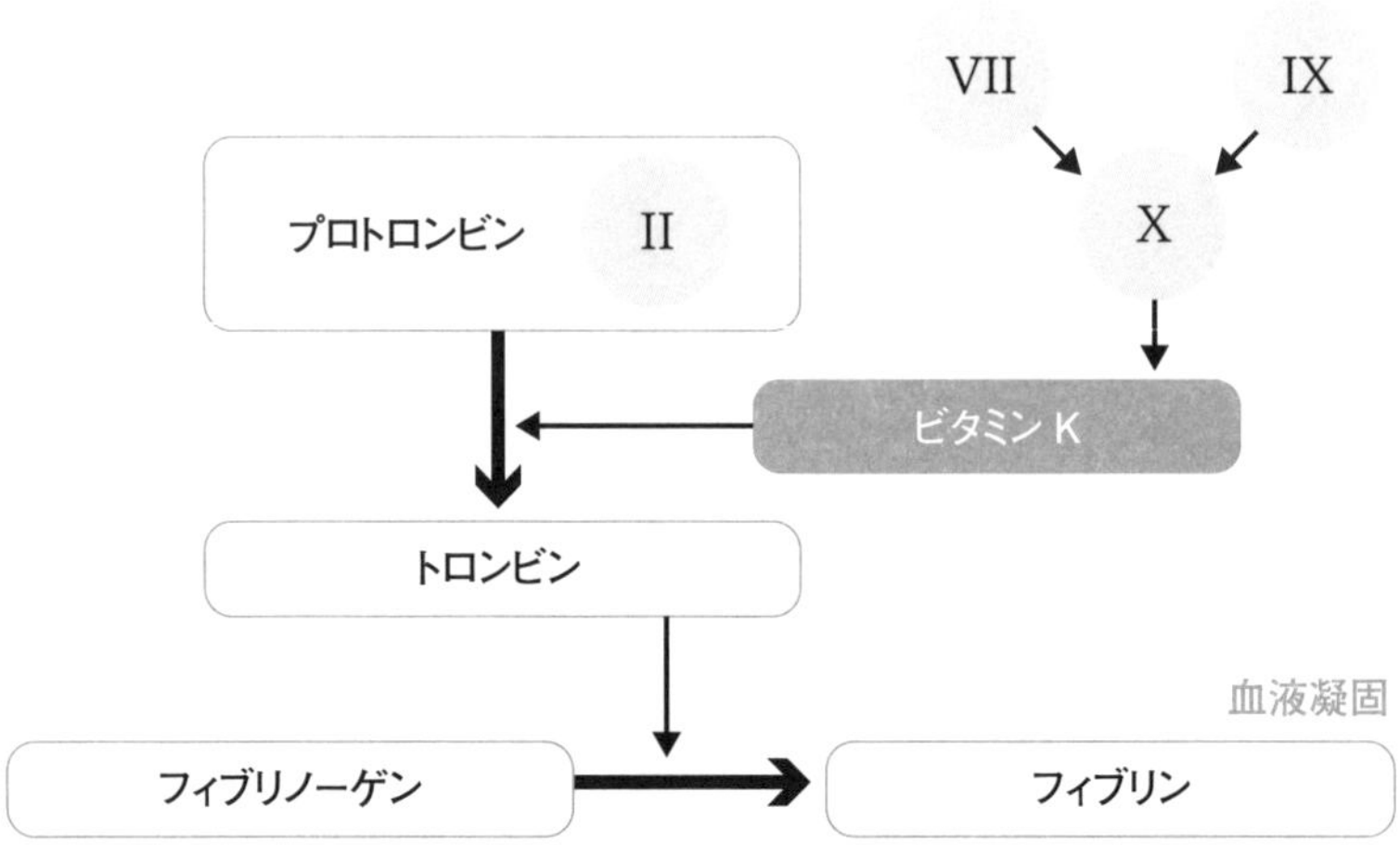

す。一般的にはK1とMK-4、MK-7を合わせたものがビタミンKとされています。

ビタミンKによる「血液の凝固」

ケガなどで出血したときには、迅速に血液が固まる必要があります。このときに働くのがフィブリンやフィブリノーゲン、プロトロンビンなどの「凝固因子」です。

出血した際の血小板の凝集を「一次止血」と呼び、血小板が凝集したところにフィブリンが集まって血が固まることを「二次止血」と呼びます。

二次止血の際にはフィブリノーゲンがフィブリンになり、このときにトロンビンが必要となります。さらにトロンビンはプロトロンビンから肝臓で生成されますが、このときにビタミンKが補酵素として必要になります。

凝固因子には数々の種類があり、プロトロンビンは第Ⅱ因子です。他に第Ⅸ因子と第Ⅶ因子、第Ⅹ因子がビタミンK依存性です。もし覚えたい場合は、「肉納豆：にくなっとう（2、9、7、10）」と暗記するとよいでしょう。

ビタミンKによる「骨の強化」

骨といえばカルシウムが真っ先に思い浮かぶかもしれませんが、骨は骨基質にリン酸カルシウム（ヒドロキシアパタイト）が沈着して形成されます。骨基質がないと、カルシウムを取り込むことができません。

骨基質はコラーゲンと非コラーゲン性タンパクからできていて、90％がコラーゲンです。このコラーゲンとヒドロキシアパタイトを結合させるために、「グラタンパク」というタンパク質が接着剤として働きます。**グラタンパクは「オステオカルシン」とも呼ばれ、形成するにはビタミンKが必要**となります。

そのため、骨粗しょう症の薬としてビタミンKが使われます。

ビタミンKはビタミンDと同時摂取することで相乗効果があり、研究では2年間で腰椎の骨密度を増やすことに成功しています。また、この研究ではカルシウムを摂取しても骨密度上昇の効果はありませんでした。（※125）

なお、ビタミンK単体でも腰椎の骨密度を高めることがメタ・アナリシス*によって明らかとなっています。（※126）

動脈硬化への効果

Ｋ１は無関係でしたが、Ｋ２の摂取で動脈の石灰化が抑制され、心臓血管系疾患による死亡率が半分に減少しています。また、ほかの原因による死亡率も26％低下しています。（※127）

また、閉経期の女性を対象にＫ１とビタミンDを同時に摂取させたところ、動脈壁の弾力によい影響があらわれたという報告もあります。（※128）

ビタミンKが不足している被験者を対象に、１年間にわたってＫ２（ＭＫ-７）を毎日１８０μg摂取させたところ、頸動脈 ― 大腿脈波伝播速度が有意に改善し、加齢にともなう動脈硬化にビタミンKが効果を示すことが明らかになっています。

ビタミンDを大量に摂取している場合、高カルシウム血症によって動脈硬化が起こる可能性があります。そのため、ビタミンDを多く摂るときは、必ずビタミンKも十分に摂取するようにしてください。

＊メタ・アナリシス
複数の研究データを取集・統合し、統計的手法によって解析すること。

その他の健康への効果

ビタミンＫ２の摂取により、ウイルス性肝硬変から肝細胞がんへの移行を防ぐ可能性が示唆されています。（※129）

また、カルシウムやビタミンＤとともにビタミンＫを摂取したところ、高齢男性のインスリン抵抗性が改善しています。（※130）

Ｋ２には特に男性の前立腺がんと肺がんのリスクを減らす効果が高いようで、チーズを多く消費してＫ２の摂取量が多いと、がんのリスクや死亡率が低下するようです。（※131）

がんのリスクを減らすのはＫ１とＫ２の両方に認められますが、心臓血管系疾患による死亡率低下はＫ１にのみ認められ、Ｋ２には認められなかったという報告もあります。（※132）

さらに、肝臓におけるがんの成長を止める働きもあるようです。（※133）

ビタミンＫの摂取方法

厚生労働省の定める２０１０年度版の「日本人の食事摂取基準」において、成人は75μgが１日の目安となっていました。

しかし、２０２０年度版の「日本人の食事摂取基準」には、「健康な者において通常の食事から体重１kg当たり０・８～１・０μg／日の量でフィロキノンの摂取を続けると、潜在的なビタミンK欠乏症に陥る危険性があるので、腸内細菌や組織でのメナキノン類産生量は、生体の需要を満たすほどには多くない。」と記載されています。

また、「大腿骨近位部骨折とビタミンK摂取量との関連を検討した最近のコホート研究によると、１００μg／日程度（又はそれ以上）を摂取していた群で、それ未満の摂取量の群に比べて骨折の発生率の低下が観察されている。骨におけるビタミンK作用不足の指標である血中低カルボキシル化オステオカルシン（ｕｃＯＣ）高値は、骨密度とは独立した骨折の危険因子であり、ｕｃＯＣを低下させるためには、肝臓で凝固因子の活性化に必要な量以上（おおむね５００μg／日以上）を要することが示されている」とも記載されています。

そのため、２０１５年度版から２０２０年度版の「日本人の食事摂取基準」では、一気に倍となり、１日に１５０μgが目安とされました。

なお、「骨粗しょう症の予防と治療ガイドライン」では１日に２５０～３００μgの摂取が推奨されています。

平成19年における国民健康・栄養調査では、ビタミンKの摂取量は平均で２３４・５μgですが、「これは多量摂取者の存在を示しており、日本人では納豆摂取の影響が大きい」とされているため、全体的にはやや不足気味といったところでしょうか。

ビタミンKは腸内細菌で合成されるため、不足の心配はないと思われがちです。しかし、ビタミンK欠乏食を与えたところ、血液の凝固因子が減少することが示されています。（※134、※135）

野菜類や納豆、卵、レバーなどを普段から食べない場合はサプリメントとして摂取することをおすすめします。この場合、K2（MK-4＋MK-7）として1日に200μg前後でいいでしょう。また、私のように野菜をほとんど食べない場合はK1も含んだサプリメントをおすすめします。

ビタミンDを大量摂取している場合は400μgを目安にします。

なお、「日本人の食事摂取基準」には、「フィロキノンとメナキノンについては大量に摂取しても毒性は認められていない」と明記されています。

Column

サプリメントの飲み方

サプリメントの効果を十分に得るためには、血中濃度を安定させる必要があります。そのため、1回にまとめて飲むのではなく、1日2～3回に分けて飲むようにしたほうがよいでしょう。

また、空腹時よりも食後に飲むようにします。胃の内容物と混じることにより、成分を持続的に放出させることができるからです。特に脂溶性のビタミンなどは、脂肪の消化酵素が出ている食後のほうが吸収率は高まります。

逆に早く吸収させたいサプリメントは、空腹時に飲むようにします。筋トレ目的で飲むアミノ酸やプロテインなどは血中濃度を一気に高めることで効果を発揮するため、食後に飲むのは避けるようにします。

少々お高いサプリメント。せっかく飲むのなら、効率よく摂取したいものです。

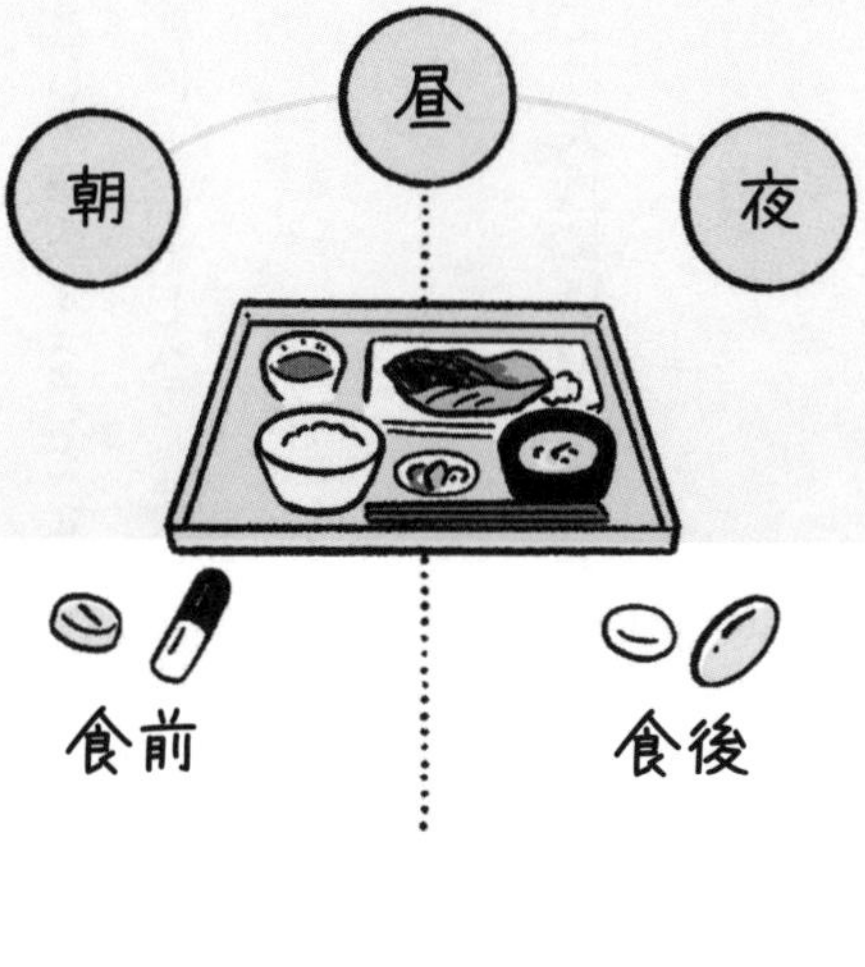

Part 2

ミネラル

健康維持に必須な無機質

ミネラルの基礎知識

体は炭素、酸素、水素、窒素とミネラルで構成されています。
ミネラルの割合は約4%ですが、生命活動に必要な元素です。

主なミネラルの働き

骨や歯の材料となったり、細胞内外の浸透圧やpHの維持・調整、体の成長や代謝を助けるなど、それぞれに役割を持っています。また、ビタミンと同様に体内で合成できないため食事やサプリメントから摂取する必要がありますが、多過ぎても少な過ぎても体の不調につながります。

※それぞれの働き・欠乏症・過剰症については
各ミネラルの解説ページを参照してください。

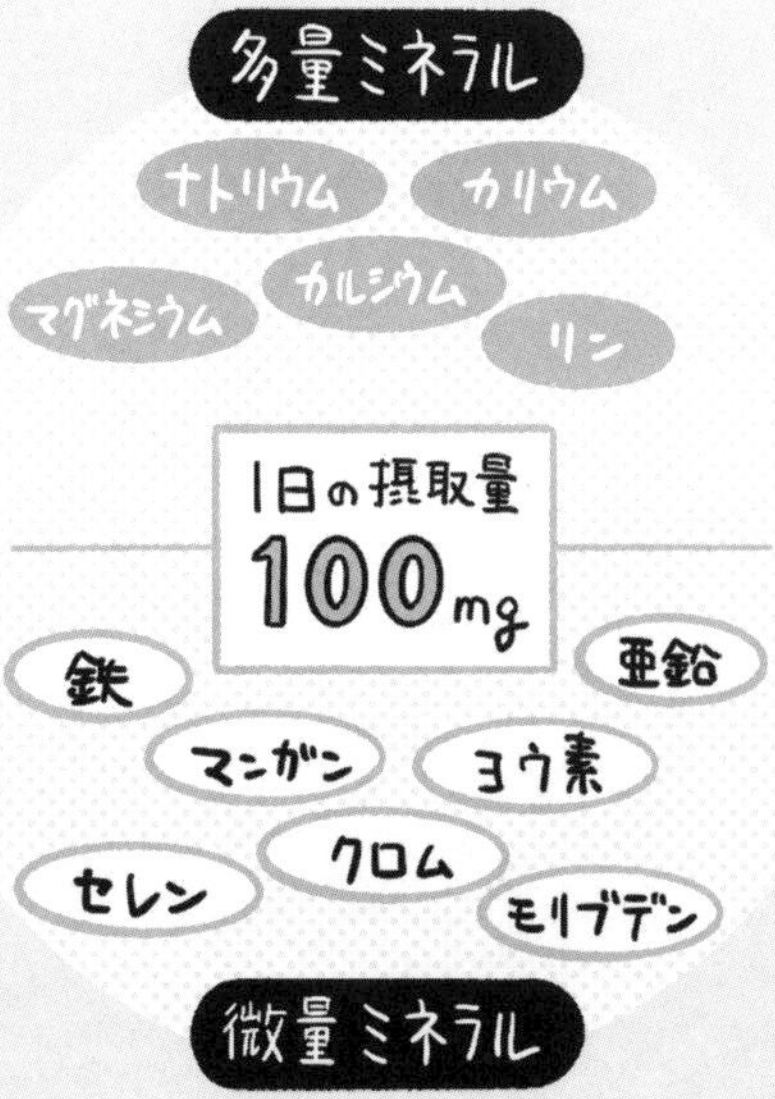

16種類の必須ミネラルと多量／微量ミネラルの区分

ヒトの体に必要なミネラルのうち特に不足しがちなものを「必須ミネラル」と呼び、現時点では16種類あります。また、1日の摂取量が100mg以上のものを「多量（主要）ミネラル」、100mg未満のものを「微量ミネラル」と区別して呼んでいます。それぞれに適量があるので、微量ミネラルであっても不足しないように摂る必要があります。

不足しやすいミネラルと摂り過ぎに注意が必要なミネラル

現代人は食生活が変化したことに加え、食品に含まれるミネラルの量が減少したことで「ミネラル不足」の傾向に。必須ミネラルの中でも、一般的な食生活から摂る量で問題のないものや、不足しがちなもの、摂り過ぎないよう注意すべきものがあります。

相互に影響し合うミネラル（ナトリウム－カリウムポンプの例）

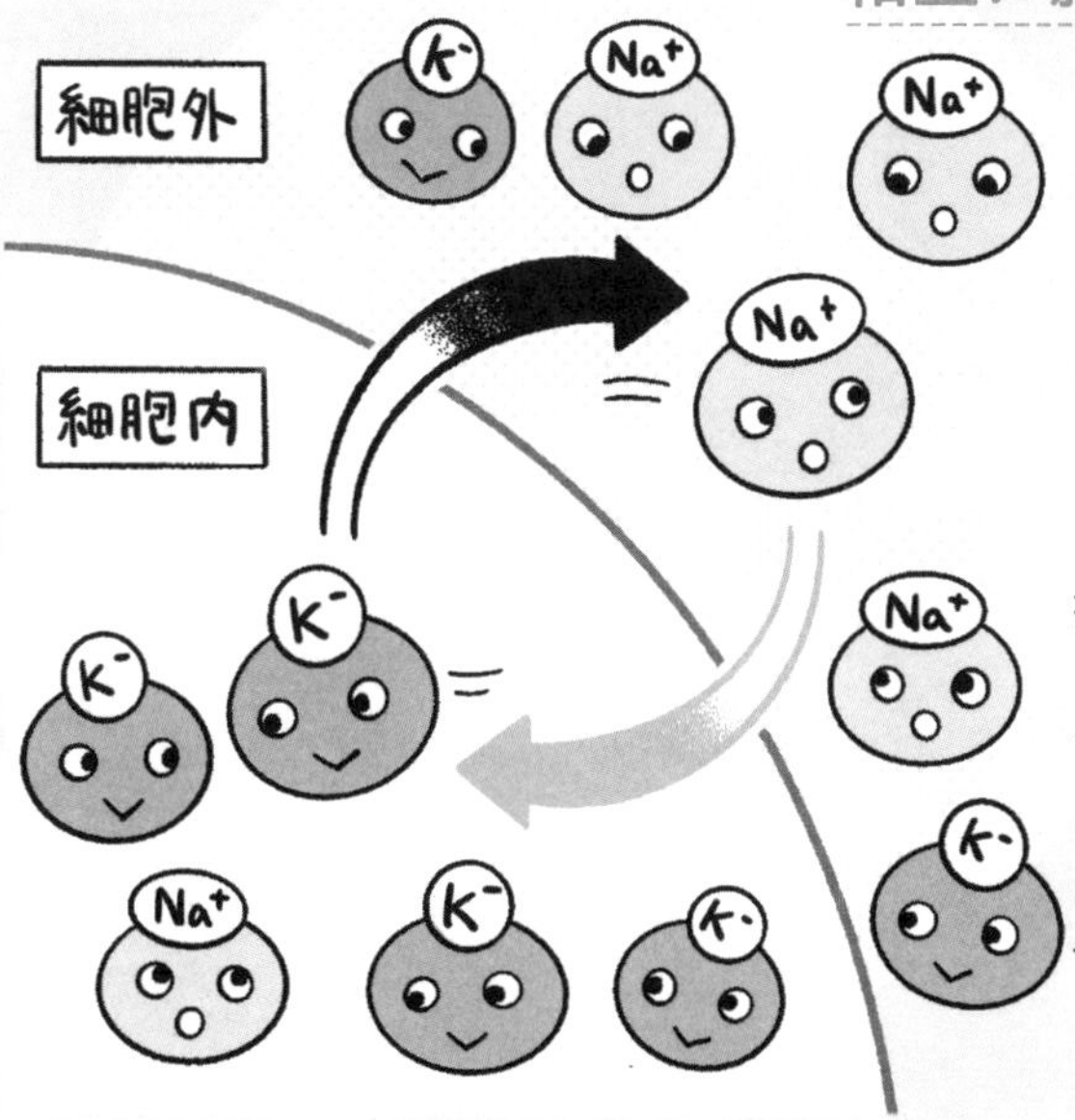

ナトリウムの多くは細胞外の体液に、反対にカリウムの多くは細胞内に含まれています。このバランスを保って浸透圧を維持するため、細胞膜にはナトリウムとカリウムを交換する「ナトリウム－カリウムポンプ」があります。このように相互に影響を与え合うミネラルもあります。

Chapter 1

ナトリウム・カリウムの働き

さまざまな働きを持つミネラル。まずは、なじみ深く、体内のミネラルのバランスを保つ役割を持つナトリウムと、対になるカリウムを説明します。

ミネラルの概要

人の体を車に例えると、車体はタンパク質です。そしてガソリンは炭水化物です。脂肪は車体でもありガソリンでもあります。

また、ビタミンは「エンジンオイル」です。代謝をスムーズに行わせるビタミンは、エンジンを潤滑に動かすのに必要となるエンジンオイルに例えられます。

ではミネラルは何かというと、主に車体になります。カルシウムと骨や、鉄とヘモグロビンの関係をイメージするとわかりやすいでしょう。ただしそれだけではなく、ミネラルの中にはビタミンのように補酵素(補因子)として働くものもあります。

ミネラル（Mineral）という言葉は「Mine（鉱山、鉱石など）」に由来しており、ほとんどは金属です。例外は硫黄やリン、ヨウ素、塩素など。なお、ビタミンは有機物なので「補酵素」ではありますが、**無機物のミネラルは補酵素ではなく、「補因子」と呼ばれます。**

ミネラルは人間の体内でつくることができません。そのため、食事から摂取する必要があります。現時点でヒトの必須ミネラルは次の16種類です。

16種類のミネラル

- ナトリウム　●カリウム　●カルシウム　●鉄
- 亜鉛　●マグネシウム　●銅　●マンガン
- セレニウム　●ヨウ素　●モリブデン　●リン
- クロミウム　●硫黄　●塩素　●コバルト

この16種類にバナジウムを加えた17種類のミネラルについて、本書で解説していきます。
では、もっとも身近である「ナトリウム」と、その相棒である「カリウム」からいきましょう。

ナトリウムポンプとは？

ナトリウム(Natrium)はドイツ語で、英語だと「ソディウム(Sodium)」です。同様にカリウム(Kalium)もドイツ語で、英語だと「ポタシウム(Potassium)」になります。この2つが相棒というのは、どういうことでしょうか。

この2つのミネラルは、生命の主役たる「**ナトリウム-カリウムポンプ(略してナトリウムポンプ)**」を働かせるのに必要なのです。ＡＴＰによる体のエネルギーの、実に3分の1～4分の1がナトリウムポンプに動力を提供するために使われています。

ＡＴＰの大部分を使うナトリウムポンプ。この働きは主に「情報伝達」です。

細胞内にはカリウムが多く、細胞外はナトリウムが多くなっていますが、その状態はナトリウムポンプの働きによって保たれているのです。

ナトリウムポンプはナトリウムイオン3個を細胞外に運び出し、カリウムイオン2個を細胞内

●ナトリウムポンプによるイオンのやり取り

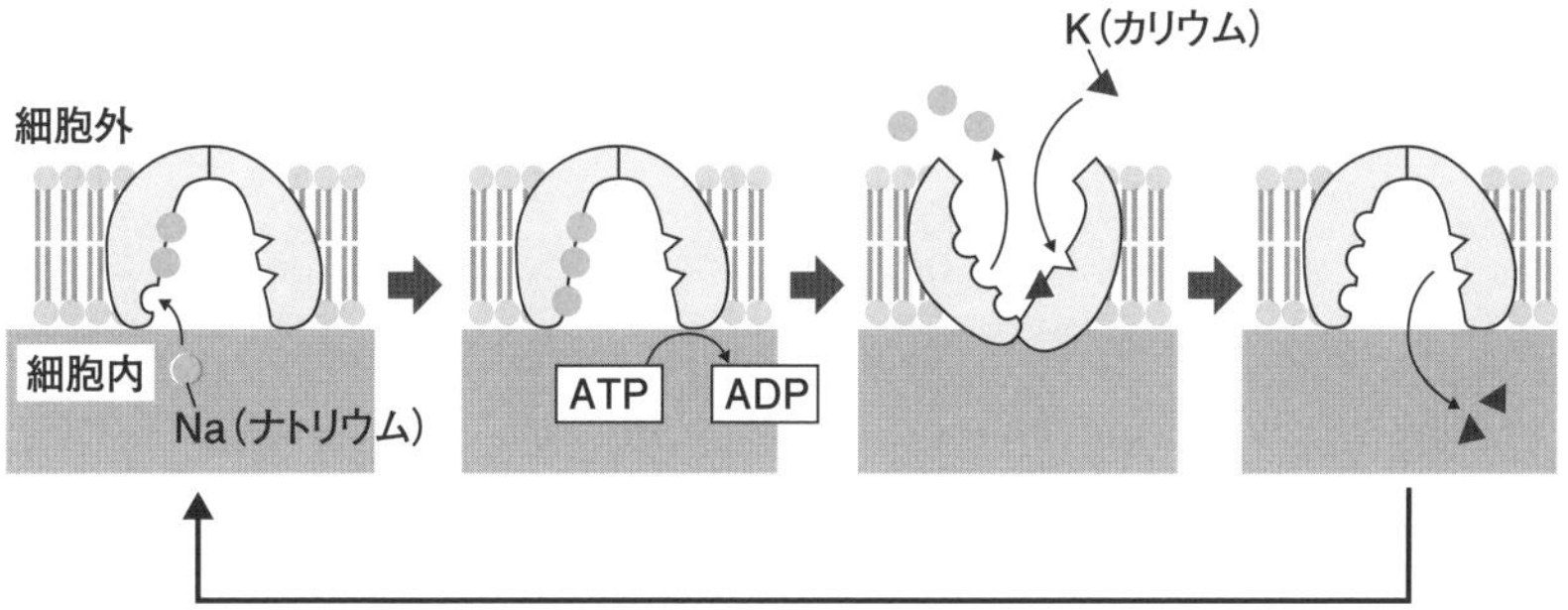

ナトリウムポンプは細胞膜に存在する。ATP のエネルギーを使って細胞内のナトリウムを排出し、細胞外のカリウムを細胞内へ取り込むこの動きを繰り返している。

に運び入れます。この働きによってイオン濃度差が起こり、電気的な勾配が発生します。

この電気勾配の変化により、「活動電位」が発生し、情報が伝達されていきます。ナトリウムポンプは神経の興奮伝達や細胞の浸透圧調節のほか、小腸や尿細管で栄養素が吸収されるときにも働きます。

ナトリウムやカリウムがないと、情報を伝達することができません。また、細胞の浸透圧が調整できなくなり、細胞が膨れ上がって破壊されてしまいますし、栄養素も吸収できないことになります。ミネラルというとカルシウムや鉄が真っ先に思い浮かぶかもしれませんが、それ以上に重要なのが、ナトリウムとカリウムなのです。

　では、ナトリウムとカリウムをどのように摂取していくかについて考えていきましょう。

塩とナトリウム

　「塩＝ナトリウム」と思っている人は、けっこう多いのではないでしょうか。しかし、そうではありません。ナトリウムは塩の一部なのです。**ナトリウム（Na）と塩素（Cl）からつくられるNaClが、塩（塩化ナトリウム）です。**

　清涼飲料水のラベルを見ると、「ナトリウム　○○㎎」と書いてある横に、「食塩相当量　○g」と書いてあることがあります。塩は水に溶けるとイオン化してナトリウムイオン（Na^+）と塩化物イオン（Cl^-）になります。つまり、溶液中では「食塩」ではないため、ナトリウムの量を表記するほうが本当は正しいのです。

　しかし、塩分制限をしている場合などに、「食塩として何gまで」といった制限がかかることもあります。そこで、ナトリウムではなく食塩としての量がわかるよう、このように表記されることになりました。ちなみにナトリウムは㎎、食塩はgで表記する決まりになっています。

●水とナトリウムの再吸収を促すレニン・アンジオテンシン系

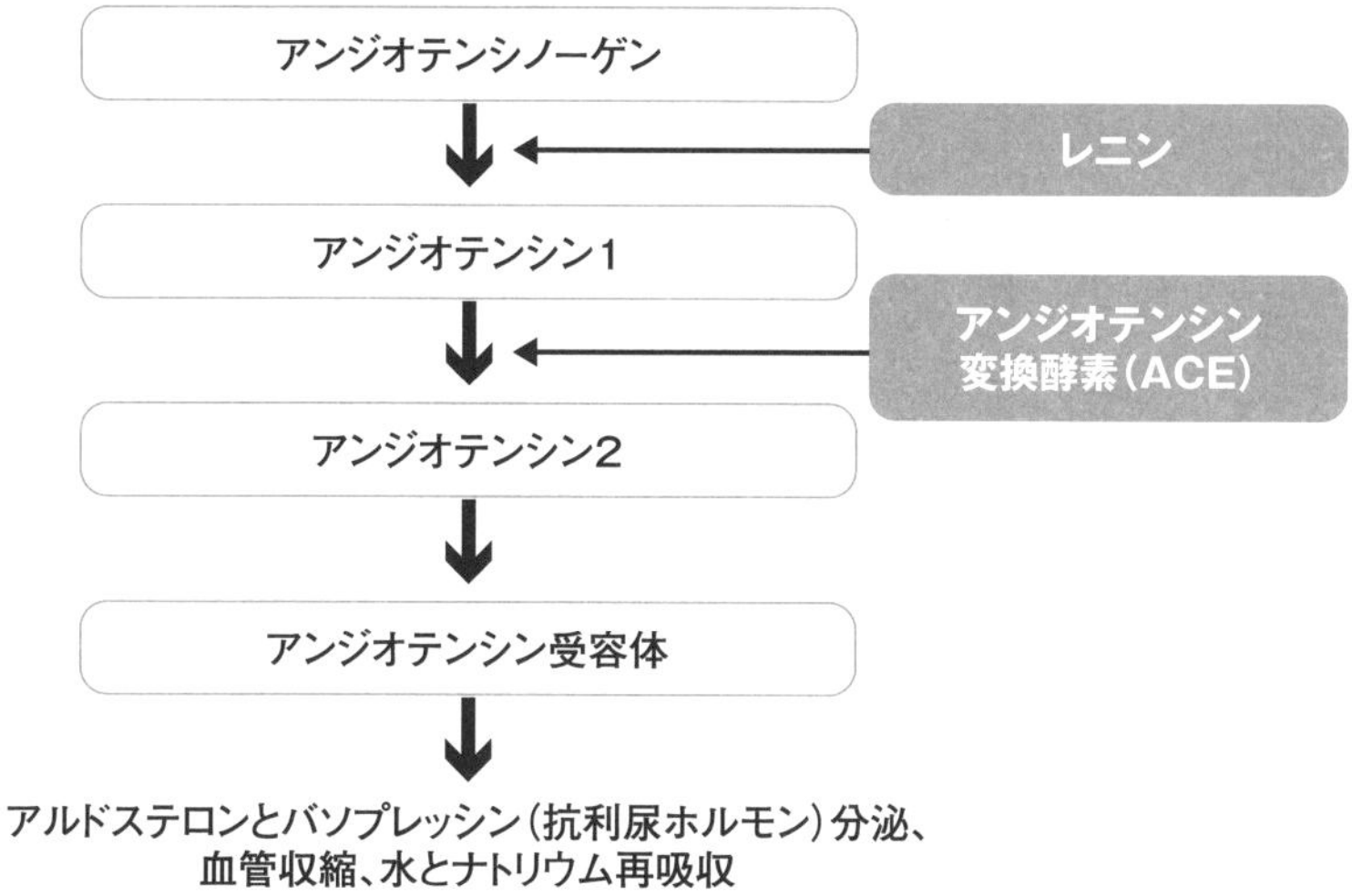

ナトリウムの原子量は23、塩素の原子量は35・5です。これを足すと58・5。「58・5÷23≒2・54」ですから、**ナトリウムに2・54をかけると、塩の量になります**。つまり、ナトリウム1000㎎は、塩分に換算すると2540㎎ということになります。

塩と高血圧の関係は？

「血圧の高い人は塩分を制限する」。これは半ば常識となっています。でも、それはなぜでしょう。塩分と血圧には、どのような関係があるのでしょうか。

ヒトの祖先はもともと海にいて、約3億年前に陸に上がってきたと言われています。このとき、陸上でも体内の液体を海水と同じような成分で維持するシステムが必要になりました。

このシステムを、「**レニン・アンジオテンシン系**」と呼びます。レニンとは、腎臓から放出される酵素のことです。レニンが分泌されるとアンジオテンシンという酵素が活性化され、それにより副腎から分泌されるアルドステロンという酵素が活性化し、ナトリウムの再吸収が促されます。なお、アルドステロンにはカリウムを排出する働きもあります。

陸上では海のように塩分を摂取することはできません。そのため、このようにナトリウムを効率よく吸収するシステムが出来上がったのです。

塩分を多く摂ると、体液が濃くなります。それを薄めるためには、体液を増やす必要があります。そのため、塩辛いものを食べると喉が渇き、水を飲みたくなるのです。

水を飲んで体液が増えると、それだけ多くの液体を運ぶために、心臓は圧力を強める必要があります。そうして、血圧が高くなるのです。また、アンジオテンシンには血管を収縮させる働きがあり、これも血圧を高くする方向に働きます。

血圧の薬の代表的なものが「ＡＣＥ阻害薬」です。これはアンジオテンシン１がアンジオテンシン２になるのを防ぐ働きを持っています。また、「ＡＲＢ」という薬も近年になって出てきました。こちらはアンジオテンシン受容体の働きを邪魔するものです。

レニン活性がポイント

しかし、もともとレニン・アンジオテンシン系は貴重な塩分を体内に保持し、有効に使うために私たちの体に備えられたものです。つまり「体にとって必要なナトリウムの摂取量が少ない場合に、それに応じてレニンが分泌される」というのが本来の働きです。

反対に、ナトリウムを大量に摂取するとそれに応じてレニンの分泌は減り、血圧は下がります。このシステムが正常に働いていれば、血圧の変動は起こらないはずなのです。

では、なぜ塩を摂ると血圧が高くなると言われているのでしょうか。ここでは**レニンの活性**がポイントとなります。正常な状態では、前述のとおり体内のナトリウムが多いとレニンの分泌が減って、体内のナトリウムを減らすように働きます。しかし、**レニン分泌機構がうまく働かない（レニンが減らない）**と、**体内のナトリウムがうまい具合に減ってくれません**。そのため、レニン活性が低い人は心臓血管系のリスクが高くなってしまいます。（※1）

レニン活性が正常な人は、後述のとおり常識的な範囲であれば塩を摂取してもまったく問題ありません。ただし、レニン活性は30~40歳から低下し始めるため、血圧が高めの中年以降の方はレニン活性を病院で計測したほうがよいかもしれません。

食塩感受性高血圧とは？

「日本人の場合、食塩を多く摂ると高血圧になりやすい」という説があります。**食塩によって高血圧になりやすいタイプのことを、特に「食塩感受性高血圧」と呼びます。**食塩感受性高血圧の作用機序はやや複雑な流れなのですが、ここで解説しておきましょう。

まず、ナトリウム過多によってノルアドレナリン*が増加し、β2アドレナリン受容体が活性化します。その刺激がエピジェネティクス*としてWNK遺伝子の発現を抑制し、これがナトリウムを取り込むNa－Cl共輸送体の活性を高めてナトリウムを貯留させるというメカニズムになっています。（※2）

わかりやすく言い換えると、**食塩を摂取することで交感神経が興奮し、それが遺伝子を修飾してナトリウムの排出が抑えられ、血圧が高くなる**ということです。

逆に考えると、ナトリウムが足りないときは交感神経が興奮しにくくなるはずです。江戸時代

＊ノルアドレナリン
精神的もしくは肉体的に強いストレスを感じたとき、交感神経の情報伝達物質として放出される物質。

には「塩抜きの刑」というものもあったそうで、この刑を受けた罪人は次第に目の力が失われ、無気力になっていったそうです。スポーツ選手がナトリウムを制限すると、てきめんにパワーが失われるのが体感できるはずです。

国立循環器研究センターの調査によれば、日本人の食塩感受性高血圧は、高血圧患者の40％程度を占めます。この調査では、1日0・5gの食塩摂取を1週間続けた後、1日14・5gの食塩を摂取させ、血圧上昇が10％以上だった人を食塩感受性だとしています。

しかし、1日0・5gというのはあまりに非現実的で、食塩感受性患者の割合が高くなるよう、研究内容を操作したのではないかという批判を受けても仕方がないかもしれません。

ちなみに「※2」の発見をした藤田教授の研究（1995年）では、**日本人で食塩感受性の遺伝子を持つ人は20％**とのこと。そして**50％の人は塩分を摂取してもしなくても血圧に影響しない**ということです。

高血圧以外にナトリウムが問題になりやすいのが、「腎臓病」です。腎臓が悪いとナトリウムの排出が悪くなり、体内のナトリウムが増えて高血圧になると言われます。

＊ **エピジェネティクス**
遺伝子の塩基配列は同じなのに発現が変わる現象。遺伝子のオン・オフを制御するために遺伝子を改変（修飾）すること。

しかし、腎臓ではナトリウムの「再吸収」も行われています。腎臓が悪くなると、この再吸収が減ることでむしろナトリウムの排出が増え、逆に「低ナトリウム」になることが多いのです。そのため、最近では腎臓が悪くても極端にナトリウムを制限することはなくなりました。

腎臓が悪い場合は、むしろカリウムの制限が必要になります。

減塩は効果的か？

では減塩によって、血圧が下がる割合はどれくらいなのでしょうか。13件の論文を元にしたメタ・アナリシスによると、**実は「減塩に血圧を下げる効果なし」との結果が出ています。**（※3）食塩感受性のある20％に属しない限り、あまり減塩は気にしなくてもよさそうです。

日本人の平均的な1日の食塩摂取量は9～11gくらいです。それに対して、厚生労働省の「日本人の食事摂取基準（２０２０年版）」によれば、1日に男性は7・5g未満、女性は6・5g未満が目標量とされています。またＷＨＯの推奨基準は1日5g未満です。そうなると、やはり減塩に気をつかわなければいけないような気がしますが……。

骨はミネラルの貯蔵庫です。そのため塩分を控えめにした食事を続けていると、骨からナトリウムを取り出そうとする働きが起こります。しかしそのとき、同時にカルシウムやマグネシウムも骨から取り出されてしまうのです。1日に2・2gのナトリウム（塩分として約5・6g）の食事を10日間続けたところ、尿中に排出されるカルシウムとマグネシウムの量が格段に増えてしまったという報告があります。（※4）

また、IOM（アメリカ医学研究所）の発表では、「心臓に問題を抱える人が塩分摂取を減らし過ぎると、かえってリスクが高まる」とされています。（※5）

さらに、CDC（アメリカ疾病予防管理センター）は「ナトリウムを1日1500〜2300mg以下」にすると、かえって死亡率が高くなったというメタ・アナリシスを発表しています。（※6）

これらのことから考えると、**塩分摂取を極端に控えるのはデメリットのほうが大きいようです。**

なお、塩分摂取が多いと胃がんになりやすいという疫学的な報告もありますが、まったく相関関係が認められないという報告も多く、結論は出ていないようです。

国立がん研究センターによれば、塩分の量そのものではなく、塩分濃度の高い食品（いくらや塩辛、練り海胆など）がリスクを高めているか、あるいは塩蔵加工で生成される化学物質がリスクを高めているのかもしれないとのことです。

塩分摂取のメリット・デメリット

塩分を摂取することによるメリットはあるのでしょうか。

体調が悪いときや疲れているときには、点滴をしますが、点滴の主成分はブドウ糖と生理食塩水です。

生理食塩水は細胞外液の浸透圧と同じになるようつくられています。これが「ただの水」だと、細胞内液との浸透圧のバランスが崩れ、脱水や尿毒症(有毒物質を排出できない)を引き起こします。つまり、塩分には体内の浸透圧や水分の量を正常に保つ働きがあるのです。

「**自発的脱水**」という言葉があります。夏場にハードな運動をすると大量の汗をかきますが、このときは当然、水分補給が必要になります。しかし、「ただの水」を飲むだけではいけません。

汗をかくときは、同時にナトリウムも流出しているのです。汗の成分のうち、0・05～0・5％が塩分だとされていて、仮に0・5％とした場合、1kgの汗をかいたとしたら、5gの塩分が体から失われていることになります。

このとき「ただの水」を大量に飲むと、体内のナトリウム濃度が一気に低下します。それを防ぐため、体内では水の排出を増やして体液を濃くしようとする働きが起こります。この現象が「自発的脱水」です。つまり、水を飲めば飲むほど、自発的脱水により体内から水が排出されるという悪循環に陥ってしまうのです。

また、体内の**ナトリウムの一部は重炭酸塩となり、pHを一定に保つ**働きをします。トレーニングをすると乳酸やピルビン酸、脂肪酸などの「酸」がpHを下げようとしますが、ナトリウムを摂取しておいてこそ、pHは正常に保たれるのです。

さらに、塩分は消化にも必要とされます。**胃酸の主成分は塩酸であり、この塩酸は食事で摂取する塩分を主な原料にしている**のです。夏バテのときは大量に水を飲むため、体内のナトリウムが少なくなり、胃酸があまりつくられなくなって食欲が減退します。このようなときは味噌汁などを多めに飲んで、塩分を補給すると効果的です。

48名の健康な男女を対象にした研究で、マカロニソースを「低塩かつ低脂肪」、「高塩かつ低脂肪」、「低塩かつ高脂肪」、「高塩かつ高脂肪」に分けて、食事摂取量がどのように変わるかを調べました。(※7)

その結果、塩が多いほど食事量が増加したのです。一方、脂肪の量はあまり関係しませんでした。

さらに膵液や胆汁なども、非常に多くの成分が「塩」なのです。つまり食欲増進だけでなく、塩には消化の促進作用もあるということになります。

また、ハードなトレーニングやストレスに応じてコルチゾルの分泌が起こりますが、コルチゾルには水分や塩分の排出を増やす作用があります。（※8）

汗から排出されるナトリウムのことも加味して考えると、トレーニングを行う人は塩分摂取量を普通より多めに摂取しても、まったく問題はないはずです。

カリウムを摂取しよう

腎臓が正常であれば、1日に20～30gの塩分を排出できます。そのため、減塩にこだわる必要はありません。また、減塩によって血圧を少々下げたとしても、それが心臓血管系疾患や死亡率を下げることにはつながらないという報告もあります。（※9）

それでも**塩分摂取を不安に思う人は、「カリウム」を積極的に摂取する**ようにしましょう。

もともと塩分と高血圧の関係は、塩分摂取量が多い日本の東北地方での調査から導き出されたものです。つまり、論理ではなく疫学（統計）から導き出された結論でした。

秋田県では概して血圧が高かったものの、青森県の、特に弘前地方では血圧は正常だという結果で、これはリンゴを食べているかどうかに拠るものでした。また、リンゴの生産地は中年期の脳卒中が起こりにくく、死亡率も低いことが判明しています。１９５７年に弘前大学の佐々木教授が行った研究では、リンゴを食べていたグループは食べていなかったグループに比べ、明らかに血圧が低くなっていました。

なお統計をとるとき、血圧が正常だった地域のことは省かれ、血圧が高い地域だけデータに入れられたという裏話もあります。

リンゴにはカリウムが大量に含まれますが、**カリウムにはナトリウムの腎臓における再吸収を抑制し、体外に排出する働きがある**のです。

復習になりますが、ナトリウムは細胞外に多く存在し、細胞内にはカリウムが多く存在します。細胞内にナトリウムが入ってくると、「ナトリウムポンプ」の働きにより、余分なナトリウムを細胞外に排出します。

カリウムを摂取するとナトリウムポンプが強く働き、細胞外にナトリウムと水分を汲み出します。

すると血液量が増え、アルドステロンが抑制され、レニンも抑制されます。そして、腎臓のナトリウムポンプも活性化されて、ナトリウムの再吸収が抑制されます。

実際にカリウムを摂取することにより、血圧が下がったというメタ・アナリシスがあります。（※10、※11）また、カリウムの多い食事をしていると、高血圧や脳卒中のリスクが減るという報告もあります。（※12）

中国の農村部に住む住民（平均年齢約65歳）2万人以上を対象に、5年間にわたって代用塩（ナトリウムを減らし、塩化カリウムを加えたもの）を使う群と、普通の食塩を使う群に分けて比較した研究があります。

その結果、代用塩群は千人あたり39・28件の死亡率だったのに対し、食塩群は44・61件となりました。また、脳卒中や心血管疾患においても代用塩群のほうが発症率が低くなっています。

ところが、**日本人のカリウム摂取量は減少傾向**にあります。（※13）ＷＨＯの基準によれば脳卒中や心筋梗塞などの予防に望ましいカリウムの摂取量は1日に３５１０㎎なのですが、日本人の成人（18歳以上）におけるカリウム摂取量の中央値は２１６８㎎／日です（平成28年国民健康・栄養調査）。

カリウムが含まれる食品は野菜や果物のほか、意外に「イモ類」に多く含まれています。野菜などは調理によってカリウムが流出してしまいますが、イモ類は大丈夫です。サツマイモやジャガイモを食べるように心がけていれば、ナトリウム過剰摂取の心配はありません。また、海藻類や切り干し大根にもカリウムが多く含まれています。

ナトリウムとカリウムの摂取量

ナトリウムについては、いくつかの報告（※4、※6）から考えて、1日に最低でも3000mgは必要になりそうです。3000mgといえば食塩として7・6gくらい。そして前述のとおり、日本人の平均食塩摂取量は9～11gくらいです。

2014年の論文では、ナトリウム排泄量が1日7000mg（食塩換算17・8g）を超えると、心臓血管系疾患のリスクが15％高くなっています。しかし逆に、ナトリウム排泄量が1日3000mg（食塩換算7・6g）より少ない場合、心臓血管系疾患のリスクが27％増加しているのです。（※14）

となると**日本人の食塩平均摂取量9～11gは、実は「ちょうどよい」**のかもしれません。また、運動をしてよく汗をかいている人は、それに応じて食塩摂取量を増やしてもまったく構いません。日本体育協会の指針では、熱中症予防のために100㎖あたり0・1～0・2％の食塩を含んだドリンクを飲むことを推奨しています。これはナトリウムとして40～80㎎なので、運動中に1ℓの水を飲む場合は400～800㎎のナトリウム（食塩換算で1～2g）を摂取したほうがいいということになります。

塩分を摂り過ぎると免疫に負担がかかるという報告もあります。ドイツの研究では血中ナトリウム濃度が上昇することで、マクロファージの機能に影響が生じることが示されています。マウスとヒトの免疫細胞を高濃度の塩分にさらしたところ、ATPの合成が阻害されたとのことです。しかし、面白いことに、エネルギー不足になったマクロファージは、感染症に対してむしろ攻撃性を高めることができたのだそうです。

ただし、炎症も促進されているので、よいことではありません。また、この反応は生体で試されたわけでもありません。

そこで、同じ研究チームが健康な男女20名に塩分10gを含むピザを食べてもらったところ、やはりマクロファージのＡＴＰ合成能力が低下していたそうです。また、６gの塩分を含む錠剤を14日間摂取した場合も、同じ結果が出たそうです。なお実験終了後には、どちらの研究でもＡＴＰ合成能力は正常に戻ったとされています。

やはり、**多過ぎる塩分摂取には問題がある**ようです。

カリウムについては前述のとおり、普通の食生活では1日に１０００㎎ほど足りていません。サトイモやサツマイモ、ジャガイモには１００gあたり３００～６００㎎のカリウムが含まれるので、イモ類を積極的に食べるようにするとともに、昆布やワカメ、ヒジキ、切り干し大根などを食卓に取り入れるようにするといいでしょう。

ナトリウムと同様、カリウムは食事で簡単に摂取できるため、特にサプリメントで摂取する必要はありません。ただし**カリウムは水に溶けて調理で流出しやすい**ため、茹でるよりも電子レンジを使うほうが上手に摂取できます。

カリウムのサプリメントもあります。こう書くと「カリウムは腎臓に悪い」と言い出す人が出てきそうですが、もともと腎臓が悪い人（カリウムの排泄に問題がある人）がボトルを一気飲みでもしない限り、問題はありません。

カリウムの排出がうまくできない人がボトルを一気飲みすると、「高カリウム血症」*になる可能性もあります。そうなると、細胞内のカリウムイオンが増えてナトリウムイオンが細胞内に入りにくくなり、ナトリウムポンプがうまく働かなくなります。その結果心臓の収縮に問題が生じ、不整脈が起こるなどして心臓停止につながることもありえます。

このため、腎臓病ではカリウム摂取を控えることがあります。このような場合は、茹でることによってカリウムをわざと流出させるような調理法が行われます。

* **高カリウム血症**
血液中のカリウム濃度が非常に高い状態。下肢の筋力の低下、しびれ、不整脈などの症状が現れる。

Chapter 2

カルシウムの働き

ナトリウムと同じく聞き馴染みの深いミネラルであるカルシウムは、骨や歯を形成する以外にも大切な働きを多く担っています。

カルシウムの概要とその働き

カルシウムはミネラルの中でもっとも多く体内に存在し、体重の1～2％を占めています。そのうち99％は歯と骨に存在し、残りの1％は血液や細胞外液にあってさまざまな生体機能を担います。

カルシウムといえばすぐに「骨」とイメージされますが、**「筋収縮」や「神経伝達」「体液のpH維持」「血液凝固」など、さまざまな作用があります。**そのため、簡単に不足してしまわないように骨に蓄えられているのです。

カルシウムが骨や歯をつくるのは知られていますが、ほかの重要な働きについて紹介していきましょう。

カルシウムイオンが筋肉を収縮させる

筋肉が「収縮せよ！」という指令を脳から受けると、カルシウムイオン放出チャネルである「リアノジン受容体」を介して筋小胞体＊からカルシウムイオンが放出されます。

そして放出されたカルシウムイオンが「トロポニン」に結合して「トロポミオシン」の立体構造が変化し、ミオシン＊への結合が起こって筋肉の収縮が開始するという流れです。

そのため、カルシウムが不足していると筋力低下が起こります。極端になると筋肉が痙攣《けいれん》したり、テタニー（手足の痺れ、硬直）を引き起こしたりすることもあります。

カフェインを摂取すると筋力が増加しますが、この原因の一つはカフェインに筋小胞体からのカルシウムイオン放出を増やす作用があるからです。

セカンドメッセンジャーとしてのカルシウムイオン

細胞において、情報を伝達するときには伝達物質（メッセンジャー）が必要となります。このとき、脂溶性のメッセンジャーは細胞膜を通過できますが、水溶性のメッセンジャーは細胞膜を通過できません。そのため、細胞内に情報を伝える別のメッセンジャーを合成する必要があります。これを「セカンドメッセンジャー」と呼びます。なお、ファーストメッセンジャーはホルモンや神経伝達物質です。

＊ **筋小胞体**
筋線維内に介在する細胞小器官のこと。主にカルシウムの貯蔵を担っている。

セカンドメッセンジャーにはｃＡＭＰ（環状アデノシン一リン酸）やｃＧＭＰ（環状グアノシン一リン酸）、ＮＯ（一酸化窒素）などがありますが、カルシウムイオンもセカンドメッセンジャーとなります。

「カルモジュリン」というカルシウム結合タンパクがあり、これは炎症やアポトーシス、筋収縮、記憶、神経の成長や免疫反応など、非常に多くの代謝に関係しています。カルシウムイオンがカルモジュリンに結合すると、カルモジュリンの構造が変化して活性化し、それによってカルモジュリンがさまざまな代謝を行うようになるのです。

凝固因子としてのカルシウムイオン

ケガをして出血すると、血が止まります。このとき、最初にケガをした部位に血小板が集まってきます。血管壁の傷を修復するために、血小板が応急処置をするのです。

次に「フィブリン」という物質が血小板と絡み合って、血液が凝固します。この反応を「**凝固系**」と呼びます。

凝固系には「**凝固因子**」が必要となります。**カルシウムイオンも凝固因子の一つ**で、これがないとフィブリンをつくることができず、血液が凝固できません。

＊**ミオシン**
ATPを加水分解し、そのエネルギーでアクチンフィラメント（細胞の形や内部構造を支えるタンパク質）上を滑るように移動して筋肉の収縮を起こす。

カルシウム濃度とホルモンの関係

カルシウムは小腸で吸収されます。小腸上部では活性型ビタミンDの作用により吸収され、小腸下部では濃度差によって受動的に吸収されます。つまり、ビタミンDの摂取が多いと吸収率が高まるということになります。

血液中のカルシウムは2・5mmolに厳密に保たれています。カルシウム濃度が低下すると**パラソルモン（副甲状腺ホルモン）**が分泌され、骨からカルシウムを溶出させてカルシウム濃度を高めようとします。また、パラソルモンは腎臓における活性型ビタミンDの合成を高め、小腸におけるカルシウム吸収を促進します。

逆にカルシウム濃度が高くなると、甲状腺から**カルシトニン**が分泌されます。カルシトニンは破《は》骨《こつ》細胞にあるカルシトニン受容体に結合して骨からのカルシウム放出を抑制し、カルシウムとリン酸が骨へ沈着するのを促進します。

また、**女性ホルモン（エストロゲン）には、パラソルモンを抑制する作用があります**。女性が閉経を迎えると女性ホルモンのレベルが低下するため、パラソルモンを抑制できなくなります。すると骨からのカルシウム溶出が増え、骨粗しょう症になりやすくなるのです。

女性のマラソンランナーなどが極端なトレーニングや減量を行い、無月経になるようなことがありますが、その場合は骨が極端に弱くなっていると思われます。

カルシウム・パラドックス

前述のとおり、カルシウム摂取が足りないと、パラソルモンが分泌されて骨からカルシウムが溶出します。このとき、不足分を補う分だけカルシウムを溶出するのならまだよいのですが、そううまくはいきません。

保険のため、必要量よりも余計にカルシウムが溶出されてしまうのです。すると余ったカルシウムが血管に沈着し、動脈が石灰化して動脈硬化を引き起こします。高齢者は肩や腰、膝などにカルシウムが沈着して石灰化し、痛みを引き起こすことがよくあります。これを防ぐためには、若いころから常にカルシウムが不足しないように気を付けておくことが必要です。

しかし、カルシウムを多く摂ればよいというわけでもありません。

実は**カルシウムを多く摂取している地域では、骨折や骨粗しょう症が多い**のです。また、カルシウムの摂取量を単独で増やしても骨折のリスクは減らなかったという報告があります。（※15）

これは、サプリメントではなく乳製品の場合でも同じで、食事から摂取するビタミンDの量にも関係していません。

その一方で、骨密度は少しだけ高くなるという報告(※16)や、カルシウムの摂取によって心臓血管系疾患のリスクが高くなるという報告もあります。(※17、※18)。このようにカルシウムについては逆説的な現象がいくつかあるため、これらを「カルシウム・パラドックス」と呼んでいます。

NCXとカルシウムポンプ

細胞にはナトリウムイオンとカリウムイオンが行き来する「ナトリウムポンプ」だけでなく、ナトリウムイオンとカルシウムイオンが行き来する経路もあり、これを「**ナトリウム／カルシウム交換チャネル（Na／Ca交換系：NCX）**」と呼びます。

これは、ナトリウムイオンを細胞内に入れ、カルシウムイオンを細胞外に排出する機構です。しかし細胞内のナトリウムイオンが多いときは、逆にカルシウムイオンを細胞内に入れ、ナトリウムイオンを細胞外に出すように働きます。

●筋肉収縮時のカルシウムの動き

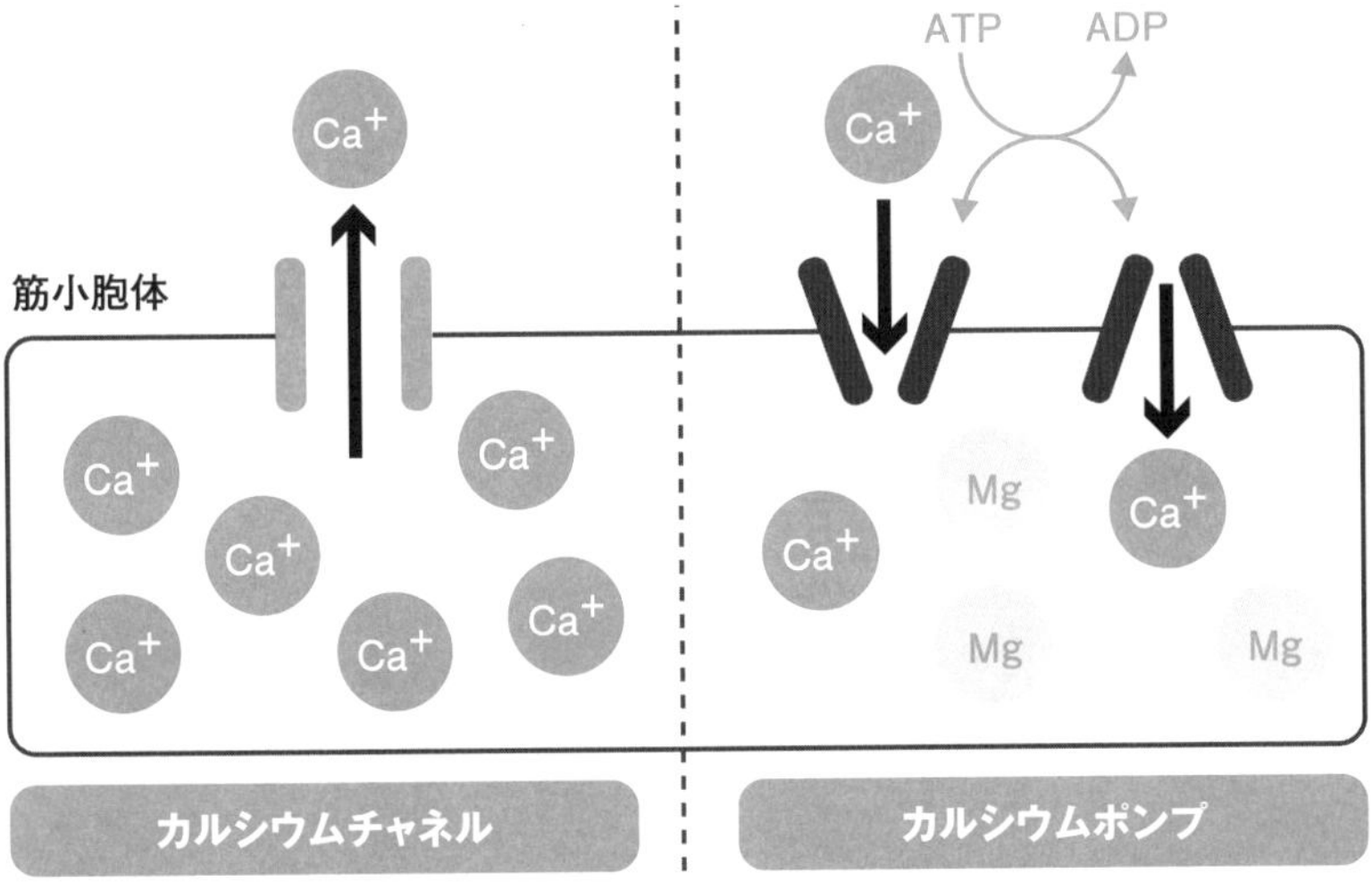

　基本的に「ポンプ」というのはATPを使って濃度勾配に逆らうもので、「チャネル」というのはATPを必要とせず、濃度勾配に従って物質が移動するものとなります。

　ナトリウムポンプについては既に紹介しましたが、「カルシウムポンプ」というものもあります。

　筋肉が収縮するときは筋小胞体からカルシウムイオンが放出されますが、筋小胞体にはもともとカルシウムイオンが大量に存在するため、放出は「カルシウムチャネル」を通じて起こります。

　そして、**反対に放出されたカルシウムイオンが筋小胞体に戻るときは、「カルシウムポンプ」を通じて戻る**ことになります。これにはATPを使い、このときにマグネシウムが必要となります。

まとめると、筋肉が収縮するときは筋小胞体からカルシウムイオンが放出され、細胞内のカルシウムイオン濃度が高くなります。これを元に戻す経路が二つあり、一つは筋小胞体にあるカルシウムポンプによって筋小胞体に戻る経路、もう一つはナトリウム／カルシウム交換系によって細胞外に出ていく経路だということです。

なお、コロンビア大学生理学科長のMarksらによれば、加齢による筋力減少は、筋小胞体からのカルシウムイオン放出減少が原因だとしています。

前述のとおり筋小胞体からは「リアノジン受容体（カルシウム放出チャネル）」を介してカルシウムイオンが放出されます。これを安定化させているのが「カルスタビン1」というタンパク質ですが、活性酸素によってカルスタビン1が損傷を受けるとリアノジン受容体の働きが悪くなり、カルシウムイオンが日常的に大量に漏れてしまいます。すると、いざというときに十分なカルシウムイオンを放出できなくなるというわけです。（※19、※20）

活性酸素を除去するスカベンジャーを摂取することで、加齢による筋力低下を防ぐことができ

るかもしれません。

実際に抗酸化酵素のカタラーゼをミトコンドリアに発現させたところ、カルシウムの漏出が減少して筋力が改善しています。（※21）

これについては「活性酸素の除去システム」の項（⬇２４７ページ）を参考にしてください。

カルシウムの摂取量

カルシウムの必要性については十分に伝わったかと思いますが、摂取量が多くてもダメだということはカルシウム・パラドックスの項（⬇１５３ページ）で説明しました。では実際のところ、１日にどれくらいのカルシウムを摂ればよいのでしょうか。

平成30年の「国民健康・栄養調査」の結果では、１日のカルシウム摂取量が男女平均で５０２㎎となっています。

しかし、「日本人の食事摂取基準（２０２０年版）」によると、１日のカルシウムの推奨摂取量は男性の場合、12～14歳で９９１㎎、15～17歳は８０４㎎、30～49歳でも７３８㎎。女性の場合は12～14歳で８１２㎎、15～17歳は６７３㎎、30～49歳で６６０㎎となります。

つまり、**現状では「食事からのカルシウム摂取だけでは不足している」**ことになります。

カルシウム摂取量が増加する（１日３００㎎）と、大腸がんのリスクが低下したという報告があります。（※22）一方で、前立腺がんのリスクが増えたという報告もあります。（※23）

また、肥満の成人１５４名に３５０㎎のカルシウムとビタミンＤ１００IUが入ったオレンジジュースを１日３回飲ませて16週間経過したとき、内臓脂肪が減少したという報告があります。（※24）

さらに、肥満者を対象として低カルシウム摂取群（１日４００～５００㎎）と高カルシウム摂取群（１日１１００㎎）を比較したところ、高カルシウム摂取群では体重減少と中心性肥満*の改善が認められたとされています。（※25）

カルシウム摂取で体脂肪が減少する機序はよくわかっていませんが、カルシウムが足りないと細胞外の活性型ビタミンＤが増えて細胞内へのカルシウム流入が増加し、脂肪酸合成が促進されると言われています。（※26）

また疫学調査によると、カルシウム摂取不足によるパラソルモン上昇は、血圧やウエストサイズ、

＊中心性肥満

体の中心部分（体幹や内臓）に過剰な脂肪がついた肥満のこと。中心部分と比べて、四肢の筋肉は衰え、細い。

インスリン抵抗性の増加や糖尿病発症リスクの上昇、ＨＤＬコレステロールの減少と関連しているようです。（※27、※28）

カルシウム・パラドックスの項で「カルシウム単独摂取だと骨折は減らない」と書きましたが、同時にビタミンＤをサプリメントとして補給すると効果があるようです。１日に１２００㎎のカルシウムと８００IUのビタミンＤの組み合わせが推奨されています。（※29、※30）

厚生労働省の定める「耐容上限量」は、１日２５００㎎です。そして、ここまでの研究から考えると、**１日のカルシウム摂取量は１０００㎎前後が適切**な摂取量だと思われます。

食事からの摂取は男性で平均５２０㎎、女性は平均４８９㎎だということをふまえると、**サプリメントとして１日に２００～３００㎎程度を補う**とともに、**ビタミンＤを１日に１０００～２０００IU摂取する**ことを私としては勧めたいと思います。

なお、カルシウムはマグネシウムとのバランスが重要なので、マグネシウムも併せて摂取するべきです。詳しくはマグネシウムの項（⬇１８６ページ）をお読みください。

カルシウムは乳製品や小魚、海藻類、切り干し大根、凍り豆腐などに多く含まれます。**玄米な**

どに多く含まれるフィチン酸*や、ホウレンソウなどに多く含まれるシュウ酸はカルシウムの吸収を妨げるため、食べ過ぎは禁物です。

また、牛乳が材料なので当然ですが、ホエイプロテイン（乳清タンパク質）にもカルシウムが含まれます。製造方法によって異なりますが、ホエイプロテイン１００ｇあたり２５０～４００㎎くらいのカルシウムが含まれているので、プロテインを大量に飲む人はカルシウムをサプリメンテーションする必要はないかもしれません。

サプリメントとしてはクエン酸カルシウムや酢酸カルシウムは吸収されやすく、炭酸カルシウムは吸収されにくいことがわかっています。

＊フィチン酸
リン酸化合物の一種でビタミンＢ群の仲間。穀類や豆類など食物繊維の豊富な食物に多く含まれる。白米では炊飯により多くが分解される。

Chapter 3

鉄の働き

全身に酸素を運ぶだけでなく、エネルギーの生産などの働きも持つ鉄。
特に不足しがちな女性は、サプリメントで摂ることも多いでしょう。

鉄の概要とその働き

ミネラルのなかでもっとも有名で、サプリメントとしてもよく使われているのがカルシウムと鉄ではないでしょうか。鉄とヘモグロビンの関係は有名ですが、鉄にはほかにも筋肉に酸素を蓄える、エネルギー生産に関与する、などいろいろな働きがあります。

赤血球をつくり、酸素を運搬する

赤血球が酸素を運搬するのはよく知られていることですが、その働きは赤血球の中にある「ヘモグロビン」によるものです。**ヘモグロビンは「ヘム」と「グロビン」から構成されていて、この「ヘム」は鉄原子が中心にある構造をとっています。**

「ヘム」中の鉄原子に酸素が結びついて、体中に酸素を運搬します。そのため、鉄が足りないと血液の運搬能力も減退します。なお、鉄が足りずに正常な赤血球がうまくつくられなくなった状態を、「鉄欠乏性貧血」と呼びます。

筋肉中に酸素を貯蔵する

クジラやイルカは哺乳類ですが、水中に長時間潜ることができます。これは「ミオグロビン」という、酸素を溜め込むことができるタンパク質が筋肉内に大量にあるためです。ヒトの筋肉中にもこのミオグロビンは存在しています。

ミオグロビンにとっても、鉄は重要な構成物質です。ヘモグロビンよりもさらに酸素と結びつきやすい性質のため、血中のヘモグロビンから酸素を受け取り、ミオグロビン内の鉄に酸素を結合させることで酸素を貯蔵できます。

エネルギーを生産する

私たちの体のエネルギーとなるのはもちろんＡＴＰですが、それを生産する主な機構の一つが、ミトコンドリアにおける「電子伝達系」です。この電子伝達系においても、鉄が必要とされるのです。言い換えると、**鉄が不足しているとエネルギー生産に支障をきたしてしまう**ということです。

＊ **セロトニン**
トリプトファンから合成され、脳・脾臓・胃腸・血清中に多く含まれる。脳の神経伝達に作用するほか、精神を安定させる作用もある。

カタラーゼをつくる

体内における活性酸素を除去してくれる酵素のなかに、「カタラーゼ」があります。鉄はこの酵素をつくるための材料になります。詳しくは後半の「活性酸素の除去システム」(⬇247ページ)を参考にしてください。

神経伝達物質をつくる

セロトニン*やドーパミン*、ノルアドレナリンなどの神経伝達物質をつくるときにも、鉄は必要になります。**鉄が不足するとイライラしたり、うつやパニック症状を起こしたりすることがあります。**

運動性貧血とは

162ページで「鉄欠乏性貧血」について紹介しましたが、ランニングをする人がなりやすい「**運動性貧血**」というものもあります。マラソンランナーには貧血の選手が多いと言われています。

血管は体中の至るところに張り巡らされていますが、**足の裏は血液循環の折り返し点**となっていて、実は重要なポイントです。足裏マッサージなどによって体調がよくなるのは、ツボの作用というより血液循環がよくなるからかもしれません。

＊**ドーパミン**
脳の中枢神経系に存在する神経伝達物質で、アドレナリン、ノルアドレナリンの前駆体(ぜんくたい)。ホルモンの調節や感情、意欲などに関わる。

普通に歩くのに比べ、走ったときには足の裏に非常に強い衝撃が加わります。その衝撃で足の裏にある赤血球が壊れてしまうのです。つまり、**走る機会が多いほど赤血球が壊れやすくなり、貧血にもなりやすい**ということです。こうして起こる貧血のことを、特に「運動性貧血」と呼びます。ランニングをよく行う人は、それだけ貧血に気をつけなければなりません。特に女性ランナーは月経によって鉄が失われやすいため、運動性貧血になりやすいです。

フェリチンとは？

成人男性の体内には4・0g、成人女性は2・5gの鉄が存在します。このうち70％はヘモグロビンやミオグロビン、カタラーゼなど鉄含有酵素などとして機能を果たす「機能鉄」です。残りの30％は「貯蔵鉄」と呼ばれ、この代表格がフェリチンです。フェリチンそのものはタンパク質であり、鉄と結合して肝臓や脾臓、骨髄、筋肉などに存在しています。

ヘモグロビンは酸素を運搬するという、体にとって非常に重要な役割を担っています。そのため、鉄の摂取量が少なかったり、出血したりして体内の鉄が失われるときも、ヘモグロビンの量をできるだけキープしようとしてフェリチンが優先的になくなっていきます。

つまり、**ヘモグロビンの値を調べても、体内に鉄が十分にあるかどうかはわからない**のです。フェリチンが少なく、ヘモグロビンが通常値の場合は、「隠れ貧血」ということになります。

前述（⬇163ページ）のとおり、鉄が不足すると精神症状を引き起こすことがあります。『鉄代謝異常の臨床 ― 鉄の欠乏から過剰まで』（斎藤宏著）によると、「鉄不足の患者は甚だしい偏食やわがままが多く、治療を受けようとせず、自覚症状が欠如している」とのことです。**イライラしたり、キレやすかったりする人はフェリチンの検査をしたほうがよいかもしれません。**

また疲れやすい、肌が荒れる、体温の低下や不眠などの症状も、鉄不足が原因の可能性があります。このような場合もフェリチンの検査をしておくとよさそうです。

ヘム鉄と非ヘム鉄

肉や魚などの動物性食品に含まれる鉄は「有機鉄」であり、「**ヘム鉄**」と呼ばれます。一方、野菜や穀物に含まれる鉄は「無機鉄」であり、「**非ヘム鉄**」と呼ばれます。消化の際、ヘム鉄は10～30％が体内に吸収されますが、非ヘム鉄は1～5％しか吸収されません。そのため、**鉄の補給源としては動物性食品のヘム鉄を主に考える**べきです。

非ヘム鉄が吸収されるためには、二価の金属イオントランスポーターであるＤＭＴ１とフェロポーチン(ferroportin)が必要となります。非ヘム鉄はＤＭＴ１の働きで小腸上皮細胞内に送り込まれ、フェロポーチンの働きによって門脈に輸送されます。そして、鉄酸化酵素であるヘフェスチン(hephaestin)によって三価となり、トランスフェリン(血漿中の糖タンパク質)に結合して末梢に送られるという流れです。

なお、ヘフェスチンは銅要求酵素ですので、銅が不足しても貧血になってしまいます。

ヘム鉄は鉄イオンがポルフィリン環に囲まれているため吸収されやすく、また胃壁や腸管を荒らすことがありません。逆に非ヘム鉄は剥き出しの状態のためタンニン*や食物繊維によって吸収が阻害されやすく、胃壁や腸管を荒らすことがあります。

なお、ヘム鉄はヘムオキシゲナーゼというヘム鉄分解酵素によって吸収が調節されているため、過剰摂取の問題が起こりにくくなります。

鉄の摂取量

厚生労働省の調査(２０１３年)によれば、男性は１日に７・９㎎、女性は７・０㎎の鉄を食事

＊**タンニン**

植物に含まれるポリフェノールの一種でしぶみの成分。抗酸化、殺菌作用などがあるが、鉄の吸収を妨げる作用もある。

●食品に含まれるヘム鉄と非ヘム鉄（100gあたり）

動物性の食品にはヘム鉄が、植物性の食品には非ヘム鉄が含まれていることが多いですが、卵黄に含まれるのは非ヘム鉄です。また、ひじきは鉄鍋で煮た場合、58.2mgまで増えます。

●食品ごとの鉄の吸収率

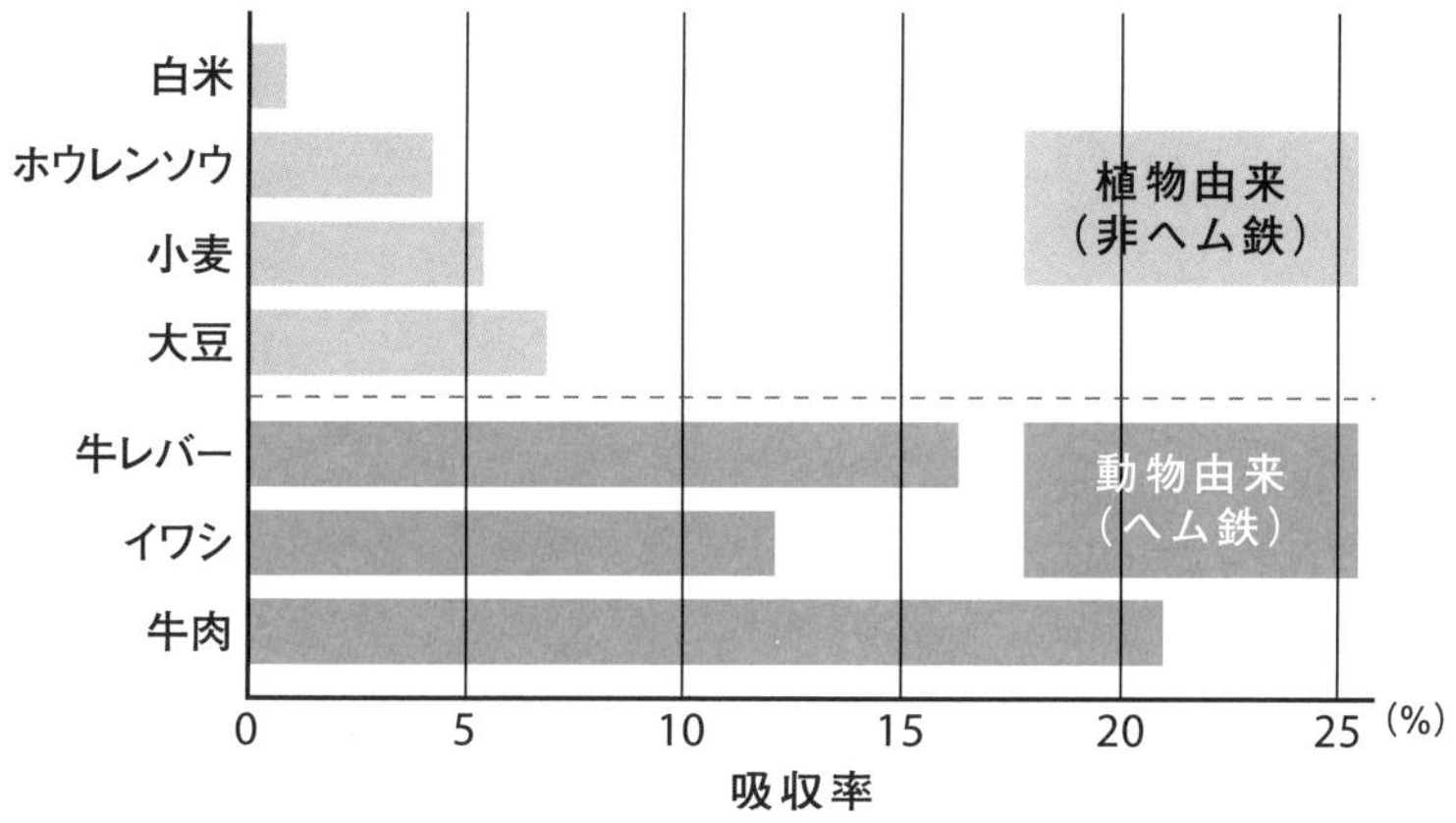

非ヘム鉄と比較するとヘム鉄のほうが吸収率が高いです。鉄摂取の目的では、動物由来の食品を主軸にして考えることがおすすめです。

から摂取しています。推奨摂取量は成人男性で7・0〜7・5㎎、成人女性（月経あり）で10・5〜11・0㎎なので、男性は今のままで問題ありませんが、女性は不足しているということになります。

ところで、最近の「マルチビタミンミネラル」サプリメントは、「鉄抜き」のものが多くなっています。これは鉄の過剰摂取が心臓血管系疾患を引き起こすという調査結果が出てくるようになったからです。

日本人男女11万792名（40〜79歳）を対象にした調査では、食事からの鉄摂取量が多い男性は脳卒中および心臓血管系疾患での死亡リスクが有意に高くなっています。ただし、女性の場合は関連が認められませんでした。女性は、月経による出血で鉄が自然に排出されることが関係していると考えられます。（※31）

この研究で重要なのは、ヘム鉄と非ヘム鉄とに分けてリスクを調査したところです。実はヘム鉄の場合、リスクはまったく上昇していません。非ヘム鉄だけリスクが急上昇しているのです。

ところが、インディアナ大学によるメタ・アナリシスでは、ヘム鉄のほうが吸収がよいため、鉄による心臓血管系疾患のリスク増加が顕著に見られるとしています。（※32）

この2つの研究は矛盾しているようですが、日本人の食生活と欧米のそれとでは、肉の消費量が大きく異なるため、鉄全体の総量が問題となっているのでしょう。つまり、**鉄摂取の総量が少なければ、ヘム鉄は問題ないが、非ヘム鉄は問題がある。鉄摂取の総量が多ければ、ヘム鉄も悪者になってくる**ということです。

鉄の過剰摂取はフェントン反応を起こす

さて、総量が多い場合、鉄はなぜ問題となるのでしょうか。簡単な説明としては、鉄がＬＤＬコレステロールを酸化させ、それが動脈硬化を引き起こすということです。

しかし、私の著作をお読みの方だったら、もう犯人はわかっているのではないでしょうか。

そう、「フェントン反応」なのです。

活性酸素の一種である「過酸化水素」は、毒性は弱いものの、寿命が非常に長く、生体内に存在し続けます。そして、ほかの物質との反応性も高く、「一価銅イオン」や「二価鉄イオン」と反応すると、ヒドロキシルラジカルを生じます。この反応を「**フェントン反応**」と呼び、ヒドロキシルラジカルは活性酸素の中でも最強の毒性を持ち、体内でさまざまな悪さをするものです。

●フェントン反応

$$H_2O_2 + Fe^{2+} \rightarrow \cdot OH + OH^- + Fe^{3+}$$

●ハーバー・ワイス反応

$$H_2O_2 + O_2^{-}\cdot \rightarrow \cdot OH + OH^- + O_2$$

では、もととなる過酸化水素はどのようにして生じるのでしょうか。運動をして一番発生しやすい活性酸素が「スーパーオキサイド」ですが、このスーパーオキサイドにスーパーオキサイド除去酵素（ＳＯＤ）という酵素が働くと過酸化水素に変わる、という流れです。さらにその後、過酸化水素にカタラーゼやグルタチオン・ペルオキシダーゼという酵素が働くと無害化されます。

このとき、カタラーゼやグルタチオン・ペルオキシダーゼがすぐに働けば問題はありません。しかし、そこに一価銅イオンや二価鉄イオンがあってフェントン反応が起こってしまうと、ヒドロキシルラジカルが発生します。

つまり、鉄の過剰摂取は二価鉄イオンを増やし、フェントン反応を起こしてヒドロキシルラジカルを発生させ、活性酸素による害を受けやすい状態にしてしまうのです。

なお、過酸化水素はスーパーオキサイドとも反応します。これを「ハーバー・ワイス反応」と呼び、この反応もヒドロキシルラジカルを発生させます。

では、一価銅イオンや二価鉄イオンを減らすにはどうすればよいのでしょうか。ここでは**「セルロプラスミン」という銅結合タンパク質が活躍**します。セルロプラスミンは一価銅イオンを捕捉するとともに、二価鉄イオンを三価に変えてくれます。そうしてできた**三価鉄イオンはトランスフェリンやフェリチンが捕捉してくれます。**

なおトランスフェリンと同じような効果を持つのが、**「ラクトフェリン」***です。実はラクトフェリンは、トランスフェリンよりも遥かに鉄を捕捉するパワーが強く、ヒドロキシルラジカルの発生を抑制することがわかっています。（※33）

また、ビタミンCも鉄の吸収を促進するほか、ヘモグロビンをつくるときに重要な役割を果たすため、貧血の人はビタミンCの十分な摂取も必要です。

銅が欠乏すると貧血になりますが、これはヘフェスチン(hephaestin)と呼ばれる銅要求性酵素が二価鉄イオンを三価鉄イオンに酸化する役割を持っているからです。二価鉄イオンは三価にならないとトランスフェリンと結合できず、末梢組織に送られません。

＊ **ラクトフェリン**
唾液や汗、涙、母乳などの分泌物に含まれている鉄結合性の糖タンパク質。

なお、「生体内でフェントン反応によってヒドロキシルラジカルがつくられることはなく、反応が非常に速く進んで、不安定な四価鉄であるFe（Ⅳ）＝O中間体が生成される」とする説もあります。「Fe（Ⅳ）＝O中間体」はフェリル（Ferryl）と呼ばれ、高酸化反応性を持ち、酸化酵素の重要な反応中間体となります。ヒドロキシルラジカルではなくフェリルによる反応が、生体で問題を起こしている可能性もありそうです。

子供、女性、アスリートの鉄の摂取

子供の場合は活性酸素の害を心配する必要はなく、鉄欠乏による問題を防ぐため、積極的な鉄摂取が望まれます。5～12歳の児童を対象に鉄を摂取させたところ、認知機能やＩＱテストの結果が改善しています。（※34）

また、女性も月経によって鉄が失われるため、鉄の摂取は効果をもたらすことがあります。18～35歳の女性を対象に鉄サプリメントを16週間摂取させたところ、認知機能の改善に効果がみられました。（※35）

この書籍を読んでいる方の多くは男性のアスリートあるいはトレーナーだと思われますので、食事で肉や魚、卵を十分に食べていて、既にヘム鉄の摂取量が多いため、特にサプリメントで鉄を摂

取する必要はないでしょう。また、40歳以上の男性は「鉄抜き」のマルチビタミンを選ぶことをお勧めします。私がよく勧めている「エランバイタル」(Source Naturals社)も、鉄抜きのマルチビタミンです。

女性や子供の場合は、積極的に肉や魚、卵を食べるほか、ヘム鉄の入っているマルチビタミンを選ぶようにするといいでしょう。お勧めとしては「ウィメンズ・ライフ・フォース®」(Source Naturals社)です。これは、アミノ酸キレートの鉄が1日3錠あたり6㎎含まれています。

また、ときどきは病院などでフェリチンを測定しておくことをお勧めします。

Chapter 4

亜鉛の働き

亜鉛は体内で合成できないミネラルですが、筋肉や骨、皮膚、肝臓、膵臓、脳などに存在してさまざまな働きのサポートを行っています。

亜鉛の概要とその働き

亜鉛は体内に２０００㎎ほど存在し、３００種類以上の酵素の補因子となったり、ホルモンの材料となったり、ＤＮＡやタンパク質の合成に関わったり、免疫反応を調節したりとさまざまに働きます。食物から亜鉛を摂取すると、アミノ酸や有機酸、リン酸などと複合体を形成して小腸から吸収され、血中タンパク（アルブミン）と結合して門脈から肝臓に運ばれます。

では、亜鉛の作用について解説していきましょう。

ホルモンの材料になる

亜鉛はテストステロンや成長ホルモン、そして特にインスリンをつくるために必要です。インスリンはα鎖とβ鎖の2つのペプチドからつくられていますが、亜鉛はこの2つのペプチドをつなげて安定させるときに必要なのです。

亜鉛の投与によってＩＧＦ－１（インスリン様成長因子1）が増加したという報告（※36、※37）や、インスリン抵抗性を改善したという報告（※38、※39）もあり、これらのホルモンの働きを高めたい場合には亜鉛の摂取で効果が期待できます。

正常な細胞分裂に必要となる

ＤＮＡと結合する転写因子は、その多くが「ジンクフィンガー」と呼ばれるタンパク分子ドメインを持っており、これを安定化させるのにも亜鉛が必要です。つまり、亜鉛が不足しているとＤＮＡが正常にコピーされず、細胞分裂がうまくいかなくなるのです。

SODの材料となる

体内における活性酸素の障害については、スーパーオキサイドに由来するものが大半です。これを消去する**生体内スカベンジャーとしては、「SOD（スーパーオキサイド除去酵素）」と「セルロプラスミン」の2つが代表格**（➡２４８ページ）です。

＊**真核生物**
細胞内に核（DNAを包んでいる膜）を持つ生物のこと。動物、植物、菌類など。核を持たない生物は原核生物。

SODについて言えば、真核生物*の場合、銅亜鉛型とマンガン型のものがあり、スーパーオキサイドを過酸化水素と酸素に分解します。銅亜鉛SODはサブユニット2個からなるダイマー（二量体）構造を形成しており、1個のサブユニットにつき銅と亜鉛が1つずつ存在します。

このとき触媒反応は銅が受け持ち、亜鉛が酵素の安定性、立体構造の維持などに関与しているとされます。

実際に8週間にわたって亜鉛のサプリメントを投与した研究において、グルタチオン*やSODの増加が認められています。（※40）

免疫反応における情報伝達物質となる

理化学研究所と大阪大学の共同研究により、亜鉛が免疫反応における情報伝達を担っていることが発見されました。（※41）

獲得免疫においては、ウイルスに感染した細胞を抗原提示細胞*が取り込み、細胞内でペプチドに分解します。そして、**再びウイルスが来たときに、ペプチドを細胞の表面まで持っていき、「提示」します。これをT細胞がやっつける**わけです。

抗原提示細胞の代表が「樹状細胞（DC）」です。この研究ではDCが成熟する（ペプチドを細胞表面に持っていく）過程で、細胞内の亜鉛濃度が低下していることが示されました。つまり、亜鉛が

＊**グルタチオン**
3つのアミノ酸（グルタミン酸、システイン、グリシン）が連なった化合物。抗酸化作用があり細胞を損傷から守る。

「細胞内シグナル因子」として、樹状細胞の成熟に関与しているということです。

また、亜鉛が不足するとＴ細胞が減少し、免疫が低下します。（※42）

さらに、亜鉛の摂取によってヘルペスやアフタ性口内炎の改善が認められており（※43、※44）、欧米では風邪の治療に昔から亜鉛が使われていて、1日に80～207㎎の亜鉛を摂取したところ、完治までの期間が半分近くまで短くなったと報告されています。（※45、※46）この場合、1日に75㎎以下の摂取では効果がないようです。

テストステロンが増える？

亜鉛のサプリメントといえば、いろいろなメーカーから販売されている「ＺＭＡ」が有名です。最初にこれを出したメーカーの主張では「（男性ホルモンの）テストステロンを増やす」とのことでした（※47）が、実際にはそれほどの効果はなかったようです。

42名のトレーニング経験者を対象にした研究では、8週間にわたって指定量のＺＭＡを摂取しても、ホルモンレベルや体組成、筋力、持久力などに違いは表れませんでした。（※48）

14名のエクササイズ経験者に1日11・9～23・2㎎の亜鉛を摂取させた研究でも、テストステロンレベルは変化していません。（※49）

ただし、もっと大量の亜鉛を摂取することで、テストステロンがアップしたという報告も出てき

＊**抗原提示細胞**
自らの表面に異物（ウイルス、細菌、がん細胞など）の断片を付け、Ｔ細胞を活性化させる細胞のこと。

ています。例えば、体重1kgあたり3mgの硫化亜鉛を4週間にわたって10名のレスラーに摂取させたところ、総テストステロンと遊離テストステロンのレベルが顕著に高くなりました。（※50） 体重1kgあたり3mgというと、かなり大量のように思われますが、これについては後述（⬇184ページ）します。

また、普段運動しない人は、運動することによってテストステロンレベルが低下しますが、やはり4週間にわたって体重1kgあたり3mgの硫化亜鉛を摂取すると、通常時からテストステロンレベルを高めることができ、運動してもテストステロンレベルはそれほど低下しませんでした。（※51）

薄毛を予防する？

テストステロンは5αリダクターゼという酵素によって、ジヒドロテストステロン（ＤＨＴ）という活性型テストステロンに変換されます。ＤＨＴには、やる気を出したり、性欲を高めたり、筋力を増やしたりといった作用がありますが、これが薄毛の原因になっているという説があります。

亜鉛は5αリダクターゼの活性を低下させる可能性があり（※52、※53）、ＤＨＴを減らすとされます。また、アゼライン酸*とビタミンB6を亜鉛と同時に摂取したところ、皮膚の5αリダクターゼを減らすことができたというin vitro（イン・ビトロ／試験管や培養器の中で動物の組織を使い、

＊ **アゼライン酸**
小麦や大麦、ライ麦などの成分の一つ。にきびの原因であるバクテリアを殺す作用があり、にきび治療薬として使用されている。

体内と同じ環境を人工的につくって行われた試験）での報告があるため、この構成の塗り薬が薄毛の治療に使われています。（※54）

うつ傾向を改善する

うつ傾向のある患者に亜鉛元素として1日30㎎を12週間にわたって投与したところ、うつが改善され、脳由来神経栄養因子（ＢＤＮＦ）が増加しました。（※55）

また、ＳＳＲＩ（抗うつ薬）と同時に亜鉛元素を1日25㎎、12週間にわたって投与したところ、ＳＳＲＩ単独投与に比べてうつ傾向を大きく改善しました。（※56）

子供の成長を促進する？

亜鉛が不足していない8〜9歳の子供に1日10㎎の亜鉛を摂取させたところ、ＩＧＦ-1、ＩＧＦＢＰ3（インスリン様成長因子結合タンパク質3）や、オステオカルシン*が上昇しました。亜鉛の摂取が子供の成長を促進する可能性があるということを意味します。（※57）

また、6〜9歳の子供に1日5㎎の亜鉛を摂取させたところ、認知機能が上昇する可能性が示唆されています。（※58）

＊**オステオカルシン**
骨芽（こつが）細胞から分泌されるホルモン。骨の形成や運動能力の促進、インスリンの分泌などにも関わっている。

●トランスフルレーション（イオウ転移経路）

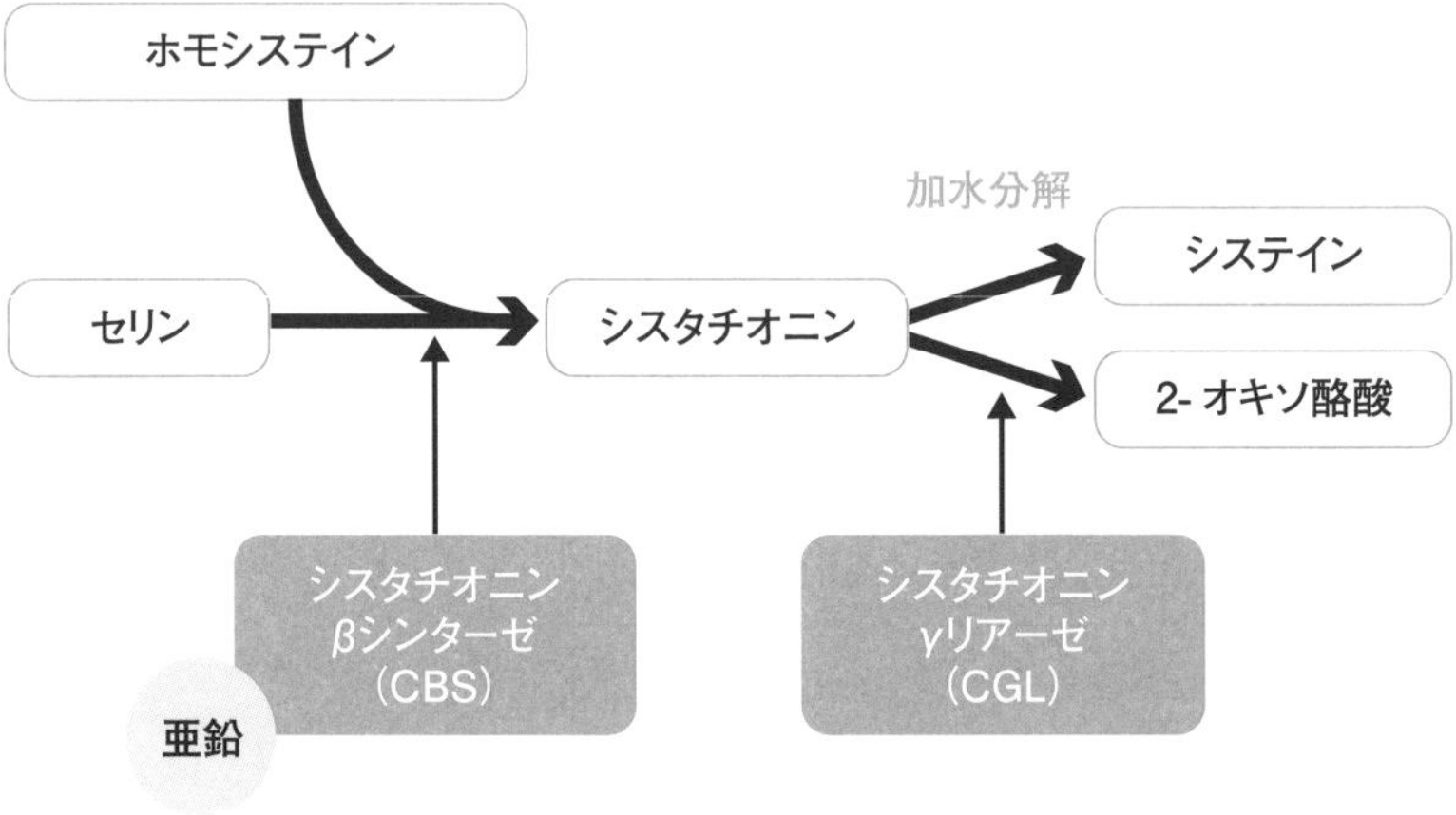

メチレーション回路で働く

メチオニンを代謝する中でできる「ホモシステイン」は、再メチル化経路かトランスフルレーション（イオウ転移経路）によって代謝されます。再メチル化経路には、ＢＨＭＴ経路とＭＳ経路があります。

ＢＨＭＴ（ベタインホモシステインメチルトランスフェラーゼ）はベタインをメチル基供与体としてメチオニンをつくります。

一方、ＭＳ（メチオニンシンターゼ）はビタミンＢ12を補因子とし、5-メチルテトラヒドロ葉酸からメチル基をホモシステインに転移してメチオニンをつくります。

これら**ＢＨＭＴとＭＳで使われる酵素は、どちらも亜鉛依存性の亜鉛金属酵素なのです。**

また、トランスフルレーション（イオウ転移経路）では、シスタチオニンβシンターゼ（CBS）によってホモシステインがセリンと縮合し、シスタチオニンを形成します。シスタチオニンはシスタチオニンγリアーゼ（CGL）によって加水分解され、システインと2-オキソ酪酸になります。

亜鉛は、CBSにも必要となります。そのためホモシステインを変換して減らすためには、ビタミンB6とB12、葉酸だけでなく、変換酵素を活性化する亜鉛が大切な役割を果たします。

フランスの高齢者対象の研究では、亜鉛を補給しても血漿《けっしょう》ホモシステイン、ビタミンB12および赤血球葉酸濃度は変化しなかったと報告されています。ただし末期腎疾患患者を対象にした臨床試験では、亜鉛治療群において血漿ホモシステインレベルが有意に低下しています。

皮膚への効果

亜鉛が欠乏するとケラチノサイト（表皮の主な細胞）のアポトーシスが誘導され、難治性の発疹と皮膚の傷の予後不良を引き起こすと言われています。また、亜鉛欠乏食のマウスがアトピー性皮膚炎のような病変を発症したことが示されています。

皮膚は骨格筋（60％）と骨（30％）に次ぎ、体内で3番目に亜鉛含有量の多い臓器で、約5％の亜鉛を有しています。亜鉛トランスポーターであるＺＩＰ10が欠損すると、マウスの表皮形成が著しく阻害されて皮膚バリア機能が失われ、また毛包の形成も阻害されました。

毛や表皮などの上皮性組織の形成においては転写因子ｐ63の活性が重要となり、これがＺＩＰ10の欠損によって低下し、ＺＩＰ10が輸送する亜鉛がｐ63の活性制御に関与しているようです。

脳に含まれる亜鉛

脳には遊離亜鉛と小胞体内の亜鉛、タンパク質（メタロチオネインなど）と結合している亜鉛が存在します。亜鉛は脳由来神経栄養因子（ＢＤＮＦ）を活性化し、海馬の働きを高めて記憶を増強する可能性があります。

小胞体内の亜鉛はグルタミン酸作動性神経に存在し、ＮＭＤＡ受容体（➡１９０ページ）およびＡＭＰＡ受容体の活性を調節します。

また、亜鉛トランスポーターの発現を調節することにより、アルツハイマー型認知症の進行が遅くなり、認知能力が改善されることが示されています。

脳の亜鉛が少ないと、トランスポーターであるＺＩＰ1の発現が上昇し、アミロイドβ＊の沈着を

＊ **アミロイドβ**

アルツハイマー型認知症患者に見られる老人斑の大部分を構成しているタンパク質。

悪化させると言われています。

金属結合タンパクであるメタロチオネインは亜鉛や銅などの必須金属や、カドミウムや水銀などの有害金属、あるいはホルモンであるグルココルチコイド（副腎皮質ホルモン）やレプチン（脂肪細胞から分泌されるホルモン）などによってつくられます。**メタロチオネインの働きは「金属の組織維持・貯蔵」や「重金属の解毒、抗酸化作用」で、脳内では特に海馬に多く存在します。また、アルツハイマー型認知症の患者では減少していることがわかっています。**

体内での亜鉛の吸収

亜鉛の吸収においては、亜鉛トランスポーターであるＺＩＰ４とＺｎＴ１が主に働きます。小腸にあるＺＩＰ４が小腸上皮細胞内に亜鉛を取り込み、基底膜に発現するＺｎＴ１が門脈に亜鉛を輸送します。

亜鉛が十分に存在するときは、ＺＩＰ４がエンドサイトーシス（飲食作用）により分解され、亜鉛の過剰な取り込みを防ぎます。逆に亜鉛が不足しているときはＺＩＰ４ｍＲＮＡが安定して分解が抑制され、小腸上皮細胞内への亜鉛取り込みを増やします。

大豆や味噌にはＺＩＰ４の発現量を増加させる働きがあるため、これらを摂取することで亜鉛の必要量が減るかもしれません。

亜鉛の摂取量

1日50㎎の亜鉛を摂取すると、かえってＳＯＤ活性が低下したり、コレステロールが高くなったりするという報告（※59）や、1日１００㎎以上の亜鉛をサプリメントで長期摂取することで前立腺がんのリスクが高くなったという報告（※60）もあるため、長期にわたる大量摂取は考えものです。

ただし、**亜鉛の摂取量に関して「○○㎎」と書いているのはすべて亜鉛元素としての量を指しています。**「クエン酸亜鉛」は34％が亜鉛元素、「硫化亜鉛」は22％が亜鉛元素、「グルコン酸亜鉛」は13％が亜鉛元素、「モノメチオニン亜鉛」は21％が亜鉛元素なので、換算をしてください。

例えば、「体重1㎏あたり3㎎の硫化亜鉛」という場合、体重が80㎏の人では、２４０㎎の硫化亜鉛になります。かなり大量のように思えますが、亜鉛元素としては２４０㎎の22％で、53㎎程度になります。一時的にテストステロンを増やしたいとき、数週間だけ摂取する量としてはそう問題はないはずです。

また、**亜鉛を大量摂取する場合、銅とのバランスが重要**になります。一般的には「亜鉛：銅＝10：1」で摂取するとよいとされており、サプリメントもこのバランスで含まれているものが多いです。毎日摂取する場合は、亜鉛元素として1日に20〜30mg程度、銅を2〜3mgという感じでよいでしょう。吸収率としてはモノメチオニン亜鉛（サプリメントのOptiZinc）が高く、OptiZincとして150mg摂取すると亜鉛元素として31・5mgになります。

クエン酸亜鉛やグルコン酸亜鉛の吸収率は60％前後で、酸化亜鉛は約50％だったというデータもあります。

Chapter
5

マグネシウムの働き

リンやカルシウムと一緒に骨や歯を形成するマグネシウムですが、さまざまな酵素の働きを助けたり、筋肉、神経、血圧などの調整にも関わります。

マグネシウムの概要とその働き

マグネシウムは亜鉛と同じように、体内における３００種類以上の酵素反応に関係しています。

生体内には25g程度のマグネシウムが存在し、その50％以上が骨に、40％ほどが筋肉や軟部組織に存在し、細胞外に存在するのは、わずか１％程度です。

カルシウムと同じように、マグネシウムが不足すると骨に貯蔵されたマグネシウムが遊離して利用されます。

では、マグネシウムの働きについて解説していきましょう。

リラックス作用

筋肉が収縮するときは筋小胞体からカルシウムイオンが放出されるということを、カルシウムの項（⬇１５０ページ）で説明しました。カルシウムイオンを筋小胞体に戻すときは、「カルシウムポンプ」が働きます。このポンプはＡＴＰ依存性であり、これを働かせるためにマグネシウムが必要となるのです。

筋肉が攣《つ》ったり、肉離れを起こしたりするとき、筋肉は過度に収縮しています。これは、マグネシウムが足りず、放出されたカルシウムイオンが筋肉を「収縮させっぱなし」にすることが原因となっている可能性があります。**マグネシウムを補給してカルシウムイオンが筋小胞体に正常に戻れば、筋肉の痙攣《けいれん》を防ぐことができます。**

タンパク合成

タンパク質の合成はリボゾームという細胞内小器官で行われます。具体的には、ＤＮＡの情報（アミノ酸の配列の情報）をｍＲＮＡがリボゾームまで伝え、リボゾームの表面（粗面小胞体）で翻訳します。つまり、アミノ酸を並べて、タンパク質をつくる作業が行われるのです。

このとき、ｔＲＮＡがアミノ酸を粗面小胞体まで運んできますが、この運搬作業はＡＴＰのエネルギーを使って行われます。その際にマグネシウムが必要となります。

骨を強くする

カルシウムの項でパラソルモンについて解説しました（⬇１５２ページ）が、マグネシウムにはパラソルモンを低下させる作用があります。成人男性に経口でマグネシウムをサプリメンテーションしたところ、骨重量損失が軽減され、骨が強くなることがわかりました。（※61）

また、８～14歳の女性１２０名を対象にマグネシウムを１日３００㎎摂取させたところ、12カ月後に股関節の骨密度が上昇しました。（※62）

心臓血管系疾患や糖尿病を予防する

血中マグネシウムレベルが高いと心血管疾患のリスクが低く、マグネシウム摂取量が多いと虚血性心疾患のリスクが低いことが報告されています。（※63、※64）

また、高血圧患者を対象にした経口マグネシウム摂取で血圧の低下が見られ（※65）、インスリン抵抗性の改善や総コレステロール低下、ＬＤＬコレステロール低下、ＨＤＬコレステロールの増加、中性脂肪の低下などが起こっています。（※66）

6カ月間にわたって経口マグネシウムを摂取させた研究では、空腹時血糖値とインスリン抵抗

性の改善も起こっています。（※67）

β細胞の機能を改善するという報告もあります。（※68）

マグネシウム再吸収に関わるイオンチャネル「ＴＲＰＭ６」をノックアウトしたマウスは、レニンの分泌が妨げられて血圧上昇が起こらなくなることが２０２１年の研究（※69）でわかりました。ＴＲＰＭ６が発現している遠位尿細管は、マグネシウム再吸収の起こる場であるとともにレニンを分泌する傍糸球体《ぼうしきゅうたい》細胞に隣接しています。

「マグネシウムの摂取量が少なく、体内のマグネシウム濃度が低くなると、再吸収を高める必要が出てＴＲＰＭ６の発現が増加し、レニンが分泌される」という可能性があります。

また、通常の倍量のマグネシウムを含む食餌《しょくじ》で飼育したマウスは、ＴＲＰＭ６の発現が著しく低下し、やはり血圧上昇が起こらなくなっています。

炎症を減らし、腹部の脂肪を減らす可能性

マグネシウムには体内の炎症を抑制する作用があります。さらに、運動時のストレスによるコルチゾル分泌を低下させる作用もあります。（※70）

コルチゾルが増えると内臓脂肪が増加しますが、マグネシウムの摂取によりそれを防ぐことがで

きるかもしれません。（※71）

また、マグネシウムとビタミンDを同時に摂取することで肥満を防ぐことができるという可能性もあります。（※72）

睡眠を深くする

リラックス効果から、マグネシウムは睡眠を深くすることが知られています。（※73、※74）

日本で「ZMA」が流行り始めたときも、テストステロン増加作用ではなく、睡眠を深くする作用のほうが先に知られるようになりました。

リラックス効果を得るためには、夕食後にマグネシウムを摂るようにする必要があります。

記憶を助け、ADHD＊を治す？

グルタミン酸は興奮性の神経伝達物質として働きますが、その受容体の一つに「NMDA受容体」があります。この受容体は**グルタミン酸と結合するとカルシウムイオンを細胞内に取り入れ、記憶に必要な反応を引き起こします。**

しかし、普段からカルシウムイオンが簡単に入るようになってしまうと、細胞が興奮しっぱなし

＊**ADHD**
注意欠陥・多動性障害。注意力散漫、衝動性、落ち着きのなさなどが生活や学業に悪影響を及ぼし、その状態が6カ月以上持続していること。

になり、過活動を引き起こしたり、正確に記憶をすることができなくなったりします。

それを防ぐのがマグネシウムイオンで、カルシウムイオンが細胞内に入るときの「門番」のような働きをします。

東京都医学総合研究所の研究で、マグネシウムが記憶の維持に関わることが証明されました。（※75）
また、40名の過活動が見られる子供たちにマグネシウムとビタミンB6を飲ませたところ、過活動や攻撃性が抑制され、注意力も高まりました。その後マグネシウムとビタミンB6の摂取を中止したところ、元に戻ってしまったそうです。（※76）

婦人科系の悩みにも

リラックス作用（筋弛緩作用）のあるマグネシウムが足りないと、子宮の収縮が過剰になります。

30名の月経困難症患者に365mg／日のマグネシウムを、1回の月経サイクルのうち10日間、5回サイクルで摂取させたところ、痛みの緩和が見られたという報告があります。（※77）

カルシウムとのバランス

カルシウムとマグネシウムの体内におけるバランスは２：１であることが重要だとされています。そのため、マルチミネラルのサプリメントには、昔は２：１のバランスでカルシウムとマグネシウムが含まれていることが多かったです。

しかし、**牛乳を多く飲む地域で、骨折が多い**という報告があります。これは日照時間が短くてビタミンＤがつくれない気候の問題もありますが、乳製品におけるカルシウムとマグネシウムのバランスの悪さも大きく関係しています。乳製品はカルシウムが10に対し、マグネシウムが１しか含まれないのです。

原始時代は乳製品を飲んだり食べたりすることは少なく、逆にナッツ類を食べることが多かったと考えられています。ナッツ類にはマグネシウムが多く含まれるため、ヒトのＤＮＡはマグネシウムが多く、カルシウムが少ない食事を求めているのだと思われます。

通常の食事ではカルシウムも不足していますが、マグネシウムはもっと不足しやすいため、マルチミネラルのサプリメント製品も、最近では「１：１」の比率にしているものが多くなりました。

マグネシウムの摂取量と摂取方法

厚生労働省によるマグネシウムの推奨摂取量は、１日に男性で４００㎎弱、女性で３００㎎弱ですが、国民健康・栄養調査（平成25年）での摂取状況は、男性で２５５㎎、女性で２２５㎎となっています。

既に足りていないのですが、ここから心臓血管系疾患の予防やインスリン感受性への効果を考えると、追加で**１日あたり２００～３００㎎程度のマグネシウムをサプリメントとして補いたい**ところです。

耐容上限量は設定されていませんが、多めに摂取すると間違いなく下痢をします。もともと酸化マグネシウムは下剤として使われていました。

摂取方法❶　入浴剤

下痢を防ぎつつ、十分なマグネシウムを摂取するための方法として「エプソムソルト浴」というものがあります。つまり経口ではなく、入浴剤として使って肌から吸収させるのです。なお、「エプソムソルト」とは塩ではなく「硫酸マグネシウム」のこと。イングランドのエプソムで発見され、見た目が白く塩に似ているため、そういう名前になったそうです。

肌からマグネシウムが吸収されるかどうかについては、２００４年にバーミンガム大学で研究・確認されています。(※78)

エプソムソルトはインターネットで簡単に購入できます。典型的な利用方法としては、お湯１５０ℓに対し、１５０~３００gのエプソムソルトを入れ、40度程度のお湯で20分ほど浸かるだけで十分です。それを週3回ほど行ってみてください。

なお、塩化マグネシウム(にがり)の入浴剤もあり、こちらのほうが効果を体感できるというレビューもあります。エプソムソルト(硫酸マグネシウム)に比べ、コストも安くなります。

摂取方法❷　マグネシウムオイル

また、「マグネシウムオイル」というものもあります。これは普通に経口でマグネシウムを補給するほか、炎症を抑える作用があるため、関節の痛みを感じる部位に塗ることで効果が期待できます。これもインターネットで購入できるので検索してみてください。

なお、「オイル」とありますが、油ではなく普通に水に溶かされたものです。自作も簡単で、塩化マグネシウムのパウダーやフレーク、あるいはにがりに水を入れて溶かすだけでつくることができます。

ただし、マグネシウムオイルの一部は肌への刺激作用があり、塗った部分にピリピリした痛みを感じることがあります。口コミなどを見て、刺激の弱いものを選ぶようにするといいでしょう。

摂取方法❸　食事とサプリメント

食品では、大豆やゴマ、ココア、バナナなどに多く含まれます。経口のサプリメントとしては「ＺＭＡ」として摂取するのが手軽ですが、下痢をしないように量を調整する必要があります。逆に**便秘がちの人は「ＺＭＡ」を緩《かん》下《げ》剤《ざい》として使うことができます。**

また、料理に使う塩として「**ぬちまーす**」や「**雪塩**」のように、マグネシウムが多く含まれるものを選ぶのもいいでしょう。

ミネラルウォーターに含まれるマグネシウムは食事と一緒に摂ったほうが吸収されやすいという研究があります。この意味を考えると、**料理にはマグネシウムの多い塩を使うことがお勧め**となります。

カルシウム製品と一緒に摂らないほうがよいとも言われていますが、ヤギミルクのカゼイン（乳タンパク質）がマグネシウムの利用率を高めるという報告もあります。特にプロバイオティクス（有用な生きた微生物）と一緒だと顕著だと言われています。

プロバイオティクスは腸内細菌に短鎖脂肪酸を発生させるため、pHが低下して大腸が酸性環境となり、私がよく勧めているイヌリン（水溶性食物繊維）はＴＲＰＭ６とＴＲＰＭ７の発現を調節して、大腸でのマグネシウム吸収を高めているようです。

また、「マグネシウムはアルカリ性なので胃酸を抑えて消化を悪くする」と言う人もいるようですが、胃液は１回の食事後に５００～７００㎖出て、pHは１・０～１・５の強酸性。サプリメントのマグネシウムはせいぜい数百㎎の量ですし、たいていのサプリメントは酸と組み合わされてpHが調節されているので、消化に問題を起こすことはありません。

前述の「ＺＭＡ」は「アスパラギン酸マグネシウム」で、当初は「アミノ酸キレートによって吸収率を高めている」という触れ込みだったのですが、実は酸化マグネシウムや炭酸マグネシウムと比べてもそれほど大きな違いはなく、亜鉛のレベルは「ＺＭＡ」摂取によってわずかに高まったものの、マグネシウムのレベルはそれほど変わらなかったという報告もあります。

一般的には安価な「クエン酸マグネシウム」で十分でしょう。これは酸化マグネシウムよりも少しだけ吸収率が高くなります。酸化マグネシウムに比べて下痢をしにくいため、便秘がちではない人

＊**高マグネシウム血症**
血液中のマグネシウム濃度が非常に高い状態。高齢で腎機能が低下していると発症することがある。症状は嘔吐、反射低下、低血圧など。

がマグネシウムを補給したい場合、手軽に摂れるマグネシウムサプリメントとして一つの選択肢となります。

クエン酸としての効果もあるせいか、クエン酸マグネシウムを摂取した腎不全ラットの血管石灰化が防げたという報告もあります。

なお、酸化マグネシウムは吸収が悪いため下剤として使われると書きましたが、便秘がちな高齢者がどんどん使用量を増やして1日2000㎎以上使ったために、*高マグネシウム血症になることがよくあります。それなりに吸収はされるので、摂り過ぎには注意が必要です。

吸収率の高いものとなると、「マグネシウムグリシネイト」や「乳酸マグネシウム」が知られています。この2つとも下痢は起こしにくく、クエン酸マグネシウムよりも少し吸収がよくなりますが、やや高価になります。

最近の研究では「リンゴ酸マグネシウム」や「アセチルタウリンマグネシウム」は吸収がよく、特にアセチルタウリンマグネシウムは脳に容易に入って不安の軽減などに役立つという結果が出ています。

また、ほとんどのマグネシウムサプリメントは*血液脳関門を突破できませんが、「アセチルタウリンマグネシウム」と「トレオン酸マグネシウム」はそれが可能で、脳機能にさまざまなよい影響をもたらしてくれます。

＊ **血液脳関門**
血液に含まれる有害な物質の移動を制限することで、脳の神経細胞を守る働きをする。

ちなみに、トレオン酸はスレオニンと間違えられることがありますが、これはアスコルビン酸（ビタミンC）の代謝物です。

記憶力低下や睡眠障害を自己報告する50～70歳の男女44名を対象に、トレオン酸マグネシウムを1日に体重1kgあたり25㎎摂取させたところ、対照群に比べて脳機能の高まりが確認されました。

また、トレオン酸マグネシウムはＴＮＦ－α（炎症性サイトカイン）による悪影響も防ぎ、記憶の改善に役立つ可能性があります。

私のメールパーソナル（メールによる個人カウンセリング）内で、就寝前にトレオン酸マグネシウムを飲むのを勧めることがありますが、睡眠が深くなり、目覚めがよくなったというフィードバックをもらうことがよくあります。

起床時に言葉がポンポン出てくるようになったという体験談もあるくらいで、**情報処理能力を高める点において、トレオン酸マグネシウムが有効となる可能性があります。**

視覚や聴覚などの情報が海馬に入ると、シナプス前終末からグルタミン酸が放出されてＮＭＤ

Ａ受容体が活性化します。そしてシナプス後膜からカルシウムイオンの流入が起こって情報伝達が起こります。

　しかし、大量のカルシウムイオン流入が起こると、興奮伝達を調節するＧＡＢＡＡ受容体が細胞膜内で動いてしまってシナプスから散逸するため、抑制性神経伝達が弱くなってしまうのです。そうなると効率的に情報を受け取ることができなくなり、集中力も低下します。

　ここで働くのが**マグネシウムブロック**です。マグネシウムによってカルシウムの流入が阻止され、抑制型ＣＲＥＢ（転写因子）の発現が抑制されるため、長期記憶が可能になります。

　また、マグネシウムが不足すると「GluN1」を含むＮＭＤＡ受容体複合体（GluN2A、GluN2B、ＡＭＰＡ受容体GluA1、GluA2など）の脳内レベルが変化し、うつを引き起こす可能性も示唆されています。

　さらに、マグネシウムとタウリン*を同時に摂取することで、心臓血管系のリスクを減らせる可能性が大いにあるほか、アセチルタウリンマグネシウムには網膜の健康を守る作用がある可能性を示す報告が相次いでいます。

＊タウリン
アミノ酸に似た物質で魚介類や軟体動物に多く含まれる。消化管内でのコレステロールの抑制、インスリンの分泌促進、高血圧の予防などの働きを持つ。

マグネシウムはビタミンDの吸収を高めます。それもうまい具合に血中ビタミンDが少ないときは吸収を高め、多い時には吸収を減らしてくれるのです。

このようにキレート＊することでマグネシウムプラスアルファの効果を得ることもできますが、もっとも重要となるのは、結局トータルでのマグネシウム摂取量です。

どのマグネシウムが本当に吸収されやすいかは、食事の影響を多大に受けるため、なかなか精確な結果を出すことができません。それよりは、タイミングを考慮して、**食事と一緒に摂取することで消化管内に留まる時間を長くして、吸収されやすくする**ということを念頭に置いておくことが大切です。

＊ **キレート**
金属イオンを囲うような形で別のイオンや分子と結合した化合物にすること。

Chapter 6

その他ミネラルの働き

この章では、これまでに扱わなかった11種類のミネラル（銅、マンガン、セレニウム（セレン）、ヨウ素（ヨード）、モリブデン、リン、クロミウム（クロム）、硫黄、塩素、コバルト、バナジウム）について解説していきます。

「銅」の概要とその働き

銅は主に骨と筋肉、血液に存在します。甲殻類やココア、レバー、ゴマなどに多く含まれますが、特に普通の食事で不足することはありません。

人間のヘモグロビンに対応するのが、タコやイカのヘモシアニン＊です。これは銅色素で青いため、タコやイカなどの血液は青く見えます。

機能として重要なのは、抗酸化酵素であるＳＯＤの材料となることです。亜鉛の項（⬇176ページ）で解説しましたが、銅は「**銅亜鉛SOD**」におけるダイマー構造を形成しており、１個のサブユニッ

＊ **ヘモシアニン**
銅を含む複合タンパク質で、甲殻類や軟体動物の血液中に存在して酸素を運んでいる。

トにつき1つずつの銅と亜鉛が存在します。

このとき触媒反応は銅が受け持ち、亜鉛が酵素の安定性、立体構造の維持などに関与しているとされます。

また、**銅はセルロプラスミン（フェロキシダーゼ）の材料**でもあります。これは鉄とフェントン反応（→１６９ページ）のところで解説しましたが、銅輸送タンパクであるセルロプラスミンは一価銅イオンを捕捉するとともに、二価鉄イオンを三価に変えてくれます。これによりフェントン反応を抑制し、活性酸素による害から体を守ってくれます。

セルロプラスミンによって二価鉄イオンが三価になってトランスフェリンに渡されることで、ヘモグロビンの合成に利用できるようになります。

銅が不足するとインターロイキン２（サイトカインの一種）が減少し、Ｔ細胞やマクロファージの活性が低下します。（※79、※80）

さらに、銅はＧＡＢＡＡ受容体を抑制し、酸化ストレスを抑えることによって「不安」を減らす作用も期待できます。（※81、※82、※83）

＊**アシドーシス**
体内のなんらかの異常によって血液中の酸と塩基のバランスが崩れ、酸が優位にある状態。

銅は、普通の食事をしていれば不足することはありませんが、亜鉛の項（⬇185ページ）で解説したとおり、亜鉛とのバランスが重要です。亜鉛をサプリメントで摂取する場合は、銅も併せて摂取するようにしましょう。

「マンガン」の概要とその働き

銅亜鉛SODについて前述しましたが、**「マンガンSOD」**というものもあります。マンガンSODはミトコンドリアに存在し、真核生物の場合4個のサブユニットから形成されています。マンガンには3つのイミダゾール基窒素原子と1つのカルボン酸酸素原子が配位し、四面体構造をなしています。

マンガンSODをつくれないマウスは、生後早期に死亡したり、脂肪肝や*アシドーシス、神経変性が起こったりすることがわかっています。（※84、※85）

マンガンSODの不足は、特に心筋や骨格筋において大きく影響します。具体例として、*拡張型心筋症を発症したり、骨格筋内のATPが不足して走行能力が不足したりすることが示されています。（※86、※87）

＊拡張型心筋症

心臓の筋肉を収縮する機能が低下して左心室が拡張する心筋症。悪化すると不整脈や心不全を引き起こす。

ほかにも、マンガンは酸化還元酵素や加水分解酵素、脱水素酵素、転移酵素など多くの酵素に必要とされるミネラルで、骨や結合組織を強化したり、脂質代謝や生殖能、耐糖能（血糖値を正常に保つための処理能力）などに関与します。

マンガンは鉄と吸収が競合するため、鉄の多い食品を食べているとマンガンは吸収されにくくなります。食品ではパイナップルジュースやマツの実、ショウガ、玉露、凍り豆腐、干しエビ、シジミなどに多く含まれます。

溶接作業や輸液での大量摂取による「マンガン中毒」や、パーキンソン病ではないのに緩慢な動作や筋肉のこわばり、震えなどパーキンソン病と同じような症状が現れる「パーキンソニズム」の報告がありますが、通常は過剰摂取の心配は要りません。

減量中は甲状腺ホルモンの活性が低下することがあります。マンガンはビタミンＢ２と協働して甲状腺ホルモン（Ｔ３）を生成するのに必要とされるので、不足しないよう、マンガンの入ったマルチビタミンミネラルを使うようにしたほうがよいかもしれません。

「セレニウム（セレン）」の概要とその働き

マンガンは吸収が悪いですが、セレニウムは吸収率が高いミネラルです。そのため、普通の食生活で不足することはありません。しかし後述（⬇２０６ページ）のとおり、土壌の影響で中国北部やシベリア、アメリカ南西部などではセレニウムが不足することがあります。

甲状腺ホルモンの働きに必要

甲状腺ホルモンには、Ｔ４（サイロキシン）とＴ３（トリヨードサイロニン）の２種類があり、体内に存在するうちの多くはＴ４です。ところが、Ｔ３のほうがＴ４よりも遥かに活性が高く、Ｔ４にはほとんど活性がありません。必要に応じてＴ４がＴ３に変換され、本来の働きをすると考えてください。

Ｔ４がＴ３に変換されないと甲状腺ホルモンの働き（エネルギー代謝やタンパク合成、酸素消費能向上など）が起こりません。**Ｔ４をＴ３に変換するときには「ヨードチロニン脱ヨウ素酵素」という酵素が必要とされますが、このときセレニウムが必要**になります。つまり、セレニウムは甲状腺ホルモンの働きに必要なのです。

グルタチオン・ペルオキシダーゼの材料になる

生体内の抗酸化酵素として「**グルタチオン・ペルオキシダーゼ**」という重要な酵素があり、鉄とフェントン反応の項（⬇169ページ）で説明しました。

セレニウムはこのグルタチオン・ペルオキシダーゼをつくる材料にもなり、そのため、がんなどの予防に効果的だとされています。

土壌によって食物に含まれるセレニウムの量が変わるため、セレニウムを多く摂取している地域とそうでない地域とではがんの発生率に差が出ると考えられ、多くの疫学調査が行われました。また、セレニウムのサプリメントががんの予防に役立つとするメタ・アナリシス（※88）や、免疫強化や精子の質を高めるといった報告（※89、※90）があります。

300人以上の肺がん患者を対象にした試験では、セレン濃度が$69\mu g L^{-1}$以上であることが、全生存率の向上と有意に関連することが示されました。

重金属を解毒する

また、セレニウムにはメチル水銀の毒性を抑制する作用があることも知られています。セレニウム化合物である「セレノネイン」は*エルゴチオネイントランスポーターであるOCTN1を介してメ

＊**エルゴチオネイン**
きのこ類から見つかった抗酸化作用を持つ天然成分。セレノネインと構造が似ている。

チル水銀と結合し、小胞体に取り込まれて酵素的に無機化を行うとともに、エクソソーム分泌顆粒を形成して細胞外・体外に排出するという解毒経路が推定されています。

メチオニンの摂取を制限するとＩＧＦ－１シグナルが低下し、寿命が延びることが知られていますが、食事誘発性肥満マウスにセレニウムを摂取させることで同様の効果を得られるとする報告があります。

免疫をアップする

セレニウムは自然免疫と獲得免疫の両方に影響を与えます。自然免疫においてはセレノプロテイン（セレン含有タンパク質）増加により好中球が酸化ストレスから保護し、マクロファージは遊走能と貪食活性を増加させて抗炎症性のＭ２タイプに切り替わり、ＮＫ細胞は細胞溶解活性を高めて炎症性サイトカインを増加させます。

また、獲得免疫においてはＴｈ１細胞が増加して炎症性サイトカインを放出します。逆にセレニウムが不足すると、Ｂ細胞が産生するリンパ球の一種であるＩｇＧ（免疫グロブリンＧ）とＩｇＭ（免疫グロブリンＭ）が減少します。

＊**メチル水銀**
水銀にメチル基が結合した化合物。水俣病の原因物質で強い神経毒性を示す。

セレニウムの摂取量

セレニウムは過剰摂取の問題が出やすく、慢性的な過剰摂取によって脱毛や胃腸障害、神経障害などが起こり、急性の過剰摂取では心筋梗塞や腎不全を引き起こすこともあります。

厚生労働省による１日の推奨摂取量は30μg前後ですが、日本人の食事では平均で１日に１００μgを摂取できているようなので、特にサプリメントで追加する必要はないでしょう。多くのマルチビタミンミネラルにも含まれています。

なお食品では、鰹節やニンニク、レバーなどに多く含まれます。

「ヨウ素（ヨード）」の概要とその働き

甲状腺ホルモンの構成成分となるヨードは、70〜80%が甲状腺に存在します。セレニウムの項で解説したとおり、甲状腺ホルモンはエネルギー代謝やタンパク合成、酸素消費能などに関係します。

「ヨードチンキ」などで知られるように、ヨウ素には殺菌作用もあって、消毒液やうがい液にも使われます。また、ヨウ素は海水中に多く存在し、海藻類や魚介類に多く含まれるため、日本人の食生活で不足することはありません。しかし、世界的にみると山岳地帯や内陸部では海産物の摂取が少ないため、ヨウ素は不足しがちです。そのため、塩にヨードが添加されることもあります。

ヨードが不足すると、血中の甲状腺ホルモンが減少します。すると甲状腺刺激ホルモンが分泌され、甲状腺が肥大したり甲状腺腫ができたりすることがあります。発展途上国では母体のヨード不足により、「クレチン病（先天性甲状腺機能低下症）」という精神障害と神経障害を伴う子供の成長不全が発生しています。

アブラナ科の植物には、イソチオシアネートと呼ばれる抗酸化物質が多く含まれます。抗酸化作用自体はよいものですが、イソチオシアネートは甲状腺での「ヨウ素（ヨード）」の吸収を阻害する作用を持っているのです。

ヨードの吸収が悪くなると甲状腺が頑張って甲状腺ホルモンをつくろうとしますが、その状態が続くと甲状腺が肥大します。「肥大した甲状腺」を「ゴイター」と呼び、甲状腺を肥大させる物質（ヨードの吸収を悪くする物質）を「ゴイトロゲン」と呼びます。

ゴイトロゲンはキャベツやピーナッツ、サツマイモ、キュウリなどに含まれます。また、大豆に含まれるイソフラボン*の一種、ゲニステインにもゴイトロゲンとしての作用があります。

逆に、**ヨードを過剰摂取すると、過剰なヨードが甲状腺に蓄積して甲状腺の機能が阻害され、甲状腺ホルモンの産生が低下することがあります。**

1日に昆布15g（ヨードとして35mg）を55～87日間摂取したところ、甲状腺機能の低下が起こっ

* **イソフラボン**
抗酸化作用を持つポリフェノールの一種。無色～淡黄色の色素成分でゲニステイン、ダイゼインなどの種類がある。

たという報告があります。（※91）

また、妊婦が摂取したサプリメントに間違って大量のヨードが入っていたために、産まれた子供が甲状腺機能低下症だったという報告もあります。（※92）

原発事故の際にヨード摂取が話題となりました。放射性物質である「放射性ヨウ素」は体内に入ると甲状腺に集まり、甲状腺がんの原因になります。しかし、あらかじめヨードを大量に摂取しておくと、放射性ヨウ素が甲状腺に入るのを防げるというわけです。

この場合、１回に76㎎のヨードを摂取するように推奨されています。原発事故が起こった場合、今後は普通にヨウ素剤が配られると思いますが、そうならなかった場合は昆布出汁を多めに飲んだり、サプリメントで摂取したりするようにしましょう。ヨードは油と一緒に摂取することで吸収率が高まります。ただし、放射性ヨウ素が体内に取り込まれてからでは、意味がありません。

長期にわたってヨードを摂取すると過剰摂取の問題が起こりますが、放射性物質の害が懸念されるときのみ使うくらいであれば問題はありません。国際原子力機関（ＩＡＥＡ）の資料によれば、３００㎎を１回摂取しても副作用が出るのは１００～１０００万人に一人の確率であり、ポーランドでは小児１０５０万人にヨード剤を与えても副作用は報告されなかったとのことです。

「モリブデン」の概要とその働き

モリブデンは核酸の代謝において、その主成分であるプリン体を分解するときに働く酵素「キサンチンオキシダーゼ」の補因子となります。プリン体はヒポキサンチンになり、ヒポキサンチンがキサンチンになり、キサンチンが尿酸になって排出されます。

モリブデンはヒポキサンチンがキサンチンになる代謝と、キサンチンが尿酸になる代謝の両方で働きます。

また、アルコール代謝で有名なアセトアルデヒドや亜硫酸の解毒にも関係します。なお、カンジダ*になりやすい人はアセトアルデヒドの解毒がうまくいっていない可能性があるので、モリブデンを摂取するとよいかもしれません。アセトアルデヒドを酢酸に変え、排出するのを手伝ってくれます。

さらに、モリブデンはＮＡＤＰＨオキシダーゼ（膜結合酵素複合体）の構成物質でもあるため、ミトコンドリアにおけるエネルギー産生にも必要です。

モリブデンの必要量は微量であり、食事から十分に摂取できるため、通常は不足することはありません。ただし、土壌や飲料水中にモリブデンが少ない地域では食道がんの発生が多いという報告や、完全静脈栄養などでモリブデンが不足した場合は尿酸の減少や神経症状が起こるとも

***カンジダ**

皮膚や消化管などに存在するカンジダ属の真菌が原因で発症する病気。一度完治しても体調不良などで再発しやすい。

言われています。

モリブデンは過剰に摂取してもすぐに排出されるため、副作用の心配は要りません。

「リン」の概要とその働き

カルシウムの次に体内に多く存在するミネラルがリンです。リンのうち8割はマグネシウムやカルシウムと結合した「ヒドロキシアパタイト」として骨や歯に存在し、残りの2割は核酸や細胞膜のリン脂質などとして存在しています。

エネルギーのやり取りに使われるＡＴＰは「アデノシン三リン酸」であり、これからリン酸が1つ外れてＡＤＰ（アデノシン二リン酸）になることで、エネルギーが放出されます。

リンは「リン酸塩」とか「ポリリン酸」などとして食品添加物に含まれ、pHを調整したり酸味を加えたり、保存性を高めたり、水に溶けにくい物質を分散させたり、食肉を柔らかくしたりと、さまざまな働きを持っています。

リンはカルシウムとのバランスが重要で、「カルシウム：リン」は「1：1」〜「2：1」であることが求められます。添加物からリンを大量に摂取するとカルシウムとのバランスが崩れ、腎機能の低下や副甲状腺機能の亢進、カルシウムの吸収抑制などが起こりかねません。

厚生労働省によるリンの１日の摂取目安量は１０００㎎前後で、国民健康・栄養調査による実際の摂取量もちょうどそれくらいです。しかし、**加工食品に添加されているリンの量は加算されていないため、実際のリン摂取はもっと多いものと思われます。**

「クロミウム（クロム）」の概要とその働き

クロミウムは人体に必須と考えられているミネラルの中ではもっとも微量に存在しています。自然界に存在するのは三価クロムですが、人工的に生産される六価クロムというものもあり、これは毒性が強いため公害として問題になりました。アメリカでは六価クロムを長期にわたって垂れ流していた企業が、巨額の賠償金支払いの最初のケースとして映画化（『エリン・ブロコビッチ』）されました。

クロミウムは小腸から吸収されてトランスフェリン（血漿《けっしょう》中に含まれる糖タンパク質）と結合し、肝臓に運ばれます。通常の食事内容では不足することも過剰になることもありませんが、糖尿病の患者がインスリンの働きを高めるため、サプリメント（もちろん三価クロム）として摂取するのは有効だと思われます。

ちょっと複雑になりますが、クロミウムがどのようにしてインスリンの働きを高めるかについて解説しましょう。

インスリンが分泌されると、細胞膜表面にある「インスリンレセプター」に結びつきます。インスリンレセプターは「αサブユニット」と「βサブユニット」が結合したもので、インスリンとはαサブユニットが結合します。

αサブユニットにインスリンが結合すると、βサブユニットの中にある「チロシンキナーゼ」という酵素が活性化し、ＩＲＳｓと呼ばれるタンパク質が「チロシンリン酸化」されます。そして、ＩＲＳｓはＰ13キナーゼという酵素を活性化します。

Ｐ13キナーゼが活性化されると、「ブドウ糖の運び屋」と呼ばれるＧＬＵＴ4が細胞の表面に出てきて、ブドウ糖の取り込みを行います。

ここで**クロミウムは「クロモデュリン」と呼ばれるオリゴペプチドの構成物質となります**。クロモデュリンはチロシンキナーゼの活性を増強する働きがあるのです。

クロミウムの結合していないアポ型クロモデュリンもありますが、これにはチロシンキナーゼ活性化作用がないため、クロミウムが不足すると耐糖能が低下します。

また、クロモデュリンには脂肪細胞の細胞膜にあるホスホチロシンホスファターゼを活性化する働きもあり、クロミウムは脂質代謝にも関係しています。

●クロミウムとインスリンの働き

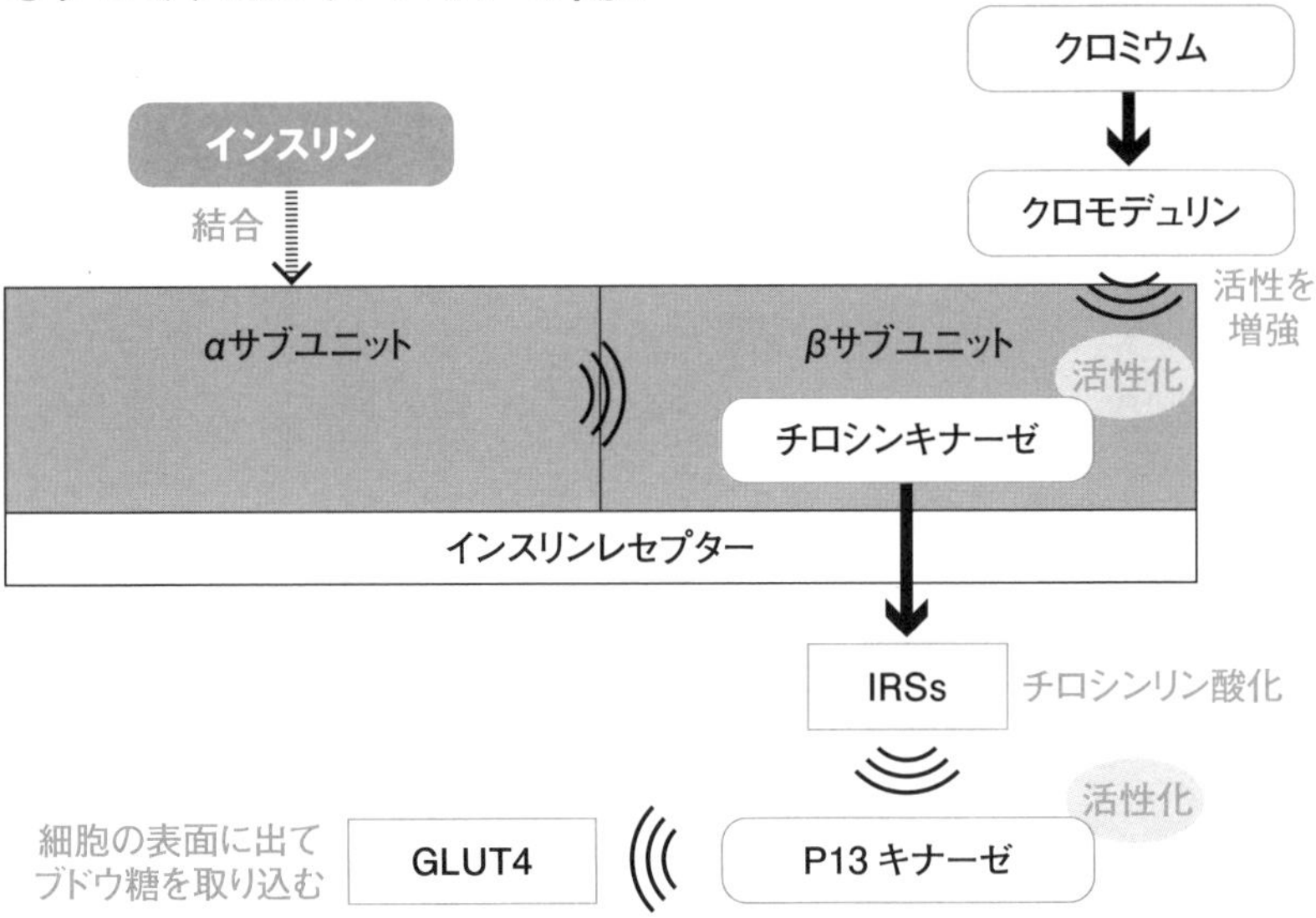

糖尿病患者にクロミウムとシステインの化合物を摂取させたところ、酸化ストレスや炎症が軽減され、インスリン抵抗性が改善したというデータもあります。(※93)

また、糖尿病患者にビール酵母としてクロミウムを摂取させたところ、ＨｂＡ１Ｃ(糖化ヘモグロビン)の値が改善し、中性脂肪やＬＤＬの値も改善しました。(※94)

ピコリン酸クロムのサプリメントを12週間にわたって摂取させたところ、高齢者の神経変性や認知機能が改善したという報告(※95)や、過体重の子供25名を対象に４００μgの塩化クロミウムを6週間にわたって摂取させたところ、インスリン感受性が向上して体脂肪が減少し、除脂肪体重が増加したという報告(※96)もあります。

インスリン抵抗性のある方は、サプリメントとしてのクロミウム摂取を検討するとよさそうです。

この場合、「エビオス」（アサヒグループ食品）などのビール酵母サプリメントから摂取するのが効果的です。ビール酵母のクロミウムはナイアシンと結合して（ニコチン酸クロム）安定した形をしていて吸収がよく、血中脂質改善作用が期待できます。（※97、※98）

ピコリン酸クロムなどのサプリメントも市販されています。**摂取量としては1日に200〜400μgで十分**でしょう。

「硫黄」の概要とその働き

体内に存在する硫黄を含む物質としては、「コンドロイチン硫酸」*や「含硫アミノ酸（メチオニンやシステイン）」「ビタミンB1」などが有名です。硫黄原子は外側に多くの電子を持っているためほかの物質と反応しやすく、体内に存在する量は少ないですが、脂質・糖質の代謝をはじめとする非常に多くの反応で利用されています。

特にシステインはグルタチオンの材料となって活性酸素を除去したり解毒作用を行ったりするほか、ホルモンの生合成にも関わります。

＊コンドロイチン硫酸
細胞外の組織間物質として体内に広く分布している「ムコ多糖」の一種。皮膚や軟骨などに多く含まれる。

●硫酸基転移反応

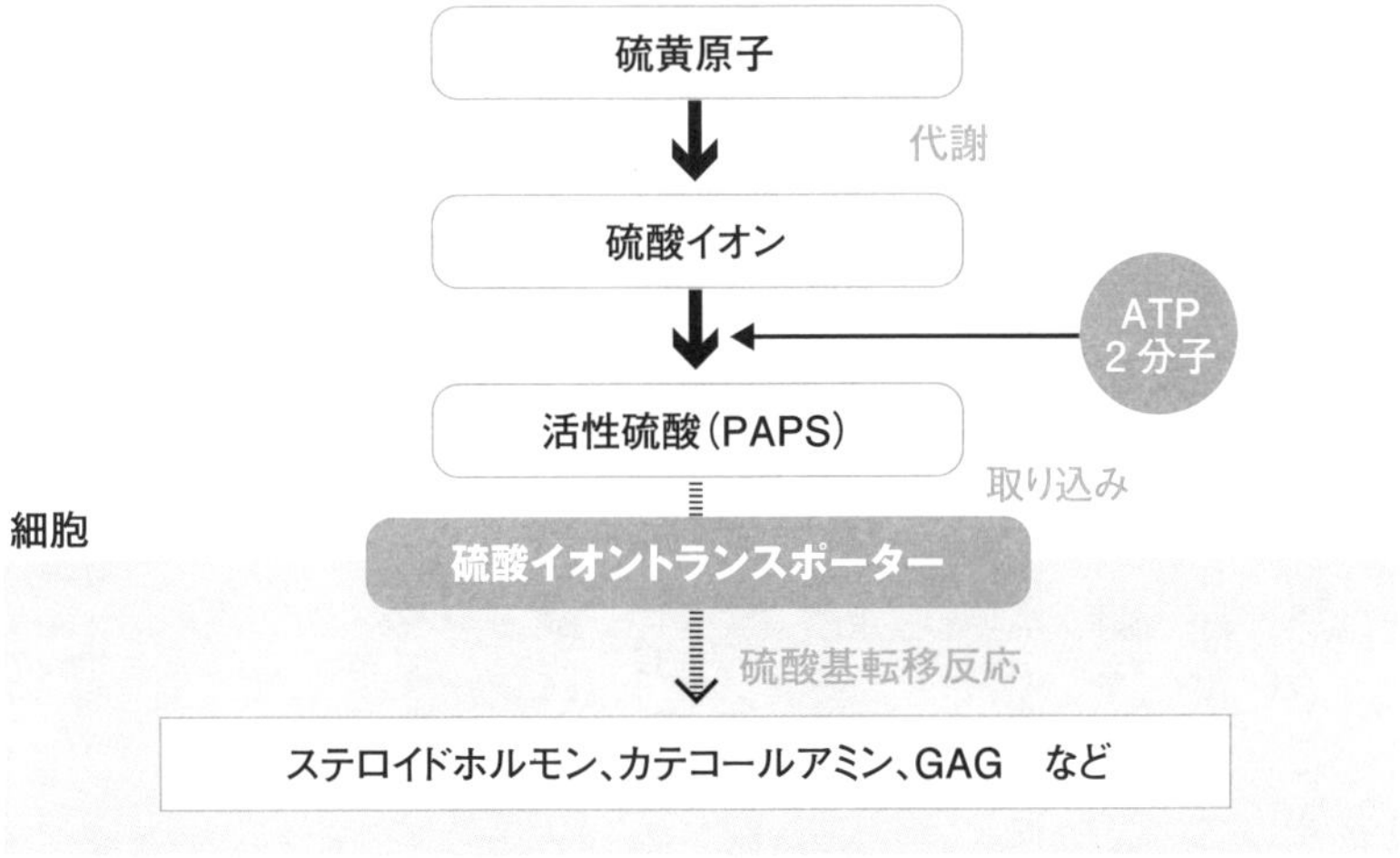

含硫アミノ酸の硫黄原子は代謝の途中で硫酸イオンになり、硫酸イオントランスポーターによって細胞内に取り込まれ、硫酸基転移反応によってステロイドホルモンやカテコールアミン（副腎髄質から分泌されるホルモン）、GAG（グリコサミノグリカン）などに変化していきます。（※99、※100）

ただし、硫酸イオンはそのままでは使うことができないため、これらの反応においては硫酸イオンを活性硫酸（PAPS、3'ホスホアデノシン-5'ホスホ硫酸）にする必要があり、このときにATPが2分子使われます。このことからも、いかに硫黄が重要であるかが推察されるかと思います。

含硫アミノ酸を含む食品を食べていれば、

硫黄が不足することはなく、卵や牛肉などを食べておけば十分です。なお、『効率よく筋肉をつけるための山本式・アスリート栄養学 上巻〜三大栄養素 編〜』でメチオニンやシステインなどについて詳しく解説しています。

「塩素」の概要とその働き

ナトリウムの項（➡132ページ）で解説したとおり、「塩」はナトリウムと塩素が結合したものです。体内では「塩化物イオン」の形で存在し、胃酸の材料になります。

塩素は殺菌作用が有名で、水道水やプールの殺菌に使われることは知っている人も多いでしょう。塩素が水に溶けると「次亜塩素酸」になり、これに殺菌作用があるのです。

夏バテで食欲が減退するのは、水分の摂り過ぎで体内からナトリウムと塩素が失われ、胃酸がスムーズにつくられなくなることが関係しています。ナトリウムの項で書いたとおり、汗を大量にかくような時期は、塩分をしっかり補給することが大事です。味噌汁を飲んだり、味付けを濃い目にすることで、夏でも食欲を維持することが可能になります。

塩素は、極端な減塩をしたり、汗を大量にかいたりしなければ不足することはありません。

「コバルト」の概要とその働き

ビタミンB12のことを「コバラミン」と呼びますが、これはコバルトがビタミンB12の構成成分になっているからです。コバルトは赤い色をしているので、ビタミンB12も赤くなります。

また、ビタミンB12は赤血球を合成するのに使われるため、コバルトを摂取することで貧血の治療に役立つ可能性があります。（※101、※102）

神経線維は「ミエリン」というカバーで覆われています。これを合成したり修復したりするのもビタミンB12の重要な働きで、**コバルトの摂取が神経障害などの回復に役立つ可能性もあります。**

ビタミンB12を摂取していれば、コバルトを別に摂取する必要は特にありません。

「バナジウム」の概要とその働き

バナジウムは生体に必要とされているミネラルではありませんが、バナジウムのプラスイオンが

ＡＴＰ感受性 K^{+}チャネルを閉鎖させることで脱分極を促してインスリンを分泌させます。また、ＧＬＵＴ４の細胞膜への移動を促してインスリンの働きを高めてくれる作用もあります。

糖尿病患者にバナジウムを投与したところ、インスリン感受性が改善し、血糖値が低下しました。（※103、※104、※105）

また、バナジウム投与で、インスリンによるタンパク合成の向上と同じような効果も起こりました。（※106）

日本で行われた研究では、バナジウム含有水を飲んだ学生は、飽和脂肪酸の多い食事を摂っても血中インスリンがそれほど増えなかったと報告されています。つまり、飽和脂肪酸の多い食事だと通常はインスリン感受性が低下して血中インスリンが増えるのですが、バナジウム摂取によってそれが抑えられたということです。この研究で用いられたバナジウムは１日に80μgでした。（※107）

バナジウムの効果が得られるのは、１日に数十㎎とされていたのが、この日本の研究ではもっと少ない量でも効果があったということになります。バナジウムが１ℓあたり65μg含まれる、富士山の標高１０００ｍで採水した水を毎食前に１８０㎖ずつ摂取したところ、血圧や血糖値の低下、腹囲周径の低下が見られたとの研究もあります。（※108）

バナジウムの長期大量摂取は健康に害を及ぼす可能性がありますが、1日に1㎎（1000㎍）くらいであれば問題ないと思われます。

サプリメントでは、さまざまなメーカーから「Vanadyl Sulfate」として販売されており、カーボアップのときなどに使うと特に効果的です。この場合、数日で十分なので、1日に30～40㎎くらい摂取しても構いません。

Column

ホルモンと栄養

私たちの体とメンタルを大きく左右するホルモン。実はぜんぶ足しても、50m プールいっぱいの水に対し、スプーン１杯分くらいの割合しかありません。

こんな微量のホルモンをつくるために、数多くの栄養素が必要とされるのです。

ホルモンは大きく「アミンホルモン」と「ペプチドホルモン」、「ステロイドホルモン」の３つに分けられます。アミンとペプチドはアミノ酸から、ステロイドは脂肪からつくられます。

そしてこれらの材料からホルモンをつくるときに、ビタミンやミネラルが必要になってきます。

「どうも調子が悪いなあ……」と感じるときは、ホルモンが十分につくられていない可能性があります。そんなときこそ、栄養が足りているかどうかを見直すようにしていきましょう。

Part 3

老化や健康を左右する

活性酸素とスカベンジャー

活性酸素とスカベンジャーの基礎知識

活性酸素は、過剰になると老化や病気を引き起こします。
それに対抗するのがスカベンジャー（抗酸化物質）です。

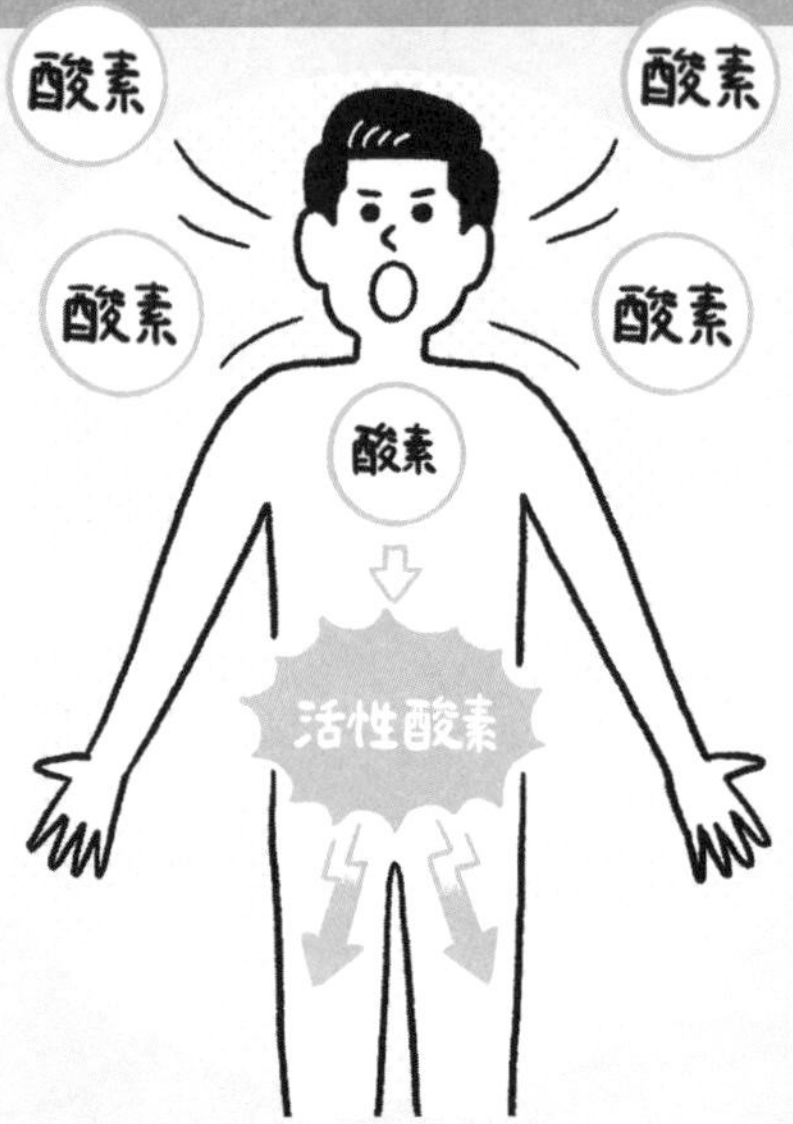

主な活性酸素の働き

呼吸で体内に入った酸素の数パーセントが活性酸素に変化し、免疫や代謝の調節、細胞内の情報伝達などに役立ちます。ただし、過剰になると細胞に酸化ストレスを与え、老化や疲れにつながるほか、がんや生活習慣病のリスクを高めてしまいます。

活性酸素を増やさないために気を付けること

活性酸素は生活環境や外的な刺激に影響を受けて増減します。活性酸素を増やす要因を避けるため、まずはバランスの取れた食事を摂り、しっかりと睡眠をとってストレスのない生活を送ることが大切です。

活性酸素を増やす要因

ストレス／紫外線／喫煙／暴飲暴食／激しい運動／ケガ／ウイルス／細菌／放射線／アルコール　など

主な スカベンジャーの働き

活性酸素の攻撃を防ぐ抗酸化物質がスカベンジャーです。体内でつくるSOD（スーパーオキサイド除去酵素）やカタラーゼなどの酵素と、体外から食事やサプリメントなどで摂るビタミンA、B群、C、Eやカロテノイドなどがあります。これらは活性酸素を変化させて無効化するなど、細胞を守る働きをします。

スカベンジャーは、食事やサプリメントから幅広く摂る

スカベンジャーごとに役割が異なるため、体内でつくれないスカベンジャーは食事やサプリメントからしっかり摂取しましょう。食事ではビタミンA、C、Eを多く含む野菜や果物などをバランスよく摂りつつ、サプリメントを活用します。

Chapter 1

老化のメカニズムと活性酸素

体が老化するメカニズムにはいくつかの説がありますが、特に重要だと考えられる「酸化ストレス」について知っておくとよいでしょう。

ヒトには「老化する装置」がある

ヒトは産まれてから大人になるまでの間、徐々に成長していきます。しかし、いざ大人になってからは、年をとるにつれて疲れやすくなったり、病気に罹《かか》りやすくなったり、ケガをしやすくなったりして、「年をとったなぁ……」と実感するようになります。

生物学的に言えば、いざ生殖年齢を超えたら、その個体にもう用はありません。つまり、人間という「種」を維持していくためには、新しい命を生み出して子育てが終われば、もう大人は必要なく、むしろ邪魔になります。そのため、ヒトの中には「老化して死に至る」ための装置が最初から備わっています。

では、どのようにしてヒトは老化するのでしょうか。老化のメカニズムについて、これまでに提唱されてきた代表的な説を紹介しましょう。

老化のメカニズムに関する学説

老化プログラム説

子供が生まれるのは、妊娠してから「十月十日」と言われます。誤差はあるにせよ、これがきちんと決まっているのはなぜでしょうか。もしかするとヒトの体内には日数を数える機能があるのかもしれません。このような考え方から、「**生物時計（体内時計）**」という概念が生まれました。例えば、受胎後２１０日で脳の神経細胞がすべて完成し、出産後10カ月でビタミンCの合成能力がなくなる、といった事実がこれを後押ししています。

こうして、「**老化プログラム説**」が生まれました。〝受胎↓発育↓老化↓死〟。この各段階が生物時計に従って進行していくというわけです。最初にこの考え方が広まったのは、**メラトニン**が流行ったときのことかもしれません。脳の松果体《しょうかたい》から分泌されるこのホルモンは、明暗を感知して、夜になるとその分泌を増やします。これは松果体が1日のサイクルを捉える器官だということを意味し、生物時計の候補に挙げられる強力な理由となります。
メラトニンは老化が進むに従って分泌が衰えます。このようなホルモンは他に成長ホルモンや性ホルモンなどがあり、それらを外部から補充してやることによって老化を食い止める「ホルモン補充療法」というものも行われています。

次に老化プログラム説が周知されたのは、「**テロメア**」の発見のときでしょう。ヒトの体の細胞は、がん細胞などを除き、一定の数の細胞分裂を繰り返すと、それ以上は分裂しなくなります。これを「**ヘイフリックの限界**」と呼び、ヒトの場合はだいたい50回が細胞分裂の限界となります。（※1）

なぜ細胞は分裂できなくなるのでしょうか。細胞の両端には「テロメア」というタンパク質がくっついていて、細胞分裂が繰り返されるとテロメアが徐々に短くなります。そして、あるところで「もう分裂終了！」というサインを出すと細胞が分裂しなくなり、死に至るというわけです。

しかし、**「テロメラーゼ」という酵素に、テロメアの短縮を防ぐ作用があります**。テロメラーゼは生殖細胞やがん細胞に見られ、テロメアを修復する作用を持っています。がん細胞が不死なのは、このテロメラーゼのおかげなのです。

テロメラーゼをコントロールできるようになれば、がん細胞を殺すことも可能になるだけでなく、細胞分裂の回数を無限に伸ばすことも不可能ではなくなります。何千年も生きている巨木は、根や芽の先端の細胞にテロメラーゼ活性があるとも言われています。

大腸菌や原核生物はＤＮＡが環状になっていて、端っこがありません。つまり、テロメアが短くなることもないのです。対して人間はＤＮＡが線状で、テロメアが短くなります。そして寿命も短くなるわけです。逆に考えれば、そのおかげで進化を遂げられたのですが。

クロスリンク老化説

老化にはプログラム説だけではなく、他にいくつもの有力な仮説があります。

その一つ、「**クロスリンク老化説**」を紹介しておきましょう。これは１９４０年代にヨハン・ビョルクステンが提唱したもので、後に述べるハーマンより前のものです。

クロスリンク老化説は、「加齢とともに細胞内のタンパク質分子間に橋が架かる（架橋《かきょう》）ことが老化の原因」とするものです。タンパク質がクロスリンク（架橋結合）でつながれることによって活性を失う、というのがビョルクステンの説明でした。

この説は、当時それほど日の目を見なかったのですが、１９６０年代になって、細胞内ではなく細胞外のコラーゲン分子間で架橋が起こっていることが判明しました。（※2）**老人になるとシワができたり、体が硬くなったりします。これはコラーゲンのクロスリンクによるもの**なのです。いわゆる、皮をなめした状態は、皮のコラーゲンにクロスリンクができた状態です。

また、**DNA分子の間にもクロスリンクができる**ことがわかってきました。

加齢に伴い肝臓や心筋細胞、大動脈内皮細胞などの組織で、核が大きくなったり、染色体の数が数倍になったり、また細胞数の減少が起きたりします。このような異常な細胞では細胞分裂ができないにもかかわらずＤＮＡの複製が起こり、それがクロスリンクを形成します。当然、正常に機能はしません。これが老化の一因だとする考え方です。

エラー蓄積説

もう一つ、「エラー蓄積説」についても紹介しておきましょう。

代謝とは「ＤＮＡの情報がＲＮＡに転写され、それが解読・翻訳されて代謝産物ができること」を指します。この一連の流れを「コーディング」と呼びますが、この流れの中でミスが起こる箇所があります。それは「転写されるとき」と「翻訳されるとき」で、ここでミスが起これば代謝産物は正常に機能しません。

この**ミスの蓄積を老化の原因とするのが「エラー蓄積説」**です。

ミスが起こる確率は、転写と翻訳それぞれ10億回に1回だとされるため、コーディング１回あたり5億分の1でミスが起こることになります。また、この考え方にのっとると、代謝が活発であればあるほどコーディングの回数が多く、エラーも多くなるということになります。

これは非常に有力な説なのですが、成長の過程でもエラーは起こっているはずであり、また老化の過程は必ずしも直線的ではありません。

そのため、老化におけるある時点から「エラー増幅の悪循環」が起こり、老化が加速していくと考えないと、うまく説明がつきません。しかし、現在のところ、**加齢の過程でエラー増幅の悪循環は起こらない**ことが明らかとなっています。（※3）

ラジカル老化説

老化の原因に対する諸説を紹介してきましたが、現在のところ、もっとも説得力を持つのが「ラジカル老化説」です。これは１９５６年、老化学の太祖であるネブラスカ大学のハーマン教授によって唱えられました。

現在では「酸化ストレス説」と言い直されていますが、半世紀以上も前にこの説を提唱したのは、ハーマンの素晴らしい業績と言えるでしょう。

「ラジカル老化説」を簡単に説明すると、「老化過程は、細胞や組織に生じるラジカルが起こす連続的な有害反応による傷害の蓄積である」というものです。

ハーマンはまず、ネズミを2つのグループに分けました。Ａグループには飽和脂肪酸を与え、Ｂグループには不飽和脂肪酸を与えます。その結果、Ａグループの寿命は、Ｂグループの寿命の2倍近く長かったのです。**不飽和脂肪酸はラジカルの傷害を受けやすい**ため、この結果はハーマンの説を強力に補強します。

その後、１９６９年にマッコードとフリードリッヒが生体内抗酸化酵素であるＳＯＤを発見してから、この説は広く受け入れられるようになりました。

では、ラジカルとはなんなのでしょうか。また、ラジカルといわゆる「活性酸素」の違いはなんでしょうか。

活性酸素の種類

ご存じのとおり、水の分子式は「Ｈ２Ｏ」です。つまり、１個の酸素原子に、２個の水素原子が

●水の構造

H• •O• •H

●水のフリーラジカル

H•　　　•O• •H

結びついているもの（上図「水の構造」）です。そして、**OとHを結びつける役をするのが、「電子」**です。上図の「•」が電子だと考えてください。

「水の構造」の結合は非常に強力ですが、さらに強いパワーを持っている放射線などを当てると、対になって結合をつくっていた2個の電子が引き離されてしまいます。その状態を図にすると、上図「水のフリーラジカル」のようになります。

このとき、「H•」の電子と、「•O••H」のHに付いている電子は、対を持たない一人ぼっちの状態です。このように対をつくる相手のいない電子を「**不対電子**」と呼び、**不対電子を持った分子または原子のことを、「フリーラジカル」と呼びます**。「H•」は水素原子そのもののことで、慣習的に•印をつけないで「H」と書くことになっています。また、「m•O••H」はわかりやすく略して「•OH」と書き、これを「ヒドロキシルラジカル」と呼びます。

水に放射線を照射すると、ヒドロキシルラジカルだけではなく、後に説明する「スーパーオキサイドアニオンラジカル」というラジカルもつくられます。この2つを合わせて、「酸素ラジカル」と呼ぶこともあります。なお、NOサプリメントとして知られる一酸化窒素（NO）も、実はラジカルの一種です。

ラジカルではない活性酸素

スーパーオキサイドアニオンラジカル（略してスーパーオキサイド）同士が反応すると、「過酸化水素（H_2O_2）」がつくられます。これは不対電子を持たないため、ラジカルではありません。しかし反応性が高く、寿命も非常に長く、生体にとってさまざまな悪影響を及ぼします。

このように、水や酸素から生成され、酸素そのものよりも活性（反応性）が高い分子のことを、「**活性酸素**」と呼びます。

その他に、後にも紹介する「一重項酸素」という活性酸素があります。もちろん、ヒドロキシルラジカルやスーパーオキサイドも活性酸素の仲間です。すなわち、**「ヒドロキシルラジカル」と「スーパーオキサイド」、「一重項酸素」、「過酸化水素」の4つが、主な活性酸素となります。**

酸素分子の構造について

酸素分子は「O2」。つまり、「O」という酸素原子が2つつながった状態のものです。酸素原子Oの構造を見ると、1個の原子核の周りに8個の電子が回っています。この電子の軌道はきちんと決まっていて、人工衛星のように速度によって軌道を変えるようなことはできません。

そして、「1つの軌道において、電子は2つまで」という決まりがあります。これを「**パウリの禁制原理**」と言います。このとき、2つの電子はそれぞれ逆方向に回転(スピン)しています。スピンについてはまた後で解説します。

1個の原子核あたりに8個の電子ということは、酸素分子は2個の原子核の周りを16個の電子が回っているということになります。そして、1つの軌道あたりの電子が2つまでだとすると、軌道数は8つということになりそうです。

しかし、実際は9つの軌道があることがわかっています。ということは、電子が2個で満席状態となった軌道が7個、電子が1個だけの軌道が2個、と考えることができます。**満席状態となった軌道を「被占《ひせん》軌道」、電子1個だけの軌道を「半《はん》被占軌道」と呼びます。**

スピンについて

先ほど、電子は逆方向に回転していると書きました。このとき、例えば左周りの電子があったら、それを「スピン量子数1／2」と言います。この場合、同じ軌道にある右回りの電子は「スピン量子数マイナス1／2」ということになります。となると、被占軌道においてはプラスマイナスゼロで、トータルするとスピン量子数ゼロ、ということになるわけです。

次に「**スピン多重度**」について説明します。スピン多重度はスピン全体の状態を示すもので、**1つの分子全体の合計スピン量子数をSとし、「2S＋1」**で表します。

酸素分子の場合で言うと、スピン量子数ゼロの被占軌道が2個、そして半被占軌道が2個あります。この半被占軌道の2個の電子は、2つとも「プラス1／2」です。よって合計のスピン量子数は「1／2」＋「1／2」で、「1」となります。つまり「S＝1」です。

ですから、酸素分子のスピン多重度は「2×1＋1＝3」で、「S＝3」となります。そこで、**普通の酸素のことを「三重項酸素」と呼ぶことができます。**

さて、活性酸素の仲間に「一重項酸素」があります。これはどうなっているのでしょうか。

普通の酸素、すなわち三重項酸素には半被占軌道が2個ありました。このうちの1つの電子が、もう一方の軌道に飛び移ったものが、一重項酸素なのです。

電子が飛び移ってきた半被占軌道は、被占軌道になります。そこでは「スピン量子数1／2」の電子と、「スピン量子数マイナス1／2」があるわけですから、その軌道におけるスピン量子数はゼロとなります。

そして、電子が飛び移っていった軌道は空《から》の軌道となって電子がなくなるので、ここもスピン量子数はゼロです。そうなると、Sも、もちろんゼロです。

このとき、スピン多重度は「2×0＋1＝1」つまり「S＝1」となります。これが一重項酸素です。

なお、ここで空の軌道ができたことに注目してください。そこには、**よそから電子を持ってきて軌道を埋めようとしますが、これが活性酸素のエネルギーを示すことになります。**

スーパーオキサイドはどうでしょうか。

普通の三重項酸素には2つの半被占軌道がありますが、このうちの1つに、外から来た電子が収まったものがスーパーオキサイドです。よって半被占軌道が1つ残ります。ここに電子をさらに呼び込もうとするため、スーパーオキサイドが活性酸素としてエネルギーを持つわけです。

スーパーオキサイドの場合、他はすべて被占軌道で、スピン量子数はゼロ。そして、半被占軌道が1つだけあるので、トータルでのスピン量子数は1／2です。よってスピン多重度は「2×（1／2）

＋1＝2」、つまり「S＝2」となり、スーパーオキサイドは二重項酸素と呼ばれることになります。

ここで、「普通の酸素は2個の半被占軌道があり、2個の不対電子があるのだから、活性酸素としてのエネルギーを持つのではないか」という疑問が出てくるでしょう。これが面白いところで、2個の不対電子があると、互いに力を弱めあって、かえって活性が弱くなるのです。これを「ビラジカル」と言い、安定した形をとっています。このため、普通の酸素には、活性酸素のようなエネルギーはありません。

活性酸素の作用

では、活性酸素はどうやって生体にダメージを与えるのでしょうか。

ここでまず「酸化」について触れておきましょう。

酸化とエネルギー

一般的な常識では、酸化とは文字どおり「酸素と化合すること」ではないでしょうか。「AがBに酸化された」というと、「AがB（という酸素）によって酸化物にされた」ということを指すわけです。

＊**ブラウン運動**
液体や気体中に浮遊している微粒子が規則性のない乱雑な動きをする現象。

しかし、正しい定義は違います。**酸化とは、「電子を奪うこと」**なのです。

すなわち「AがBに酸化された」というのは、「AがBに電子を奪われた」ということです。**活性酸素とは、「相手から電子を奪うという仕事ができる状態の酸素」**と言い換えることができます。

ここで「仕事」という言葉が出てきました。仕事をするためには、エネルギーが必要です。つまり、**活性酸素は「相手から電子を奪うだけのエネルギーを持った酸素」**だと、さらに言い換えられます。

では、そのエネルギーはどこから来たのでしょうか。

ビリヤードをイメージしてください。白玉を色玉にぶつけると、白玉は止まり、色玉が走り出します。白玉は運動エネルギーを失い、色玉は運動エネルギーを獲得したわけです。

これと同様に、**分子同士が衝突するときにも、エネルギーが獲得されます**。分子それぞれはブ＊ラウン運動によって動きまわっています。このブラウン運動が白玉分子を動かし、白玉がぶつかった色玉分子は活性エネルギーを獲得するということになるのです。

活性酸素の標的

活性酸素は生体内のさまざまな分子を標的として攻撃します。「脂質」においては過酸化や生体膜障害、「核酸」は突然変異やDNA鎖切断、塩基障害、発がん、

＊**α1−アンチトリプシン**
タンパク質を分解する酵素（プロテアーゼ）が過剰に働くとかえって体に悪影響を及ぼすため、それを抑える働きをする酵素（アンチプロテアーゼ）。

「アミノ酸」はタンパク質の変性や重合、架橋《かきょう》結合変性、「糖質」は細胞表面受容体変化、「ヒアルロン酸」は解重合《かいじゅうごう》(分解)、「生物学的因子」としては*α1-アンチトリプシンや*走化性因子、神経伝達物質などの不活性化が起こります。これらの中で特に代表的なものについてみていきましょう。

●過酸化脂質

活性酸素の主な標的は不飽和脂肪酸です。活性酸素の活性エネルギーが不飽和脂肪酸に働くと、「脂質過酸化反応」が起こります。古くなった油がイヤな臭いを発したり、古いインスタントラーメンを食べると下痢をしたりすることがありますが、これは「過酸化脂質」のせいです。

脂肪酸が活性酸素にやられると脂質過酸化反応が起こり、過酸化脂質が発生するのです。そしてこれは体内でも起こります。コレステロールや中性脂肪は活性酸素の働きによって酸化され、過酸化脂質を発生させます。発生した過酸化脂質は、細胞内でさらに活性酸素を発生させます。

こうした悪循環となる連鎖反応こそ、活性酸素が大きな害をもたらす原因となります。逆に、**この連鎖反応を止めることが、活性酸素の害を防ぐポイント**となります。

「活性酸素が脂肪酸を攻撃」→「過酸化脂質発生」→「過酸化脂質からさらに活性酸素発生」の繰り返しはＤＮＡを損傷させ、がんなどの原因となります。また、過酸化脂質が血管内膜に作用すると、アテローム性動脈硬化を引き起こします。

＊**走化性因子(そうかせいいんし)**
細菌や細胞などの周囲に存在する特定の化学物質の濃度勾配に対して方向性を持った行動を起こす現象。

●脂質過酸化反応

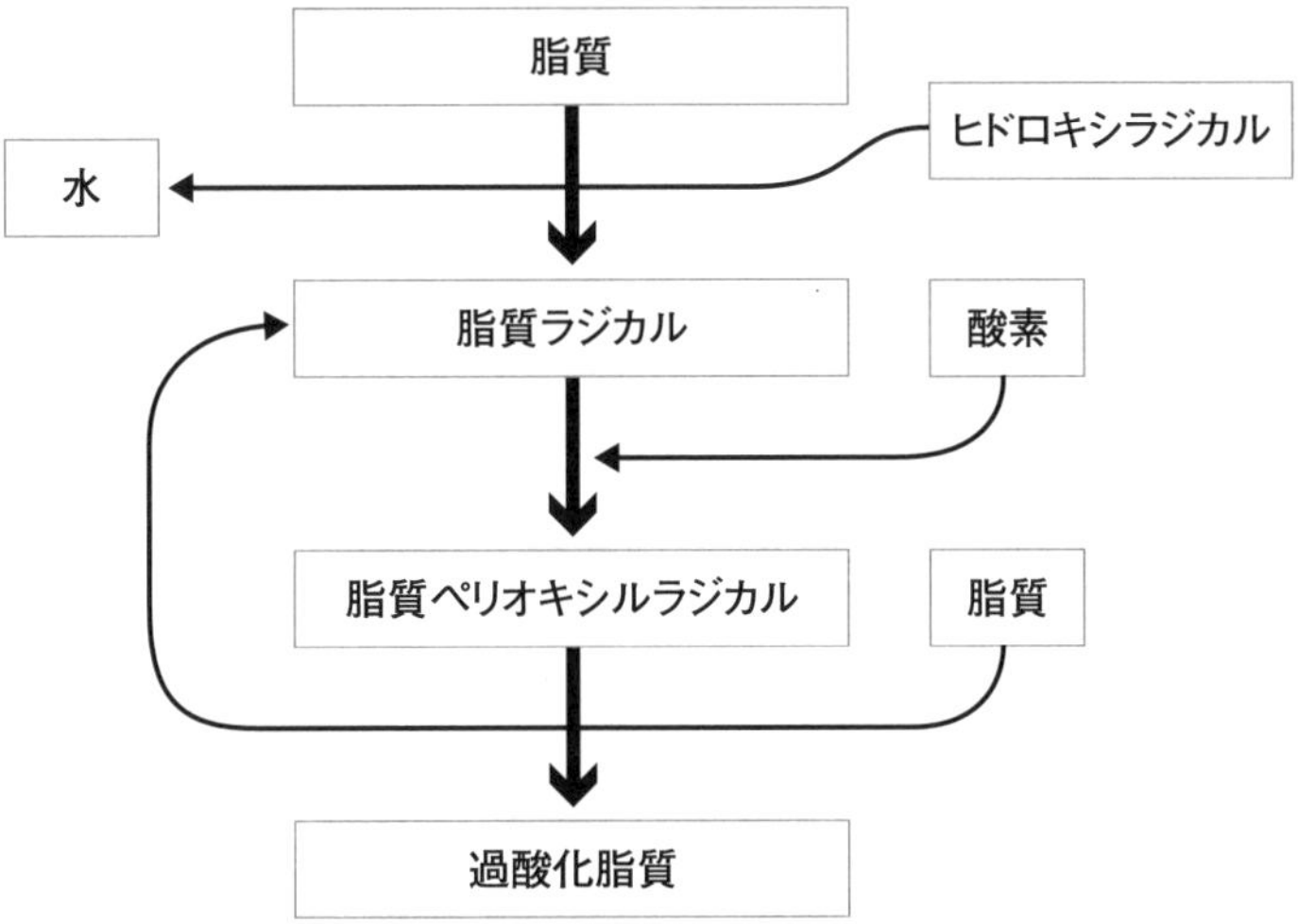

●炎症

活性酸素は細胞の障害因子となり（※4）、好中球由来の活性酸素は虚血再灌流*障害や（※5）、NSAIDs（非ステロイド性抗炎症薬）による胃粘膜傷害（※6）、急性肺傷害（※7）などを引き起こすことがわかっています。

また、過酸化水素は血管内《ない》皮《ひ》細胞《さいぼう》に作用してCD11b／CD18（マクロファージ1抗原）を細胞表面に誘導したり、PAF（血小板活性化因子）合成を誘導して好中球と内皮の接着を引き起こしたりします。（※8、※9）

●DNAの酸化と修飾

DNAはpHの変化や熱的揺らぎ、脱アミ

＊ **虚血再灌流障害（きょけつさいかんりゅうしょうがい）**
血流が止まることで虚血（酸素不足）状態になった組織に、血流が回復（再灌流）することによって起こる組織障害のこと。

ノ化（塩基からアミノ酸が失われる反応）、紫外線などによって損傷を受けますが、活性酸素による損傷も多大に影響を与えます。

活性酸素はＤＮＡの鎖を切断したり、修飾したりすることによってＤＮＡの正常な複製を妨げるのです。特に脳や神経細胞では酸素呼吸が盛んなため、これら組織におけるＤＮＡの損傷は、活性酸素の害によるものが大半だとされています。

例えば、がん抑制遺伝子が損傷すると、がんになりやすくなります。また、ミトコンドリアＤＮＡが損傷することで、アルツハイマーが引き起こされるとも言われています。

このように活性酸素はがんや動脈硬化、アルツハイマーなど、さまざまな病気の原因になるとされています。

活性酸素の発生

では、活性酸素はどのようなときに発生するのでしょうか。これは大きく次の6つに分けることができます。それぞれについて説明しましょう。

❶ 細胞内での発生

これはミトコンドリアが電子伝達系においてエネルギーをつくりだすときに発生するもので、細胞内に取り込まれた酸素がスーパーオキサイドとなります。運動をするとその分エネルギーも多く必要になるので、当然ながら活性酸素の発生量が多くなるわけです。そしてそれに適応するため、スーパーオキサイド消去酵素（ＳＯＤ）の活性も増加します。

❷ 酵素反応での発生

例えば、ウェイトトレーニング中は筋肉の収縮によって血管が圧迫され、血流が滞ります。そしてウェイトを離すと、筋肉の収縮がなくなって血管が解放され、血流が再開します。このように血流が滞ったあと再開することを、「**虚血再灌流**」と呼びます。

虚血再灌流の際に「ヒポキサンチン」という補酵素や「キサンチンオキシダーゼ」という酵素が増加し、これらが酸素と反応することで、スーパーオキサイドが発生します。

ウェイトトレーニングの例を出しましたが、実は指を曲げたりするだけでも血流は滞り、指を伸ばしたときに血流が再開します。日常生活でこの現象は絶え間なく起こっていると言っても過言ではありません。

③食細胞からの発生

「食細胞」とは白血球の一種である好中球やマクロファージのことを指しますが、これらは体が細菌など「異物」と判断したものを取り込み、分解する働きをします。この分解の際に武器として用いるのが活性酸素なのです。そのため、風邪などには罹《かか》らないに越したことはありません。風邪を引くたびに私たちの体は活性酸素にさらされていると考えてください。

④過剰な生体防御反応

「自己免疫疾患」という言葉を聞いたことはあるでしょうか。好中球やマクロファージが「異物」を分解するという話をしたばかりですが、そういった反応が過剰になると、間違って自分の細胞の一部も「異物」として認識し、免疫細胞が攻撃してしまうことがあります。この場合も活性酸素が発生し、それが例えば関節の滑膜で起こると慢性関節リウマチになってしまいます。

⑤炎症反応

ケガや火傷などによって変化した組織に対しても、体はそれを「異物」と判断し攻撃してしまいます。もちろん**トレーニングによって発生する筋肉痛も炎症反応の一つ**です。

炎症反応への攻撃は組織が傷んだ部分を解体するためのものなので、治癒の一環ではあります。

しかし、その際に発生した活性酸素が周りに傷害を与えるほか、炎症部位にはプロスタグランジンEⅡ(炎症性因子)や過酸化脂質も発生し、これらがさらに活性酸素を発生させてしまうのです。そのため、炎症はできるだけ早期に抑えるようにしたいものです。

❻ 生体物質の自動酸化

実は**肉体的ストレスだけでなく、精神的なストレスによっても活性酸素は発生します。**例えば「コルチゾル」のようなステロイドホルモン、「アドレナリン」「ノルアドレナリン」「ドーパミン」のようなカテコールアミン類などを合成、分解するときにも、それぞれ活性酸素が発生するのです。**心配事などがあってコルチゾルを出してしまうと、それだけでもマズイわけです。また、怒ってアドレナリンが出たときも同様です。**「怒りっぽい人は老けやすい、ボケやすい」と言いますが、活性酸素の発生と無関係ではありません。禅宗の高僧が長生きするのは、喜怒哀楽が少なく、ストレスにさらされにくいことも理由の一つでしょう。

その他の活性酸素発生因子

その他、外因性の活性酸素発生源として、X線や紫外線、薬剤・化学物質による汚染(タバコ、排気ガス、アルコールなども含む)などが挙げられます。特に**放射線やX線により発生する活性酸**

素は強力な作用を持つヒドロキシルラジカルであり、どちらもできるだけ避けるに越したことはありません。

このように、運動によるものだけではなく、普通に生活をしていても活性酸素は絶え間なく発生していることがおわかりいただけたでしょう。しかし当然ながら、体は活性酸素の蹂躙《じゅうりん》にただ身を任せているわけではありません。活性酸素を除去するシステムがもともと備わっているのです。

Chapter 2

活性酸素の除去システム

体を老化に導く活性酸素に、体はどうやって対処しているのでしょうか。
反対に、活性酸素が抗酸化作用をうむ可能性についても考えていきます。

体内の活性酸素除去システム

活性酸素にやられっぱなしでは、私たちの体はすぐダメになってしまいます。活性酸素の「酸化」に対抗することを「**抗酸化**」と呼びますが、体内には次のような優れた抗酸化システムがあるのです。

3種類の「生体内抗酸化システム」

❶ 防御系消去酵素

SOD(スーパーオキサイド消去酵素)、カタラーゼ、グルタチオン・ペルオキシダーゼなど。

❷ 結合タンパク質

アルブミン、セルロプラスミン、トランスフェリンなど。

❸ **低分子抗酸化物質**

グルタチオン、ビタミンC、ビタミンE、リポ酸、尿酸など。

これらはどのように活性酸素をやっつけるのでしょうか。４種の活性酸素それぞれについて、見ていきましょう。なお、活性酸素をやっつけるもののことを「**スカベンジャー（掃除屋）**」と呼びます。

スーパーオキサイドの生体内スカベンジャー

体内でもっとも多く発生する活性酸素がスーパーオキサイドです。特に運動によって発生するため、私たちとは縁が深いものです。これに対抗するスカベンジャーとしては、「**ＳＯＤ**」と「**セルロプラスミン**」が挙げられます。

ＳＯＤは「スーパーオキサイドディスムダーゼ」の略で、日本語にすると「スーパーオキサイド消去酵素」。断じてソフト・オン・デマンドの略ではありません。

ＳＯＤには「銅亜鉛型」と「マンガン型」のものがあり、スーパーオキサイドを過酸化水素と酸素に分解します。なお、過酸化水素の消去については次の項で説明します。

銅亜鉛型のＳＯＤは赤血球や細胞質に存在し、マンガン型のＳＯＤはミトコンドリアに存在します。また、ＳＯＤは臓器によって含有される量が異なり、次のようになります。

SODの含有量が多い臓器（多い順）

肝臓＞副腎＞心臓＞胃＞膵臓＞血液＞肺＞脳＞腸＞卵巣＞胸腺

これは活性酸素が発生しやすい臓器の順番であり、活性酸素の除去を必要とする臓器の順番だとも言うことができそうです。

セルロプラスミンは「銅タンパク質」であり、二価鉄イオンを三価鉄イオンにして、トランスフェリン（血漿中の糖タンパク質）に取り込ませる作用を持ちます。この作用は後述する「フェントン反応」による過酸化水素からのヒドロキシルラジカル発生を防ぐ作用があります。また、分子中にある二価銅イオンを使ってスーパーオキサイドを水にするという作用もあります。

ＳＯＤは主に細胞内で生じたスーパーオキサイドに対処しますが、セルロプラスミンは細胞外で生じたスーパーオキサイドに対処します。なお、細胞外で働くＳＯＤもあり、これは「ＥＣ-ＳＯＤ」と呼ばれます。

セルロプラスミンが細胞外で働くということは、関節腔で生じた炎症を消去するときなどに重要な役割を果たすということです。**関節を傷めたときは、銅が不足しないようにしなければいけません。**

過酸化水素の生体内スカベンジャー

さて、過酸化水素は活性酸素としてはもっとも作用が弱いのですが、寿命が非常に長く、細胞内外を自由に行き来できます。さらに二価鉄イオンや一価銅イオンと出会うと、後述する「フェントン反応」によって、最悪の活性酸素であるヒドロキシルラジカルを発生させてしまうのです。そのため、過酸化水素はできるだけ速やかに消去されなければいけません。

過酸化水素のスカベンジャーとしては、「**カタラーゼ**」と「**グルタチオン・ペルオキシダーゼ**」の主に2種類の酵素が働くのに加え、「グルタチオンSトランスフェラーゼ」という酵素も働きます。

カタラーゼは「鉄酵素」であり、過酸化水素を酸素と水に分解します。**グルタチオン・ペルオキシダーゼは「セレニウム酵素」**であり、過酸化水素を水またはアルコールに変えます。

●カタラーゼの化学式

$$2H_2O_2 \rightarrow 2H_2O + O_2$$

生体外の抗酸化作用がある物質

　生体内に用意されている活性酸素除去システム（抗酸化酵素）によって、スーパーオキサイドと過酸化水素は除去することができます。

　しかし残りのヒドロキシルラジカルと一重項酸素については、生体内のシステムだけではうまく対応できません。そこで、体外から抗酸化作用のある物質を取り入れて利用し、対応していくことになります。

　この2つに対抗する抗酸化作用を持つ物質として、次のようなものがあります。

ヒドロキシルラジカル除去物質

・尿酸　・ヒスチジン　・ビタミンE　・カロテノイド

・植物フラボノイド、ポリフェノール、リグナン　など

二重項酸素除去物質

・トリプトファン　・ビタミンA　・ビタミンB2　・ビタミンE　・カロテノイド

尿酸について

最強の活性酸素であるヒドロキシルラジカル。生体内では「尿酸」をつくりだし、これに対抗します。

尿酸というと、「痛風」の原因になる悪者だと考える人が多いかもしれません。しかし、尿酸にはスカベンジャーとしての役割もあるのです。一説には、人間はビタミンCをつくれなくなったかわりに、尿酸を生成できるようになった、とも言われています。

尿酸は血液中や細胞内に存在し、水溶液中のヒドロキシルラジカルを除去してくれます。

なお、脂溶性で同じような性質を持つものに「ビリルビン*」がありますが、これのメインとなる作用はビタミンAやリノール酸の安定化および吸収率向上にあり、スカベンジャーとしての作用は二次的なものと言えるでしょう。

***ビリルビン**

古くなった赤血球のヘモグロビンが分解されたときに生じる黄色の色素。胆汁または尿から排出される。

尿酸は二価鉄イオンと結合して活性を失わせ、フェントン反応による過酸化水素からのヒドロキシルラジカル生成をも防いでくれます。また面白いことに、尿酸がビタミンＣの酸化を抑え、さらに、ビタミンＣが活性酸素を除去してラジカルとなった「尿酸ラジカル」を尿酸に戻すという、相補的な関係があります。

有能なビジネスマンはストレスに強く、そのためか尿酸値が高いと言われます。アレキサンダー大王やナポレオン、ミケランジェロ、ニュートンなどは痛風だったと伝えられますが、彼らはストレスと、それから来る活性酸素の害に対抗する力が強かったのかもしれません。

フェントン反応とビタミンC

ここまでに何度か「**フェントン反応**」という言葉が出てきました。「鉄」の項（⬇１６９ページ）でも書きましたが、復習しておきましょう。

フェントン反応とは、過酸化水素が二価鉄イオンや一価銅イオンと出会うことにより、ヒドロキシルラジカルを発生させる反応のことです。

生体内ではスーパーオキサイドが容易に発生し、前述のとおり、スーパーオキサイドはＳＯＤによって過酸化水素と酸素になります。そして、過酸化水素はカタラーゼやグルタチオン・ペルオキシダーゼによって酸素と水になり、無害化されます。

また、過酸化水素はスーパーオキサイドとも反応します。これを「ハーバー・ワイス反応」（➡１７０ページ）と呼び、この反応もヒドロキシルラジカルを発生させてしまいます。

ビタミンＣは、ＳＯＤと同じようにスーパーオキサイドを過酸化水素に変換します。つまり、**スーパーオキサイドが大量にある状態でビタミンＣを一気に摂取すると、大量の過酸化水素が発生する可能性があるのです。そしてこのとき、二価鉄イオンや一価銅イオンが存在すると、フェントン反応によってヒドロキシルラジカルが発生してしまいます。**

ヒドロキシルラジカルを発生させると、二価鉄イオンや一価銅イオンはそれぞれ三価と二価になります。しかし、そこにビタミンＣがあると、それぞれを二価と一価に逆戻りさせてしまうのです。ヒドロキシルラジカルはもっとも反応性の高い最凶の活性酸素なので、これを消去するビタミンＥや尿酸が足りないと、かえって問題が大きくなってしまいます。（フェントン反応によって生体内ではヒドロキシルラジカルはつくられないという説については１７２ページを参照。）

「ビタミンCの大量摂取」を提唱したのは、ノーベル賞を二度受賞したライナス・ポーリングで、彼は93歳まで生きましたが、死因はがんです。我が国でスカベンジャーの重要性を最初に提唱した故・三石《みついし》巌《いわお》氏はポーリングの死因を、このフェントン反応によるものだと喝破しています。ポーリングはビタミンEも摂取していましたが、これは合成の粗悪品だったようです(➡106ページ)。

ちなみに三石氏は95歳まで生き、死後に解剖したところ、がんの一つもない綺麗な体だったと報告されています。また、高濃度のビタミンCはがんに効くという説(➡80ページ)も注目されています。(※10～※13)

ビタミンCが活性酸素を除去すると、ビタミンCラジカル(モノデヒドロアスコルビン酸ラジカル：MDA)になるのでよくないという論調がありますが、それは問題ありません。ビタミンCラジカルは即座に安定化され、さらに還元されてビタミンCに戻ります。また、MDAは反応性が低く、ラジカル連鎖反応を進行させません。

活性酸素と運動の関係

「運動は体に悪い」という内容の本が注目を集めたことがあります。確かに運動をすればするほど活性酸素の発生量も多くなることは明らかであり、悪影響を及ぼすことになりそうです。

実際にはどうなのでしょうか。

有名なところで、初期の研究にハモンド（1964）によるものがあります。

彼は100万人以上の男女を追跡調査し、「運動する人は、運動しない人よりも遥かに死亡率が低い」という結果を導いています。平均余命で10～15年の差があり、また他の多くの報告でも、平均して平均余命5年ほどの違いが出ています。（※14）

また、パッフェンバーガーらの研究では、週に2000㎉程度の運動をしている場合がもっとも死亡危険率が低く、心臓発作の危険性も低かったとの結果が出ています。

ちなみに平均年齢52歳のイギリス人8万306名を対象に、スポーツ競技を6種のカテゴリーに分け、それぞれの健康への影響を分析したところ、テニスやバドミントン、卓球などのラケット競技は心疾患リスクが57％減り、水泳は41％減り、エアロビクスでは36％減ったという報告があります。

なお、サイクリングやフットボール、ランニングについては有意な心疾患リスクの低減は起こらなかったようです。ガーデニングや家事などでも、リスク低減は起こっていません。（※15）

これは、**運動による活性酸素の発生で、生体内の抗酸化酵素の活性が高まり、かえって抗酸化**

能力が強くなったというメカニズムが考えられます。（※16、※17、※18）

日常的に抗酸化能が高まることによって、「運動をしていないときにも」活性酸素を除去することができるようになるため、全体として健康にむしろよい影響を与えているのかもしれません。

しかし、サイクリングやフットボール、ランニングはハード過ぎて、活性酸素の増加に抗酸化能力向上が追いつかなかったと考えられます。また、ガーデニングや家事程度では抗酸化能力の向上が起こらなかったのでしょう。

適度な運動は発がんを抑えたり、ＬＤＬの酸化を抑えて動脈硬化を防いだり、糖尿病を防いだりすることが数々の報告で判明しています。逆に、運動不足だと冠状動脈疾患や糖尿病、がんなどになりやすく、寿命が縮まりやすいとされています。

２００８年において、世界中で５７００万人亡くなったうちの５３０万人以上は運動不足による早世で、運動不足が解消されれば、世界平均での余命が０・68年は延長するであろうという論文もあるくらいです。（※19）

また、ショウジョウバエを使った実験では、筋肉内に含まれる酵素が増えることで通常よりも50％長生きするようになったと報告されています。（※20）　この酵素は運動によって活性化され、ＡＴＰやカルシウムの濃度とは無関係に、物理的な筋収縮が要因となるようです。

ただし、**活性酸素が体にストレスを与え、それが運動の効果をもたらしている**という面もあります。スーパーオキサイドや過酸化水素はc-fosやc-junなどの「原がん遺伝子」を転写調節因子として増大させますが、これらはトレーニング刺激による初期応答遺伝子でもあるのです。これらをスカベンジャーによってなくしてしまうと、運動の効果がもたらされなくなる可能性もあります。

なお、ビタミンと運動の関係についてはビタミンCの項目で紹介しています。（※21〜※25）

ホルミシスとは?

256ページから、運動による活性酸素の発生で、生体内での抗酸化酵素の活性が高まり、逆に抗酸化能力が強くなったと書きました。このような作用を「**ホルミシス**」と呼びます。これは「軽微な毒にさらされることにより、逆に毒を除去しようとするシステムが働き、かえって健康になる」というものです。原発事故のときは、「微量な放射線は、むしろホルミシス効果により体によい」と主張する人がいて、論議を呼んだものです。

ビタミンなどのスカベンジャーは活性酸素を除去するため、理論的に考えて寿命を延ばす存在のはずです。しかし、**自然に発生する活性酸素には「微量な毒」としてのホルミシス効果があるため、**

それを除去し過ぎると、かえってホルミシス効果が打ち消されて抗酸化能力が低下してしまうという考え方もあるわけです。

ただし、少なくとも運動をしている人は、運動不足の人よりも多くの活性酸素にさらされているわけであり、ホルミシス効果を得られる適量を超えてしまっている可能性が高そうです。先ほど挙げた報告でも、サイクリングやフットボール、ランニングでは運動の効果が打ち消されてしまっています。

ここまでをまとめると、次のようになります。

●運動をしないよりも、運動をしたほうがよい
●運動をしていない場合、ホルミシス効果でスカベンジャーの効果が打ち消されるかもしれない
●運動をしないと、抗酸化能力の向上も起こらない
●ハードに運動する場合、活性酸素の害がホルミシスの効果を上回る
●少なくともハードに運動する場合はスカベンジャーを摂取すべき

●軽い運動をしている場合、スカベンジャーの効果があるかどうか、現時点ではわからない

なお、**40歳を超えると体内での抗酸化酵素活性が急激に低下します。**（※26）　このあたりで外部からのスカベンジャーを摂取するようにすれば、活性酸素によるさまざまな問題を解決できるかもしれません。

では、外部から摂取することのできる代表的なスカベンジャーを紹介していきましょう。

Chapter 3

代表的なスカベンジャー

スカベンジャーは、体内の活性酸素を除去する「掃除屋」です。研究や開発が進み、スカベンジャーを摂るためのサプリメントも充実しています。

ビタミンE

外部から採り入れるべきスカベンジャーとして、真っ先に挙げたいのがビタミンEです。なお、「ビタミンE」の項と重複する部分もありますが、復習を兼ねてお読みいただければと思います。

細胞の中にはリボゾームやリソゾーム、ペルオキシゾーム、ミクロゾームなどといった、「〜ゾーム」という名前のものがあります。「ゾーム」は「もの」という意味ですが、これらはすべて細胞膜に覆われています。

細胞膜は生体膜の一種ですが、生体膜はすべて「不飽和脂肪酸」を含んでいます。そして、**不飽和脂肪酸が活性酸素によって傷害を受けると、前述の過酸化脂質ができてしまう**のです。老人の肌に茶褐色のシミが付いていたりするのも、過酸化脂質です。

生体膜の脂質は「リン脂質」です。これに活性酸素が作用するとどうなるのでしょうか。

まずは不飽和脂肪酸についている水素が過酸化されて、脂肪酸の本体と分離します。そして、残った脂肪酸は不対分子を与えられて「脂肪酸ラジカル」になります。もちろん過酸化された水素もラジカルとなります。この反応は連鎖して「**ラジカル連鎖反応**」を引き起こし、大量のラジカルが発生してしまうのです。

ダメになったリン脂質は、過酸化された不飽和脂肪酸を離して新しい不飽和脂肪酸を取り込む必要が出てきます。しかし、激しい連鎖反応のなかでは、この交換作業は追いつかなくなり、細胞膜に穴が開いてしまうのです。

また、細胞膜には酵素タンパクが存在しますが、これもラジカルにやられてしまうと酵素の働きをなさなくなってしまいます。

そして、この連鎖反応が終了すると、置き土産として過酸化脂質が発生します。さらにこの過酸化脂質がなんらかの原因で破壊されると、今度は一重項酸素が発生してしまうのです。悪循環としか言いようがありません。

古い油を使った揚げ物、干物、冷凍マグロ、かりんとう、ポテトチップス、インスタントラーメンは、すべてこの過酸化脂質を含んでいる可能性があります。これは食事によって消化器内に入るものです。

ヒトの体をストローに例えると、口から肛門までの間はストローの内側の空間のようなもので、ある意味では「外側」です。そのため食事で摂取する過酸化脂質は、生体内でつくられるものに比べるとそれほど怖くはありません。

ただし、過酸化脂質は生体内でつくられるものに比べて、「一気に大量に入ってくる」という問題があります。そのため、**過酸化脂質の多い食べ物は食べ過ぎない**ようにしたほうが賢明でしょう。

発がん性物質を抑制する

この脂肪酸ラジカルや一重項酸素を除去してくれるのが、ビタミンEです。

ビタミンEは脂溶性のため、細胞膜などの疎水性部分で主に作用します。さらに、細胞膜内では比較的表面に存在するため、膜の外部で発生した水溶性のラジカルも消去することができます。

実際、動物実験においてはKnektらの総説で「発がん物質による作用をビタミンEが抑制した」とされています。

老人の肌の茶褐色のシミ（リポフスチン）が過酸化脂質によるものだと前述しましたが、**ビタミンEの摂取でリポフスチンの生成が抑えられる**ことがわかっています。逆にビタミンEが欠乏していると、これが増えて肌だけでなく脳や肝臓、心臓、睾丸などに多く蓄積することも報告されています。

ヒドロキシルラジカルは不飽和脂肪酸との反応速度が非常に速いのですが、前述のラジカル連鎖反応における「ペルオキシルラジカル」はそれほど反応が速くないため、ビタミンEは十分にこれを捕捉して消去することができます。

ビタミンEがラジカルと反応すると、ビタミンEラジカルになりますが、これはCoQ10や（※27、※28）ビタミンC（※29）によって還元され、元のビタミンEに戻ることができます。

フィンランドで行われた有名な研究（βカロテンがかえって肺がんを促進したというもの）では、ビタミンEが前立腺がんの発生を34％低下させたという結果になっています。

また、この研究では実際に「20㎎のβカロテンと50㎎のビタミンE」を投与するかしないかで対象者群を分けていますが、投与されなかった群においては、血中のβカロテンとビタミンEの濃度が高いほうが、肺がんのリスクが有意に低いということが示されています。

この研究ではβカロテンの害ばかりが強調されていますが、このようなポジティブな結果は報道されにくいものなのです。

トコトリエノールの抗酸化作用

「フェントン反応とビタミンＣ」の項でライナス・ポーリングは粗悪な合成品のビタミンＥを摂取していたと述べましたが、これはＤＬ‐αトコフェロールというものです。『効率よく筋肉をつけるための山本式・アスリート栄養学　上巻～三大栄養素　編～』で光学異性体について解説しましたが、ビタミンＥを合成するとＤ体とＬ体が混ざったものができるのです。

しかし、人体で使えるのは天然のＤ‐αトコフェロールであり、ＤＬ型は使えません。ポーリングはこちらのＤＬ型を使っていたと推察されます。

ビタミンE（天然のD型）は細かく分けると、αとβ、γ、δのトコフェロールとトコトリエノール各4種類があり、合計8種類になります。また、最近の知見ではδトコトリエノールの抗酸化活性が特に強力だとされています（➡１１４ページ）。

トコトリエノールの抗酸化作用は６位の水酸基が電子を供与することによって得られますが、α

トコトリエノールは3個、βおよびγトコトリエノールは2個のメチル基が水酸基に隣接していて、水酸基が電子を放出する際に立体障害を起こしてしまいます。しかし、δトコトリエノールは水酸基に隣接するメチル基が1個だけなので、立体障害が起こりにくいのです。

なお、サプリメントについては、「ビタミンＥ」の項で紹介しています(⬇１１４ページ)。

ビタミンC

生体内でもっとも発生しやすく、そして運動によって発生しやすい活性酸素はスーパーオキサイドです。**ビタミンCはこのスーパーオキサイドのスカベンジャーとして先頭に立ち、活躍してくれます。**

こちらも「ビタミンＣ」の項と重複しますが、復習を兼ねてお読みください。

スーパーオキサイドは、本来ＳＯＤが消去することになっていますが、ビタミンＣとＳＯＤの濃度比が10の4乗以上の環境では、ビタミンＣはＳＯＤと同程度にスーパーオキサイドを消去することができます。

ただし、前述の「フェントン反応による過酸化水素発生→ヒドロキシルラジカル発生」を避けるため、**ヒドロキシルラジカルによる害を防ぐビタミンEとの同時摂取が基本**です。

大量のビタミンCを単独で摂取した場合、プロオキシダント（活性酸素の前駆体）としても働いてしまうのです。（※30）

なお、ビタミンC自体にもヒドロキシルラジカルを消去する作用はあり、ヒドロキシルラジカルを、水とビタミンCラジカル（ＭＤＡ、モノデヒドロアスコルビン酸ラジカル）に分解します。また、ビタミンCには一重項酸素を消去する作用もあり、この場合はビタミンCラジカルが発生しません。

前述のとおり、ビタミンCラジカルは他の分子との反応性が低いため、ラジカル連鎖反応を進行させず、ビタミンCラジカルの発生自体は特に問題はありません。副腎では「シトクロムｂ（ヘムタンパク質の一種）」を介したＭＤＡの還元により、ドーパミンからノルアドレナリンへの水酸化に必要な還元力が供給されます。（※31）

また、ビタミンCは「ミエロペルオキシダーゼ（好中球に多く存在する酵素）」により産生される次亜塩素酸を消去する作用もあります。

ビタミンCとコラーゲン

ビタミンCのコラーゲン強化作用はがんを防ぐのに有効であることも前述（⬇77ページ）しました。（※32）

実は、コラーゲンはビタミンＣがない状態でも合成することができます。しかし、そのコラーゲンは正常なものに比べて融点が低く、不安定になります。こうした異常な線維が皮膚の病変や血管のもろさの原因になり、ひいてはがんの転移を助けるということになるのです。

ビタミンＣは水溶性ですが、パルミチン酸と結合させた脂溶性ビタミンＣの「Ascorbyl Palmitate」はコラーゲン合成能力が高く、また、長時間にわたって血中濃度を維持できるため、1日1～2回摂取するだけで十分な効果を得ることができます（⬇88ページ）。

水溶性ビタミンCの場合は3時間ごとに500mg程度を摂取し、1日トータルで3～4gくらいを日常的な摂取量とします。風邪を引いたときなどは、その3～4倍に増やしてください。

脂溶性ビタミンCの場合は水溶性の3倍程度の効果がありますので、1日トータルで1～1.5gも摂取すれば十分です。

ＣｏＱ10

ＣｏＱ10は、ミトコンドリアの電子伝達系においてＡＴＰ合成に重要な役割を果たしていることが知られていますが、これはミトコンドリア以外の生体膜（ゴルジ膜やリソゾーム膜など）や血漿中に広く分布しています。つまり、これらの組織ではＣｏＱ10の抗酸化作用が求められているわけです。

CoQ10は脂質中で強力な抗酸化作用を発揮しますが、これは同じように脂質中で働くビタミンEの働きも助けてくれます。**抗酸化作用を発揮してラジカルとなったビタミンEを元通りのビタミンEに戻し、リサイクルしてくれる**のです。

ビタミンCとE、CoQ10が存在する間は過酸化脂質の生成はほぼ完全に抑えられますが、CoQ10がなくなってしまうと、ビタミンEが存在しても過酸化脂質が増大してしまいます。それはどうしてでしょうか。

ビタミンEが大量に使用されてから脂肪酸ラジカルが存在しなくなると、ビタミンEのラジカル（αトコフェロキシルラジカル）が比較的高濃度・長寿命で存在し続けることになります。そして、このαトコフェロキシルラジカルは脂質から水素を引き抜くことができるため、そこから脂肪酸ラジカルとαトコフェロールが再生されてしまうのです。

しかし、ここで**CoQ10が存在すれば、αトコフェロキシルラジカルを還元できる**ため、脂肪酸ラジカルの発生を抑制できるというわけです。

体内での合成量は少しずつ減少する

ＣｏＱ10はもともと体内で合成できますが、残念なことに20歳を境に合成量が少しずつ減少し、80歳になると心臓では42・9％、肺では51・7％、腎臓では65・3％にまで落ち込んでしまいます。（※33）

また、スタチンと言われるコレステロール低下薬を飲んでいる場合は、一気にＣｏＱ10の合成量が減ってしまいます。体内で自然にコレステロールをつくる代謝のなかで、副産物のようにできるのがＣｏＱ10なのです。スタチンはこの代謝を阻害するため、ＣｏＱ10の合成も減ってしまいます。

そこで、外部からＣｏＱ10を摂取することに意味が出てきます。肥満や糖尿病の患者は体内の活性酸素が多くなっていますが、そのような患者60名を対象に1日100㎎のＣｏＱ10を8週間にわたって摂取させたところ、血中インスリンが減少し、インスリン抵抗性が改善しました。さらに血中のグルタチオンも増加し、抗酸化指標も劇的に上昇したのです。（※34）

還元型（ユビキノール）は効率がよい

ＣｏＱ10には、運動能力の向上効果も期待できます。100名のベテラントレーニーのドイツ人に還元型（ユビキノール）のＣｏＱ10を1日300㎎、6週間にわたって摂取させたところ、対照群

と比較して２・５％のパワーアップが起こっています。（※35）

「還元型」と書きましたが、実は**体内のＣｏＱ10はほとんどが還元型なのに対し、サプリメントとして市販されているものはほとんどが酸化型**です。しかし、エネルギーを産み出すためにも、抗酸化作用を発揮するためにも、ＣｏＱ10は還元型である必要があります。

体内で酸化型（ユビキノン）は還元型（ユビキノール）に変換されますが、やはり最初から還元型を摂取したほうが効率は高く、吸収率も優れています。

ある実験報告によれば、１５０㎎のユビキノールを摂取した場合、それと同じＣｏＱ10レベルを達成するためには、１２００㎎のユビキノンが必要だったとされています。

もともとＣｏＱ10は心臓のための薬として日本で売り出され、それがアメリカではサプリメントとして手に入るようになりました。しかし、あまりに効果があったためか、ＦＤＡ（アメリカ食品医薬品局）がサプリメントとしての販売を禁止したのです。そこで市民運動が起こり、結局サプリメントとして販売再開が認められました。それからさらに数十年経って、日本でもサプリメントとして広まりつつあるという状況です。

特に心臓疾患に効果が高く、心臓血管系疾患を抱える患者のＳＯＤ活性を増加させてＶｏ２ｍ

ａｘ（最大酸素摂取量）を改善させたり、エクササイズと併用することによって収縮期壁厚増加率を改善したりする作用が期待できます。（※36、※37）

推奨摂取量はユビキノールとして1日に200～300㎎程度です。心臓の疾患がある場合は、1日600㎎を目指します。

ユビキノールの上位互換

ただし、ユビキノンもユビキノールも分子がやや大きく、ミトコンドリアに入ることができません。また、還元型であるユビキノールも、一定量は酸化されてユビキノンに戻ってしまいます。そして、脂溶性のため食事と一緒に摂る必要があります。

　これらの問題を解決するため1990年代にニュージーランドで開発されたのが、「Mitoquinol（ＭｉｔｏＱ）」です。これはユビキノールの分子量を小さくして水溶性にし、さらにミトコンドリアの細胞膜（脂質二重層）を通過できるようにイオン化したものです。

　ミトコンドリアは細胞の他の部分と比べてマイナスの電荷を持っていますが、ＣｏＱ10にプラスの電荷を持った分子を加えれば、吸収の問題を解決できるとニュージーランドの研究者は考えました。

そこでいろいろな分子を試し、最終的にトリフェニルホスホニウムというプラス電荷を持ったイオンと結合したＭｉｔｏＱが産まれたのです。水溶性なので食事と一緒に摂る必要もなく、10㎎のＭｉｔｏＱで200㎎のＣｏＱ10に匹敵する作用が得られると言われています。

ＭｉｔｏＱの運動・健康に対する効果

では、ＭｉｔｏＱの実際の効果はどうでしょうか。まずは運動能力についてです。

19名の中年（平均44歳）のサイクリストに、1日あたり20㎎のＭｉｔｏＱを28日間にわたって摂取させ、8㎞のタイムトライアルをしてもらいました。その結果、ＭｉｔｏＱ摂取群は平均12・91分、プラセボ群は平均13・09分となり、平均出力が4・4％増加していました。また、「血漿遊離Ｆ2-イソプロスタン（脂質酸化損傷の指標）」はＭｉｔｏＱ群のほうが低くなっていました。つまり**ＭｉｔｏＱは運動による脂質の酸化を防ぎ、パフォーマンスを向上させる**ことが示されています。

健康面においてはどうでしょうか。

血管内皮機能が低下している高齢者を対象に、1日あたり20㎎のＭｉｔｏＱを6週間にわたって摂取させました。その結果、上腕動脈のＦＭＤ（血流依存性血管拡張反応）が42％改善し、動脈硬化が改善し、酸化ＬＤＬも減少していました。

他にも脳や腎臓、肺の健康における効果が認められています。また、Ｔ細胞の機能を維持してサイトカインストーム（免疫系の過剰反応）を防止するため、ＣＯＶＩＤ－19（新型コロナウイルス感染症）への効果も期待されています。

マウスでの研究ですが、腸管バリア機能も改善するようです。ＭｉｔｏＱを投与したマウスでは腸管の透過性亢進や炎症反応、上皮細胞のアポトーシス、タイトジャンクション（細胞間の密着結合）の損傷が対照マウスに比べて抑制されました。ＭｉｔｏＱは酸化ストレスを抑制し、腸管バリアを安定化させると結論づけられています。

ＭｉｔｏＱの活性酸素消去能としては、「Ｎｒｆ２／ＨＯ－１経路」の亢進にあるとされています。なお、酸化だけでなく、活性窒素の減少にも効果が認められていて、特にニトロチロシン＊の減少はシステマティックレビューでも評価されています。

まだまだ高価で入手先も少ないＭｉｔｏＱですが、ＮＭＮ（ニコチンアミドモノヌクレオチド）やＮＲ（ニコチンアミドリボシド）が周知されて安価になってきたことを考えると、次第に入手しやすくなると思われます。

＊ニトロチロシン

生体内における炎症および一酸化窒素産生のマーカー。

αリポ酸

αリポ酸は「チオクト酸」とも呼ばれ、その酸化体のβリポ酸と区別するために「αリポ酸」と呼ばれています。1930年代に発見され、1960年代にはキノコ中毒の治療に使われるようになりました。抗酸化能力が発見されてからはさまざまな研究が進められるようになっています。

αリポ酸は水溶性でも脂溶性でもあり、体内で「ジヒドロリポ酸（DHLA）」に変化します。この両者はスーパーオキサイドやヒドロキシルラジカル、ペルオキシルラジカル、一重項酸素を消去するだけでなく、ビタミンCやグルタチオンに作用し、ビタミンEのリサイクルを促進して細胞膜を守ったり、二価鉄イオンをキレートしたりして抗酸化作用を発揮します。（※38、※39）

このように、αリポ酸には他のスカベンジャーに作用して、それをリサイクルする作用があるため、「**マザー抗酸化物質**」とも呼ばれます。

インスリンの働きを高める

また、αリポ酸はインスリンの働きを高めます。αリポ酸はインスリン受容体のチロシンキナーゼを活性化し、GLUT4*の細胞膜への転位を促進したり、細胞内へのブドウ糖の取り込みを増

＊**GLUT4**
筋肉中に存在するタンパク質の一種。インスリンによって調節され、血液中のグルコース（ブドウ糖）を筋肉に取り込む作用がある。

やしたりすることで、特に糖尿病の予防に役立ちます。また、糖尿病患者の神経障害を改善する作用が認められているため、欧米ではよく利用されています。

ドイツで実施された臨床試験（ALADIN study）では、糖尿病患者にαリポ酸を１００〜１２００㎎／日、３週間にわたって点滴投与した結果、６００㎎／日以上の投与群で神経障害レベルのスコア改善が見られたことが報告されています。

αリポ酸は特に糖尿病の予防に役立ち、また、糖尿病患者の神経障害を改善する作用が認められていて、欧米ではよく利用されています。（※40、※41）

体脂肪を燃焼し、糖質代謝を改善する

「長寿遺伝子」として有名なサーチュインを活性化し、さらにＡＭＰＫを活性化して体脂肪の燃焼を促す作用も期待できます。（※42）

αリポ酸には血管の内皮機能を改善する作用もあり、87名を対象に、ビタミンＣを１０００㎎とビタミンＥを６００IU、αリポ酸を６００㎎同時に摂取させたところ、高齢者の血管内皮機能が改善され、摂取後のＦＭＤ（血流依存性血管拡張反応）が増加しています。

また、32名の子供を対象に、１日８００㎎のαリポ酸を12週間摂取させたところ、上腕動脈の

直径が増加しています。

インスリン感受性を高めて糖質代謝を改善する働きにより、ダイエットにも有効だと考えられます。10本の論文から得られたメタ分析では、αリポ酸の摂取により、プラセボ群と比較して1・27kgの体重減少が確認されています。また、1日1200mgのαリポ酸摂取を8週間継続することによって、ウエスト周径の減少を伴う体重減少が認められています。

インスリン感受性を高めて糖質代謝を改善するということは、糖化の抑制も期待できます。ラットにαリポ酸を注射投与（35mg／日）して、高フルクトース食（60％）で45日間飼育した結果、αリポ酸を投与したラットの皮膚コラーゲン中AGEs（終末糖化産物）の蓄積が抑制され、プロテアーゼ（ペプシン）消化性の低下を抑制したことが確認されています。

αリポ酸の注意点

ただし、**ネコを飼っている人は取り扱いに注意が必要**です。通常量であれば**人には害がないと言ってもいいαリポ酸ですが、ネコには毒性があり、60mg／kg投与時では摂食量の低下や過剰興奮、運動失調などが認められ、死亡例も観察された**ということです。（※43）

また非常に稀ですが、*インスリン自己免疫症候群（ＩＡＳ）による低血糖を起こす可能性があります。白血球の血液型ともいえるＨＬＡにおける「ＤＲ４」を日本人は欧米人に比べて多く持っていて、これにＩＡＳを誘発する作用があるのです。ＩＡＳはＳＨ基を持った物質によって発症するため、これを持つαリポ酸によって低血糖発作が起こった事象が稀に見られるようです。

他に注意したいのは「ビオチン」との競合作用です。この2つは構造が似ているため、αリポ酸を摂取しているときは、ビオチンが不足しないようにビタミンB群のサプリメントも忘れずに摂取するようにしましょう。Ｂ群のサプリメントには、たいていビオチンも含まれます。

また「酸」なので、人によっては空腹時に飲むと胸やけすることがあります。できるだけ食後に飲むようにしてください。

R-リポ酸について

なお最近では、「**R-リポ酸**」が出てきています。体内に存在するリポ酸は本来R体ですが、一般的なリポ酸のサプリメントはS体とR体が混じっています。S体はR体の邪魔をしてしまうため、一般的なリポ酸はR-リポ酸の半分以下（おそらく3割以下）の効果しかありません。

では、なぜR体がこれまで出てこなかったのかというと、安定性に問題があったからです。分子

＊インスリン自己免疫症候群（IAS）
インスリンによる治療歴がないにもかかわらず、インスリン自己抗体が血中に大量に存在し低血糖を引き起こす病気。

が重合しやすく、そうなるとかえって吸収が悪くなってしまいます。

最近になってそのあたりの問題が解決されてきたため、R-リポ酸もサプリメントとして販売されるようになってきました。まだまだ高価ですが、予算に問題のない場合はR-リポ酸として摂取するほうがよいでしょう。

αリポ酸として朝食後と夕食後に200㎎ずつを推奨します。R-リポ酸の場合は、それぞれ半分ずつ。なお、**トレーニング後のグリコーゲン合成促進を狙う場合は、トレーニング後の食後にαリポ酸として200㎎、R-リポ酸として100㎎を追加します。**

カロテノイド

カロテノイドは黄色からオレンジ、赤まで発色する植物色素のことで、ニンジンやカボチャ、卵黄などに含まれます。ニンジンのあの色は、カロテノイドによるものなのです。ちなみにトウガラシのカプサイシンもカロテノイドの一種です。

カロテノイドを細かく分けると、「カロテン」と「キサントフィル」に大別できますが、カロテンはニンジンやカボチャなどの植物に、キサントフィルは卵黄や魚の赤身など、動物に含まれるものが多いようです。化学的には、カロテンはCとH（炭素と水素）で構成され、キサントフィルはこれにO（酸素）が含まれるものを指します。

人間はカロテノイドを体内で利用することができますが、他の動物はカロテンを利用できず、キサントフィルだけしか利用できなかったり、両方とも利用できなかったりするのが大半で、このことからも人間の寿命の長さが説明されます。

植物中に含まれるカロテノイドは５００種類を超えると言われますが、そのうち50種類程度が食用の野菜、果物類に含まれるようです。

αカロテンとβカロテン

まずはカロテノイドの筆頭として、αカロテンが挙げられます。有名なのはβカロテンですが、皮膚や目、肺、肝臓を活性酸素から守る作用はαカロテンのほうが10倍以上も強いことがわかっていて、最近ではサプリメントとしても入手できるようになりました。**食品としては、ニンジンとカボチャに多く含まれます。**

リコペン

リコペン（リコピン）は、トマトやスイカに含まれる赤い色素です。C（炭素）とH（水素）のみで構成されるためカロテンに分類されますが、ビタミンＡには変換されない、という珍しいカロテンです。

リコペンの主な作用は、活性酸素の中の一つである一重項酸素を消去することです。日焼けによって起こる障害は主に一重項酸素によって引き起こされるものなので、よく日焼けする人や紫外線の多い地域に住む人には欠かせない栄養素です。また、**リコペンは前立腺にも効果がある**ことが知られており、前立腺のためのサプリメントには大抵含まれています。

さらに膵臓や肺に対する効果が立証されていて、特にタバコに含まれる発がん性物質に対して有効なようです。加えて乳がんや肺がん、子宮がんの成長を抑制するという報告も見られます。

メタ・アナリシスでは、咽頭がんや前立腺がんのリスク低下が認められています。血圧を下げる効果もあり、１日25㎎以上のリコペン摂取により血中脂質とＬＤＬコレステロールの低下が認められています。他に、炎症性サイトカインであるＩＬ－６の低下やＦＭＤ（血流依存性血管拡張反応）の上昇にも関連があるとされています。

リコピンを摂取するタイミングとしては、朝（活動初期）に摂取したほうが昼や夜に摂取するよりも体内への吸収率が高いとされています。なお、これは朝かどうかというよりも「絶食時間の長さ」

に影響を受けているようです。

また、**リコピンは脂溶性なので、トマトジュースにオリーブオイルを数滴垂らしたものを朝食時に飲む**というのもよいかもしれません。

アスタキサンチン

アスタキサンチンはサケやイクラ、エビなどの海洋生物に含まれる赤い色素です。これは、微生物が紫外線から体を守るためにつくっているもので、海洋生物がそれを捕食して体内に採り入れています。卵にも多く含まれ、卵や幼魚の保護育成に関与していると考えられます。

アスタキサンチンはαカロテンと同じく、βカロテンの10倍もの抗酸化作用を示します。リコペンと同様、特に一重項酸素に対する効果が高いことがわかっており、試験管内の実験ではリコペンの10倍、ビタミンＥの５００倍もの消去能が見られています。（※44、※45）　血液脳関門を通過できるため、特に脳や目にもよい作用を及ぼします。

また、ＬＤＬの酸化や過酸化脂質の生成を防ぐ作用も強く（※46、※47、※48）、カロテノイドの中でもトップクラスの健康効果を示します。

さらにアスタキサンチンは持久力を高める効果も知られていて、マウスの実験では遊泳時間を長

＊PGC-1α
栄養状態に応答した代謝調節に重要な役割を持つ転写制御因子。肝臓、脳、心臓、骨格筋などに多く発現している。

くし、乳酸を減らすことが示されています。また、体脂肪の利用を高め、体脂肪の蓄積を減らす可能性も期待できます。(※49)

他に皮膚の水分量を改善してシワを減らしたり、ＰＧＣ－１α*を増やして脂質の酸(エネルギー化)を増やしたりする作用も期待できます。

女性に特有の悩みにも効果が期待できます。月経(生理)とは必要のなくなった子宮内膜を体外に出す働きのことで、これを担っているのが「プロスタグランジンＥ２」や「プロスタグランジンＦ２α」「ロイコトリエン」などの生理活性物質です。これらには子宮を収縮させて生理を起こさせる作用があり、大量に分泌されると子宮の収縮が過剰になって生理痛がひどくなってしまいます。出産時の陣痛は子宮を収縮させるため、これらが大量に分泌されることによるものです。

鎮痛薬がプロスタグランジンＥ２やプロスタグランジンＦ２αの働きを抑えるのに対し、アスタキサンチンはマスト細胞の脱顆粒*を抑制したり、プロスタグランジン産生の上流にあるＬｙｎＦｙｎキナーゼのリン酸化を抑制したりすることにより、プロスタグランジンの過剰な分泌を抑えてくれます。

アスタキサンチンのサプリメントもあり、摂取する場合は1日に6～12㎎程度を目安にしましょう。

＊マスト細胞の脱顆粒
マスト細胞は細胞内にヒスタミンなどの炎症反応を起こす顆粒を蓄積している。抗原刺激によって脱顆粒反応が起こると顆粒が細胞外に放出される。

βクリプトキサンチン

βクリプトキサンチンはミカンに多く含まれるカロテノイドで、骨芽《こつが》細胞を活性化し、破骨《はこつ》細胞の働きを抑えることによって骨量を増やす働きを持ちます。(※50)

また、脂肪細胞の肥大化を抑制する作用(※51)や、がん抑制作用(※52)も期待されています。特に、過酸化水素によるダメージからDNAを守る作用が強いようです。(※53)

フラボノイド

「健康のために野菜や果物を食べよう」と言われます。

しかし、植物は生育のために太陽光線を浴びる必要があり、紫外線による活性酸素の発生から逃れることはできません。よって、自衛のためにスカベンジャーを持つ必要があるのです。逆に、スカベンジャーを持つことのできなかった植物は絶滅したとも考えられます。

植物が持つ代表的なスカベンジャーが、「**フラボノイド**」や「**ポリフェノール**」です。

フラボノイドはよく聞く言葉ですが、具体的にはどのようなものを指すのでしょうか。

専門的な分類に従えば、「ベンゼン環2個を炭素原子3個がつなぐ構造(ジフェニルプロパン構造)を持つフェノール化合物群の総称」となります。

そして、ベンゼン環にはさまれた炭素原子3個の構造から、カルコン類やフラボン類、フラバノン類、フラバノール類、フラボノール類、アントシアニジン類などに分類されます。

なお、**ポリフェノールというのは、分子内に2個以上のフェノール性水酸基を持つ化合物の総称で、フラボノイドもポリフェノールの一種**となります。ポリフェノールの仲間としては他に、リグナンやクルクミン、クロロゲン酸、クマリンなどがあります。有名なレスベラトロールもポリフェノールの仲間です。

代表的なフラボノイドを分類すると、次のようになります。

●フラバノール類

緑茶、紅茶、赤ワインなどに含まれるエピカテキンやエピガロカテキンガレートなど。

●フラバノン類

グレープフルーツに含まれるナリンジンやナリンゲニン、レモンに多く含まれるヘスペリジンなど。柑橘系の果物に多く含まれます。

●フラボノール類

タマネギやブロッコリーに含まれるケルセチンやフィセチン、ニラや大根に含まれるケンフェロール、クランベリーやブドウに含まれるミリセチンなど。

●アントシアニジン類

ＯＰＣ（オリゴメリック・プロアント・シアニジン）として有名なブドウ種子やフランス海岸松の樹皮（ピクノジェノール）など。

●イソフラボン類

大豆に含まれるので有名なダイゼイン、ゲニステイン、ダイジンなど。

ちなみに、ビタミンＣを発見したセント＝ジェルジは、フラボノイドを「毛細血管透過性調節因子」だとして、ビタミンＰと名づけました。しかし、生体内での活性が不明であったことから、長らくビタミンとはみなされずに現在に至っています。

ここからは、特にスカベンジャーとしての作用が強いフラボノイドについて紹介していきましょう。

イチョウフラボノイド

イチョウ葉エキスの効果はドイツで見いだされました。１９６０年代には血流改善作用の効果が報告され、医薬品として登録されています。**主な効果は血流改善の他に、抗酸化や脳のα波を優位にして集中力アップやリラックスをもたらしたり、炎症を抑えたりする作用**が期待できます。

また、**アルツハイマーの予防や治療**にも用いられています。

イチョウのフラボノイドは普通と違っていて、2分子が重合した二重フラボノイドの形をとっています。これが主な抗酸化作用をもたらすポイントです。

イチョウに含まれる「テルペン」には、「ギンコライド」や「ビロバライド」といったものがあり、これが二重フラボノイドと相まって、神経の修復作用や血行促進作用、アセチルコリン（神経伝達物質）レセプター増加作用、α波増加、ドーパミンレベルアップなどといった非常に多くの有益な効果を生み出してくれます。

血栓を生成する、炎症を起こすなどの「悪い」作用を持つ「ＰＡＦ（血小板活性化因子）」というものがありますが、イチョウ葉エキスはＰＡＦの阻害物質としても働き、血栓の生成を抑えたり、動脈内皮細胞の炎症を防いだりします。

また、イチョウ葉には**血行改善効果**もあります。血液循環に問題が生じて歩行が困難になる間＊歇性跛行という病気がありますが、この患者を対象にイチョウ葉エキスを投与したところ、末梢循環が改善され、歩行距離が増加したという報告もありました。

＊間歇性跛行（かんけつせいはこう）
しばらく歩くと足にしびれや痛み、冷えを感じ、少し休憩すると再び歩けるようになる病気。原因疾患として脊椎管狭窄症、座骨神経痛などが挙げられる。

他にもイチョウ葉エキスは、**LDLの酸化を抑えたり、ビタミンEを還元して消費を抑えたり、スーパーオキサイドやペルオキシルラジカルを消去したりする**ことがわかっています。さらに、虚血再灌《きょけつさいかん》流障害《りゅうしょうがい》や過酸化水素による傷害を抑制することも報告されています。（※54、※55、※56、※57）

アルツハイマーの治療には、イチョウ葉エキスとして1日に６００㎎程度が使われますが、予防のためであれば、もう少し少なめでもよいようです。85歳以上の高齢者１１８名を対象に80㎎を1日3回、42カ月間摂取させたところ、臨床的認知症尺度（Clinical Dementia Rating）による進行リスク低減と記憶スコアの減少抑制が認められています。

また、19名の男性を対象に40㎎を1日2回、14日間摂取させたところ、作業記憶パフォーマンスが向上し、作業中の左側頭、左前頭領域の脳波の活性が認められました。

さらに78名を対象に１２０㎎を単回摂取させたところ、記憶の質および二次記憶、反応速度に関するスコアが改善しています。

抗酸化作用のみを狙う場合は、朝食後と夕食後に60㎎ずつでも十分です。

緑茶フラボノイド

緑茶は発酵の過程を経ていないため、烏龍茶や紅茶よりも抗酸化作用が強いです。

緑茶に含まれるカテキン類にはいくつかの種類がありますが、**中でも抗酸化作用が強いのが「エピガロカテキンガレート（EGCG）」**と呼ばれるものです。これは緑茶葉100g中に7・53g（煎茶の場合）含まれ、紅茶の4・02gを大きく上回ります。ちなみに烏龍茶は6・85gとなかなかの成績。プーアル茶だとゼロに近くなってしまいます。

このEGCGを含むカテキンは脂溶性と水溶性の中間的な性質を持つところにポイントがあり、血漿などの水溶性部分、細胞膜などの脂溶性部分の両方で活躍します。カテキンの活性酸素除去作用は烏龍茶の3～4倍になるそうです。（※58）なお、EGCGはフラバノールに分類されます。

日本で行われた40～69歳の男女約9万名を対象にした追跡調査では、緑茶を多く飲んだ群（1日5杯以上）ほど全死亡リスクが低下する傾向が見られています。さらに1日1杯未満と毎日1～2杯、毎日3～4杯、毎日5杯以上に分けたところ、摂取量に比例して全死亡リスクが低下したという結果が出ています。つまり、毎日5杯以上飲んだ人たちが一番長生きしたということです。特に男性では脳血管系と呼吸器系、女性では心疾患においてリスク低下が見られました。（※59）

また、カフェイン摂取に関しては、男女ともに摂取量が増えるほど死亡リスクが下がる傾向にありました。

アスリートにとっては、**緑茶が持つ筋肉の炎症を抑制し、回復を促進する効果**が役にたちます。マウスにダウンヒルランニングを行わせたところ、緑茶カテキン摂取群では酸化ストレスが顕著に減っており、＊ＣＫ（クレアチンキナーゼ）やＬＤＨが低く、筋肉の炎症が少なかったという結果が出ています。（※60）

カテキンの作用を期待する場合、熱いお湯で煮出すことが必要です。カテキンは80度以上のお湯で溶けだすため、ぬるい湯だとあまり量が摂取できないのです。お湯を入れて１分ちょっと待つだけで、十分にカテキンは溶けだすようです。

お茶の美味しさ（主にテアニンによる）を味わいたい場合はカテキンの苦みを避けるため、ぬるいお湯で煮出すようにします。そのため、玉露は50～60度で淹れられるのです。

サプリメントでＥＧＣＧを摂取する場合、１日に５００㎎程度を目安にします。

＊CK（クレアチンキナーゼ）

筋肉細胞にもっとも多く含まれている酵素の一種で弛緩・収縮のエネルギー供給に関与する。組織がダメージを受けると血液中に漏れ出てくる。

ケルセチン

フラボノイドの中でも、特にケルセチンはスーパーオキサイドとの反応性が強く、アルカリ性の溶液中で強く働きます。前述のＥＧＣＧは中性の状態で強い反応を起こします。(※61、※62)

ケルセチンは分子構造としてO＝ジヒドロキシ構造を持つため、強い抗酸化作用を発揮します。また、水溶性と脂溶性両方の性質を持っていて、細胞膜の安定化に貢献します。

ケルセチンはビタミンEよりもラジカルを速く処理できるため、膜表面でラジカルを効果的に捕捉し、膜内部への連鎖反応を防いでくれるようです。(※63)　ＬＤＬの酸化を防いで動脈硬化を予防するほか、がんや糖尿病などの予防にも重要な役割を果たすと考えられています。(※64)

ラジカルを捕捉したケルセチンは「ケルセチンラジカル」になりますが、これはビタミンCによって還元されます。同時にビタミンCラジカルは、ケルセチンラジカルによって消去されるという相互作用があります。(※65)

●感染症予防

ケルセチンは、新型コロナを含むウイルス感染症にも効果が期待できます。

インフルエンザウイルスを解説するときに「H1N1型」といった表現を用いますが、この「H」や「N」は糖タンパクの種類からとっています。インフルエンザウイルスは、外側を覆う膜（エンベロープ）の表面に、「H」で表される「ヘマグルチニン（HA）」と「N」で表される「ノイラミニターゼ（NA）」という糖タンパク質を持っているのです。このエンベロープがなくなると、ウイルスをやっつけることができます。例えば石鹸は界面活性作用により、エンベロープを破壊することができます。**ケルセチンが高濃度に存在すると、ヘマグルチニンの形成を阻害できる**ことがわかっています。

さらにケルセチンとEGCGは、**亜鉛のイオノフォア**（生体膜においてイオンを透過させる脂溶性分子）として、亜鉛を細胞内に取り込みます。これは薬剤のクロロキンと同じ役割です。

●老化細胞の除去

老化細胞を除去することで老化を抑制し、寿命を延長できることがわかってきたため、老化細胞を除去する物質に注目が集まってきています。その**老化細胞除去物質の一つとして、ケルセチンやフィセチンなどのフラボノイドが挙げられています。**ケルセチンは、老化した血管内皮細胞の細胞死を誘導して除去することによって、加齢関連疾患の発症を低下させることが示唆されています。最近は、ケルセチンがアンチエイジングのサプリメントに配合されることが多くなりました。

●吸収率

ケルセチンは吸収が悪く、4gのケルセチンをヒトに与えたところ、吸収されたのは1%以下であると推定されています。（※66）

ただし、糖と結合した「配糖体（グリコシド）」だと吸収がよくなります。**配糖体のケルセチンはタマネギに多く含まれ、油と一緒に摂取すると吸収効率が高まります。**そこでオニオンフライにして摂取したところ、ある程度は吸収されていることが確認されました。（※67、※68）

ケルセチンのサプリメントを飲む場合も、脂肪を摂った食後に飲むようにするといいでしょう。1日に1500mg程度を目安にします。

最近出てきた商品では、レシチンをベースにした「ケルセチンファイトソーム（Quercetin Phytosome®）」という、吸収率を高めたケルセチンがあります。新型コロナにも有効だと書きましたが、新型コロナ感染者を対象にこのサプリメントを1日に1500mg摂取させたところ、7日後のPCRテストで、非摂取群は90%が陽性だったのに対し、摂取群は24%でした。2週間後には、非摂取群の19%が回復したのに対し、摂取群の57%が回復したという報告があります。

フラボノイドの活性と吸収

いくつかのフラボノイドについては、グリコシドよりもアグリコン（糖以外の部分）のほうがラジカル捕捉作用が強まるということがわかっています。つまり、配糖体から糖を遊離させることによって抗酸化作用が強まるわけですが、これは腸内細菌のβグルコシダーゼ活性が高いかどうかによります。

フラボノイドは一般に分子量が大きく、非常に吸収性が悪いため、腸内環境に気をつかうことが重要です。腸の調子が悪ければ、いくら食事やサプリメントに気をつかっても意味がなくなってしまうということを念頭に置いてください。

ただし、ケルセチンに関して言えば、これはグリコシドのほうがアグリコンよりも吸収がよいことがわかっています。その代わり抗酸化作用は弱くなるため、どちらがよいと一概には言えません。

また、炎症予防効果（ＰＧＥ２抑制）としては、ダイゼインとナリンゲニン、アピゲニン（フラボン類の一種）がフラボノイドの中でも特に有効であるということがわかっています。しかし、これらはグリコシドの状態だとまったく活性が認められていません。ナリンゲニンは、ナリンジンが腸内細菌で分解され（糖が遊離して）つくられるのです。いかに腸の状態が活性酸素抑制に関係するかがわかると思います。

話が込み入ってきたので、フラボノイドについてまとめましょう。

❶ まずはフラボノイドを含む食品を多く食べるようにする。特に抗酸化作用が強いものとしてエピガロカテキンガレート（緑茶）、アントシアニジン（ブドウ）、ケルセチン（タマネギやブロッコリー）などが挙げられる。

❷ フラボノイドの吸収をよくするために、腸内環境を整える。

❸ 体液のpHが酸性に傾くのを避けること。ビタミンB群などを摂取してトレーニングによって発生した乳酸は速やかに除去する。

❹ 一般に分子量の大きいフラボノイドは調理法に気をつかう必要がある。緑茶のカテキンは熱湯で入れると分子が重合して大きくなり、吸収が悪くなる。緑茶は60度以下のぬるい湯で入れること。

❺ 炎症予防のためには、ダイゼイン（大豆）やアピゲニン（セロリやパセリ）、ナリンゲニン（柑橘類）を摂取。

ポリフェノール

ここではゴマリグナン、クルクミン、レスベラトロールといった代表的なポリフェノールを紹介していきます。

ゴマリグナン

ゴマに含まれる抗酸化物質のゴマリグナンには主なものでも6種類あり、有名なセサミン以外にもセサモールやセサミノール、セサモリノール、セサモリン、ピノレジノールが挙げられます。これはポリフェノールに分類されますが、フラボノイドではありません。

セサミンは大手メーカーがサプリメントとしてよく広告を出しています。実はゴマ１００g中、セサミンは４９０・６mgも入っているのに対し、セサモールは３・４mg、セサミノールは０・９mgしか入っていません。セサミンはゴマから取り出しやすいため、そのメーカーもこれに注目したのでしょう。

しかし、抗酸化作用についてみると、**セサミンよりもセサミノールのほうが効果は高い**ようです。セサミノールを2カ月間にわたってラットに投与した結果、尿中の「８-ＯＨｄＧ（体内の酸化ス

＊**ジホモγリノレン酸**

リノール酸はγリノレン酸→ジホモγリノレン酸→アラキドン酸→ドコサテトラエン酸→ドコサペンタエン酸に変換される。

トレスの指標）」の量が明らかに減ったという報告があります。もちろんそれだけでなく、肝臓と血漿中で過酸化が有効に抑えられたということも確認されています。

その他、ウサギの赤血球やラットの肝ミクロゾームを使った系や、ヒトの培養細胞を用いた系、どちらも強力な抗酸化作用と過酸化傷害の抑制が見られています。さらに他のさまざまな報告において、セサミノールはビタミンEよりも遥かに強い抗酸化活性が見られ、動脈硬化の予防効果に大きな期待がもたれるとされています。

セサミノールは、ゴマ油をつくる過程で二次的に発生します。それだけでなく、ゴマの種子の水溶性部分にも、セサミノール配糖体として大量に存在しているのです。この配糖体そのものには抗酸化作用はありませんが、腸内の環境が整っていると、腸内細菌の作用（βグルコシダーゼ）によって最終的にセサミノールがつくられ、血液を経て各臓器に至るという流れがあります。

●セサミンの有効作用

セサミンについて言えば、＊ジホモγリノレン酸からアラキドン酸への変換を抑制することがわかっています。この変換に使われる＊Δ5不飽和化酵素をセサミンが阻害するのです。そのため、アラキドン酸への変換抑制で、炎症の低下や免疫の活性化、血小板凝集作用の抑制が起こることが期待

＊Δ5不飽和化酵素

ジホモγリノレン酸はΔ5不飽和化酵素による脱水素反応でアラキドン酸に変換される。Δ5は脂肪酸のカルボキシ基末端から5番目に二重結合をつくるという意味。

されます。

セサミンにはフェノール基がないため、in vitroでは抗酸化活性を示しません。しかし、門脈を介して肝臓に運ばれると、セサミンのメチレンジオシキフェニル基が開裂して2個の水酸基を持つカテコール体（ＳＣ１）に変換され、生体内で抗酸化活性を示すようになります。

また、セサミンは脂質過酸化を抑えると言われます。36㎎のセサミンを運動2時間前に摂取して最大心拍数80％以上の運動を行い、血漿中過酸化脂質濃度を測定したところ、プラセボ群では増加したのに対し、セサミン投与群では増加が起こらなかったとされています。

さらに、肝臓でグルタチオン・ペルオキシダーゼとグルタチオンSトランスフェラーゼ活性を高めることもわかっており、活性酸素の除去だけでなく、過酸化脂質の分解促進も行われると考えられています。

セサミンはＳＣ１による抗酸化作用だけでなく、抗炎症作用や肝保護効果なども示すことから、別の生体制御メカニズムが存在することが示唆されていました。そして２０２０年の研究において、ＳＣ１が抗炎症機能を有するＡＮＸ Ａ１（リポコルチン）に結合することが明らかとなりました。

SC1がANX A1と結合することにより、ANX A1のセリン残基のリン酸化が誘導され、抗炎症活性に関わるN末端ドメインの遊離を引き起こすことで活性型となり、＊単球系免疫細胞における炎症性サイトカインTNF-αなどの発現を抑制するとのことです。

また肝障害モデルにおいて、セサミンまたはセサミン代謝物SC1投与により、抗炎症効果および肝保護効果を示すことも明らかになりました。ANX A1欠損モデルではこのような効果が消失することから、セサミンの抗炎症効果はANX A1活性化に依存することが示唆されています。

●ゴマの有効な食べ方

ゴマの効力を得るためには、普通にゴマを食べるだけではダメです。**ゴマは「炒って」食べる**こと。それは**加熱により、セサモリンがセサモールへと変化する**から。この2つを比べると、セサモールのほうが遥かに抗酸化活性が強いのです。また、ゴマの表面は消化困難なセルロースによって覆われていますが、これが「炒る」ことによって壊れます。さらに、できるなら「擂《す》る」ようにしましょう。**炒って、さらに、擂ることによってゴマの消化吸収が大幅にアップします。**

ゴマにもいろいろな種類がありますが、黒ゴマの「黒」はブルーベリーなどにも含まれるアントシアニン。また黒ゴマはセレニウムや亜鉛、ビタミンEも他のゴマに比べて多く含まれるため、どうせ選ぶのならば黒ゴマを食べるようにするとよいでしょう。

＊単球系免疫細胞

単球は白血球の中でもっとも大きく体内に侵入した異物を食べて除去する貪食細胞。マクロファージや樹状細胞に分化する。

クルクミン

カレーのスパイスによく使われるターメリック（ウコン）に含まれる黄色の色素がクルクミンです。ウコンは漢方の生薬の一つであり、春ウコンや秋ウコンなどさまざまな種類がありますが、主要な成分はクルクミンです。

ウコンの名前を付けた有名なドリンクがあり、二日酔いのときなどに使われます。目的としては肝臓の解毒作用強化でしょう。肝臓は2段階に分けて解毒作用を発揮しますが、ウコンは第1段階の解毒で働き（グルクロン酸抱合）、また胆汁の分泌を刺激したり、アルコールの代謝物質であるアセトアルデヒドの分解を促進したりするようです。ただし、主成分の**クルクミンは生体内での吸収が非常に悪く**、このドリンクもどれだけ吸収されているかはよくわかりません。

クルクミンは、腸の上皮細胞で還元されてテトラヒドロクルクミンになり、これが強力な抗酸化活性を持つという説もあります。このテトラヒドロクルクミンには、マウスの平均寿命を長くする効果があるようです。

クルクミンの吸収率を高めた「セラクルミン」が特許を取っていますが、やや高価です。クルクミンをヒマシ油とＰＥＧ（ポリエチレングリコール）で乳化することで吸収を高められるという報告がし

ばらく前にあったため、あと数年待てば、吸収率の高いクルクミンを安価に入手できるようになると思われます。（※69）

●クルクミンの有効作用

クルクミンは肝機能を高めるほか、転写因子であるNF‐kBの活性化を阻害したり炎症を抑えたりするほか、強力な抗酸化作用を持っています。（※70、※71）

他にも、テストステロンレベルを高めたり（※72）、グリコーゲンを増やして乳酸を減らしたり（※73）といった報告もあります。肝臓においてはＡＬＴやＡＳＴの低下が確認されており、また空腹時血糖値やＨｂＡ１ｃ（糖化ヘモグロビン）の低下も起こるようです。

8本の論文をもとにしたメタ分析では、クルクミンのサプリメント摂取により1・14kgの体重減少を起こせるとしています。このメタ分析では体重は落ちたものの、ウエスト周径は変わらなかったとしているのですが、別のメタ分析によると、1日に70～３０００mgのクルクミンを8～12週間摂取することにより、ＢＭＩとウエスト周径を減らすことができているとしています。

マウスの研究では、クルクミンとフィッシュオイルを組み合わせることで「ＨＳＰ70（ストレスタンパク質）」の活性が高まり、不活動による筋委縮を防ぐことができたという結果も出ています。

●吸収率

クルクミンを大量に摂取すれば吸収の悪さを克服できますが、ウコンには鉄が多く含まれるため、摂り過ぎると肝炎などを引き起こす可能性があります。（※74）

最近になってＵＣＬＡ（カリフォルニア大学ロサンゼルス校）で開発された「Longvida®（ロングヴィーダ）」は吸収率が高くなっていて、脳にも届き、アミロイドβを除去できるという触れ込みで販売されています。

メーカー資料を見ると、クルクミンは血漿中に０・１μＭ以上の濃度が必要とされていますが、一般的な製品では無理でしょう。しかし、ロングヴィーダなら０・３μＭが可能だとしています。

現時点ではセラクルミンよりも安価に入手できるロングヴィーダを選ぶといいでしょう。他にも多くの製造会社によって吸収性を高めたクルクミンが開発されつつあります。

なお**コショウに含まれる「ピペリン」という成分がクルクミンの吸収を高める**という報告もあります。（※75）

レスベラトロール

ポリフェノールの中でもっとも有名なのが、この「レスベラトロール」ではないでしょうか。「カロリー制限によって**サーチュイン遺伝子**が活性化し、それが長寿に結びつく。レスベラトロールを摂取すると、カロリー制限と似たような効果をもたらすことができる」とＮＨＫの番組などでも紹介され、サプリメントによるレスベラトロールの摂取が大きな話題となりました。

サーチュインは7種類あり、そのうちの3つがミトコンドリア内にあります。ＳＩＲＴ 1、6、7が核に、ＳＩＲＴ 2が細胞質に、ＳＩＲＴ 3、4、5がミトコンドリア内です。**カロリー制限時にはＳＩＲＴ 1とＳＩＲＴ 3が活性化され、逆に十分なエネルギーがあるときはＳＩＲＴ4が活性化されています。**

ＳＩＲＴ 4はグルタミン酸脱水素酵素を抑制し、また、β細胞においてアミノ酸刺激によるインスリン分泌を減らす方向に働いています。（※76）

レスベラトロールはＳＩＲＴ 1を活性化することが知られています。また、**レスベラトロールはＰＧＣ-1αを活性化するため、ＳＩＲＴ 3も活性化する**と考えられます。（※77）

カロリー制限はサーチュインではなく、インスリンやｍＴＯＲシグナルの影響で効果をもたらすという説もありますが（※78）、現時点ではサーチュインが長寿遺伝子であると認める派閥のほうが大勢を占めているといっていいでしょう。（※79）

レスベラトロールは確かにサーチュインを活性化し（※80）、ＡＭＰＫを活性化します。

また、さらにこれはｍＴＯＲ阻害にもつながりますが、この阻害が長寿に影響を与えるかどうかについては、後述(➡３１２ページ)することにします。

●筋肉の活性化

１日に１５０㎎のレスベラトロールを30日間摂取したところ、筋肉内のＡＭＰＫが活性化し、さらにＰＧＣ－１αも活性化したという報告があります。(※81)

また、レスベラトロールはケルセチンとの相性がよいようで、ケルセチンとレスベラトロールを同時に摂取したところ、脂肪《しぼう》前《ぜん》駆《く》細胞《さいぼう》の分化を抑制し、アポトーシスを誘導することで脂肪細胞を減らす可能性が示されています。(※82)

ｍＴＯＲ阻害は筋肥大にとってはマイナスですが、レスベラトロールは細胞分裂の速度を速め、同時に筋細胞(ミオシン重鎖)の長さと直径を増大するという可能性もあります。(※83)

これはｍＴＯＲとは別の経路が働いているということを示唆しています。そして、**レスベラトロールはＡＭＰＫだけでなく、ＥＲＫ(細胞外シグナル調節キナーゼ)を活性化する作用があるようです。**

ＥＲＫには、細胞外に存在する成長因子に対する筋細胞の反応を開始させる作用があります。

つまり、「ＡＭＰＫとＥＲＫは筋細胞のアナボリック＊作用を両者で調節しているが、ここではＥＲ

＊ **アナボリック作用**
同化作用のこと。筋肉のタンパク質を合成して成長させる働き。

Kの作用のほうが上回っていて、全体としてはアナボリックが高まる」ということかもしれません。

なお、Myf-5やMyoDなどの成長因子が発現し、さらに**レスベラトロールはIGF-1/PI3K/AKTシグナルを活性化する**ことがわかりました。AKT2は細胞の分化誘導を促進し、もちろんmTOR/P70S6Kも活性化するため、アナボリックをさらに増大するということです。

つまり、「AMPKによって低下するはずのmTORが、IGF-1/PI3K/AKTの活性化によって実は低下していない」ということも考えられそうです。

●体脂肪減少

筋肉に対してよい作用があるだけでなく、体脂肪減少にも役立つかもしれません。レスベラトロール摂取によりSIRT 1依存性のPPARγ(転写因子)が脱アセチル化され、それによって白色*脂肪細胞が褐色脂肪細胞に変化することが示されています。

また、脂肪分解酵素であるATGL(Adipose Triglyceride Lipase)は、TNF-αやIL-6などの炎症性サイトカインの抑制作用も持っています。加齢によってATGLとその下流のPPARαを介した脂質シグナル伝達経路の発現に障害が見られるようになりますが、レスベラトロール摂取により、ATGL/PPARα依存的にTNF-αとIL-6の発現を効率的に抑制することが示されています。

＊ **白色脂肪細胞・褐色脂肪細胞**
白色細胞は過剰な脂質や糖分を中性脂肪としてため込み、褐色細胞は過剰な脂質や糖質を燃焼させる。

さらに＊ロイコトリエンを抑制する作用もあり、膵臓がんモデルマウスのがん増殖を抑制しています。これはアレルギーへの効果も期待できるでしょう。

●抗酸化作用

レスベラトロールは抗酸化作用も持ち、ヒドロキシルラジカルとスーパーオキサイドを消去します。（※84、※85）

なお、消去の際に酸化されてラジカルになりますが、このラジカル自体に抗がん作用や抗炎症作用があり（※86）、またラジカル同士が反応することによって、再びレスベラトロールに戻るという絶妙な流れとなっています。

また、**レスベラトロールは生体内の抗酸化酵素の遺伝子発現を上昇させる**こともわかっています。最強クラスのスカベンジャーだといえるでしょう。（※87、※88）

●筋ジストロフィー症状の改善

なお、骨格筋でＳＩＲＴ１が欠損するマウスは、筋ジストロフィー症状を示します。これはＳＩＲＴ１が細胞膜の修復に関与していることが原因のようです。

＊**ロイコトリエン**
脂肪酸が代謝されたときに生じる生理活性物質の一種。炎症反応において重要な役割を持つ。

そこでレスベラトロールをデュシェンヌ型筋ジストロフィー症モデルマウスに投与したところ、骨格筋や心筋の酸化ストレス量が低下して骨格筋量が増加し、骨格筋や心筋の線維化の抑制と心筋肥大の抑制、血清クレアチンキナーゼの低下、筋力や筋の持久力の増加、心筋機能の低下抑制などが起こりました。

11名の筋ジストロフィー患者を対象に、最初の8週は５００㎎、次の8週は１０００㎎、最後の8週は１５００㎎のレスベラトロールを毎日投与した試験では、平均ＭＦＭ（運動機能測定）スコアが34・6から38・4へと有意に上昇し、肩甲骨挙上と肩関節外転の平均ＱＭＴ（定量的筋力検査）スコアでは2倍の増加が認められました。また、平均ＣＫ（クレアチンキナーゼ）値は34％と大幅に低下しています。

●吸収率

レスベラトロールはポリフェノールとしては吸収がよく、利用率としては高くないものの、摂取したうちの70％が吸収されることがわかっています。（※89）

血中濃度は摂取後90分で最大になり（※90）、半減期は8～9時間とされています。

レスベラトロールには他にも抗動脈硬化作用や心肥大抑制効果、腎臓や糖尿病への効果などが知られており、これらの効果を得るためには「トランスレスベラトロール」として、**1日100〜200㎎程度の摂取量**でよさそうです。**朝食後と夕食後に50〜100㎎ずつのトランスレスベラトロール摂取を推奨します。**

メラトニン

メラトニンが脳の松《しょう》果《か》体《たい》から分泌される、睡眠を促すホルモンだということは有名です。そのため、メラトニンと言えば「入眠サプリメント」だと思う方が大半だと思いますが、実はスカベンジャーとしての作用も含め、さまざまなよい作用をもたらすホルモンなのです。

かなり前から欧米では、「ＤＨＥＡ（デヒドロエピアンドロステイン）」や成長ホルモンとともに、ＨＲＴ（ホルモン補充療法）としてアンチエイジング目的でメラトニンを摂取する人が増えています。メラトニンはこれらのホルモンと同様、加齢とともに分泌が減少します。高齢者の睡眠時間が短くなるのはそれが原因の一つですが、これを補おうとするのがＨＲＴの目的です。

詳細な作用機序はわかっていませんが、メラトニンは性ホルモンと密接な関係があるようで、夜勤の多い人や国際線のＣＡなど、勤務時間の不規則な職業だと乳がんや前立腺がんの発生率が40〜70％も上昇することが知られています。（※91）

また、メラトニンにはカロリー制限やレスベラトロール摂取の効果と同様、サーチュイン遺伝子に作用して寿命延長をもたらすほか、抗炎症作用や抗酸化作用によって生活習慣病を予防する可能性も指摘されています。（※92）

体内ではトリプトファンからセロトニンを経てメラトニンがつくられますが、このとき松果体において交感神経が興奮してノルアドレナリンが分泌され、Ｎアセチルトランスフェラーゼが合成されることで、メラトニン産生が活発化します。

＊視交叉上核に日光刺激が加わると、この経路が阻害されるため、日光刺激のない夜間にメラトニンが分泌されるというわけです。

抗酸化物質は自身が酸化することによって抗酸化作用を発揮しますが、メラトニンは酸化されても安定性を保ち、他者を酸化する作用がありません。また、抗酸化酵素を活性化する作用もあります。

●免疫系にも関与

特に重要なのは免疫系です。リンパ球からできるＴ細胞にはＴｈ１とＴｈ２があり、Ｔｈ２が

＊ **視交叉上核（しこうさじょうかく）**
脳の視床下部にある視交叉の真上に位置する小さな神経核。哺乳類の概日リズムを支配する時間中枢としての役割を担っている。

増え過ぎるとがんやアレルギー（花粉症や食物アレルギー、アトピーなど）の原因になってしまいます。**メラトニンはTh1を増やすことでこのバランスをとり、またNK細胞を増やしたりグルタチオンを増やしたりすることにより、がんやアレルギーを防ぐ**のです。化学療法とメラトニンを組み合わせることで生存率を高める効果があることもわかっています。（※93）

ただし、Ｔｈ１型の自己免疫疾患（リウマチなど）の場合、メラトニン摂取によって逆効果となる場合があるので、医師の判断を仰ぐようにしてください。

また、摂取タイミングが問題で、早朝にメラトニンを飲んでしまうとインスリン抵抗性を高めて耐糖能を悪化させてしまうようです。これは概日リズムを狂わせてしまうことが原因でしょう。普通は寝る前に飲むので、心配は要らないかもしれません。

●体組織の改善

メラトニンは、体組成改善にも役立つ可能性があります。メラトニンを1年間にわたって摂取したところ、体脂肪が減って除脂肪体重が増えたという研究があります。

これは閉経期の女性81名を対象に行った調査で、メラトニン摂取群はプラセボ群に比べて6・9％の体脂肪減少、5・2％の除脂肪体重増加が認められました。さらにアディポネクチンが21％増加していました。なお、1㎎摂取群よりも、3㎎摂取群のほうが効果は高かったようです。
ただし、これは閉経期の女性を対象にしたものなので、メラトニン分泌レベルが低下していない若者の場合はここまでの反応は起こらなかったかもしれません。

また、1㎎のメラトニンで、若い男性および女性の血流を改善し、血圧が低下するという報告もあります。

メタボリック症候群の人に5㎎のメラトニンを就寝2時間前に飲ませた研究では、抗酸化活性が上昇し、悪玉コレステロールが減少し、血圧が低下しています。（※94）

●成長ホルモンの促進

若い男性に関しては、メラトニンの作用は成長ホルモン分泌促進に拠るものかもしれません。トレーニング経験のある男女30名ずつを対象に、メラトニンを摂取してレッグプレスを7レップス7セット行った研究があります。

その結果、面白いことに、**5㎎のメラトニン摂取で、男性は顕著に成長ホルモンの分泌が増加し、女性は逆に減少しました。**これはソマトスタチン（成長ホルモンを抑制する）の影響ではないようです。

●鎮痛、抗がん効果など

メラトニンは脳だけでなく、体内のさまざまな器官に蓄積されています。**ミトコンドリアでもメラトニンは合成されていますが、メラトニンを投与することで、ミトコンドリアの状態が良好に保たれた**というロシアでの報告があります。

また、加齢黄斑変性への有効性や腰痛などにおける鎮痛効果への効果も認められています。


がんへの効果も期待されています。

マウスでの実験では、メラトニン摂取により乳がんの発生率が大幅に減少しました。

がんにおいては、高まったｍＴＯＲの活性を抑える「ラパマイシン」が有効ではないかと考えられますが、メラトニンと併用することにより活性酸素が増加し、アポトーシスが促進されるようです。


また前述のとおり、平均寿命の延長もショウジョウバエなどの実験で認められています。

メラトニンが中性脂肪やコレステロール値を改善することも明らかになっていますが、ここでは０・８～30㎎と幅広い投与量となっています。


血圧を下げる効果や炎症性サイトカインのＴＮＦ-αやＩＬ-６の減少、骨粗しょう症への効果も

認められており、がんにおける寛解率や全生存率の改善、化学療法による副作用発生率低下などの作用も考えると、メラトニンを飲まない手はないようにも思えます。

●記憶力の改善

さらに、メラトニンは記憶にも関係しているようです。メラトニンの代謝産物であるN1-acetyl-5-methoxykynuramine（ＡＭＫ）を、学習前および学習後にマウスに1回投与するだけで、長期記憶が誘導されることが明らかになりました。

学習・記憶能力が低下した老齢マウスにおいても、ＡＭＫを投与すると低下した記憶形成能力が有意に改善しています。

ＡＭＫが、加齢に伴い低下する記憶力の改善や、認知症の前段階とされる軽度認知障害（ＭＣＩ）の改善薬につながる可能性が示されています。

普通のメラトニンは、摂取後6時間程度で血中濃度が元に戻ります。睡眠時間が短い場合は起床時にまだメラトニンが残っていて、眠気が消えないことがあります。そのような場合は舌下錠《ぜっかじょう》を使うようにするといいでしょう。**舌下錠ならすぐに作用が表れ（眠くなる）、摂取後3時間程度で血中濃度は元に戻ります。**

入眠作用も狙って、寝る30分前くらいに飲むか、舌下投与するようにします。**摂取量は30歳未満で1㎎、30代は3㎎、40代以降は5㎎**といったところでしょう。

なお、個人輸入する際は、1カ月分までしか購入が認められないのでご注意を。

アンチエイジングの今後

2016年12月15日に生命科学分野の学術雑誌『Cell』に掲載された論文では、ノーベル賞受賞者の山中教授がiPS細胞をつくるときに導入した4つの因子に着目し、遺伝子の再プログラミングを行うことで早老症＊ハツカネズミの寿命を18週間から24週間に伸ばすことができたとされています。（※95）

アンチエイジングの研究は広く深く進められており、数十年後には、ヒトの平均寿命が飛躍的に伸びることが期待されています。今、死んでしまうのはもったいないものです。

＊**早老症（そうろうしょう）**
実際の年齢よりも早く老化の進行が進む症状の総称。早期老化症。

Column

長寿のための栄養摂取

「老化は病気だ」という考え方が出始めたときは、一笑に付されたものです。しかし、今では「老化は治療できる」という意見が主流になってきました。

その最先端が、サーチュインと呼ばれる長寿遺伝子の活性化です。サーチュインを活性化するためにはカロリー制限が有効だとされていますが、過度なカロリー制限は免疫を低下させる恐れもあります。

そこでサーチュインを活性化させる栄養物質として、NMN や NR などが脚光を浴びるようになりました。これらはビタミン B 群であるナイアシンの代謝物質です。詳しくは本文の 55 ページをご覧ください。

NMN や NR はミトコンドリアを活性化し、さまざまな病気の予防や治療にも役立つと言われます。今後のさらなる研究展開が期待されます。

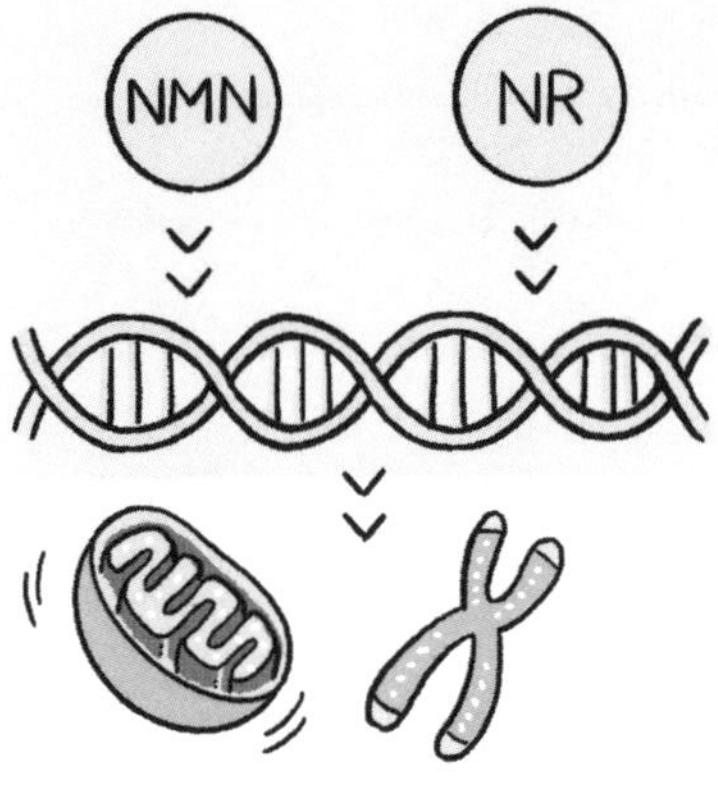

参考文献・資料一覧

Part1　ビタミン(P14～123)

※1:Pyridoxine Supplementation Improves the Activity of Recombinant Glutamate Decarboxylase and the Enzymatic Production of Gama-Aminobutyric Acid.
.PLoS One. 2016; 11(7): e0157466.

※2:Prospective study showing that dietary vitamin C reduced the risk of age-related cataracts in a middle-aged Japanese population.
Eur J Nutr. 2007 Mar;46(2):118-24.

※3:The acute and chronic toxic effects of vitamin A.
Am J Clin Nutr. 2006 Aug;84(2):462; author reply 462-3.

※4:Active Pin1 is a key target of all-trans retinoic acid in acute promyelocytic leukemia and breast cancer.
Nat Med. 2015 May;21(5):457-66. doi: 10.1038/nm.3839. Epub 2015 Apr 13.

※5:Maternal vitamin A supplementation and lung function in offspring.
N Engl J Med. 2010 May 13;362(19):1784-94. doi: 10.1056/NEJMoa0907441.

※6:A novel signaling by vitamin A/retinol promotes self renewal of mouse embryonic stem cells by activating PI3K/Akt signaling pathway via insulin-like growth factor-1 receptor.
Stem Cells. 2010 Jan;28(1):57-63. doi: 10.1002/stem.251.

※7:EPA/DHA and Vitamin A Supplementation Improves Spatial Memory and Alleviates the Age-related Decrease in Hippocampal RXRγ and Kinase Expression in Rats.
Front Aging Neurosci. 2016 May 9;8:103. doi: 10.3389/fnagi.2016.00103. eCollection 2016.

※8:Mental response to added thiamine.
J Nutr. 1946 Mar;31:283-98.

※9:Thiamine supplementation mood and cognitive functioning.
Psychopharmacology (Berl). 1997 Jan;129(1):66-71.

※10:Effects of thiamine supplementation on exercise-induced fatigue.
Metab Brain Dis. 1996 Mar;11(1):95-106.

※11:The effects of endurance training and thiamine supplementation on anti-fatigue during exercise.
J Exerc Nutrition Biochem. 2013 Dec;17(4):189-98. doi: 10.5717/jenb.2013.17.4.189. Epub 2013 Nov 17.

※12:「診療と新薬」1994, 31(10):1662-90

※13:Simvastatin and niacin, antioxidant vitamins, or the combination for the prevention of coronary disease.
N Engl J Med. 2001 Nov 29;345(22):1583-92.

※14:Fifteen year mortality in Coronary Drug Project patients: long-term benefit with niacin.
J Am Coll Cardiol. 1986 Dec;8(6):1245-55.

※15:Declining NAD(+) induces a pseudohypoxic state disrupting nuclear-mitochondrial communication during aging.
Cell. 2013 Dec 19;155(7):1624-38. doi: 10.1016/j.cell.2013.11.037.

※16:Age related changes in NAD+ metabolism oxidative stress and Sirt1 activity in wistar rats.
PLoS One. 2011 Apr 26; 6(4):e19194.

※17:Age-associated changes in oxidative stress and NAD+ metabolism in human tissue.
PLoS One. 2012; 7(7):e42357.

※18:Design and synthesis of compounds that extend yeast replicative lifespan.
Aging Cell. 2007 Feb; 6(1):35-43.

※19:Nicotinamide riboside is uniquely and orally bioavailable in mice and humans.
Nat Commun. 2016 Oct 10;7:12948. doi: 10.1038/ncomms12948.

※20:The NAD(+) precursor nicotinamide riboside enhances oxidative metabolism and protects against high-fat diet-induced obesity.
Cell Metab. 2012 Jun 6;15(6):838-47. doi: 10.1016/j.cmet.2012.04.022.

※21：NAD+ repletion improves muscle function in muscular dystrophy and counters global PARylation.
Sci Transl Med. 2016 Oct 19;8(361):361ra139.

※22：Nicotinamide Riboside Opposes Type 2 Diabetes and Neuropathy in Mice.
Sci Rep. 2016 May 27;6:26933. doi: 10.1038/srep26933.

※23：Nicotinamide Riboside Ameliorates Hepatic Metaflammation by Modulating NLRP3 Inflammasome in a Rodent Model of Type 2 Diabetes.
J Med Food. 2015 Nov;18(11):1207-13. doi: 10.1089/jmf.2015.3439. Epub 2015 May 14.

※24：Activation of SIRT3 by the NAD$^+$ precursor nicotinamide riboside protects from noise-induced hearing loss.
Cell Metab. 2014 Dec 2;20(6):1059-68. doi: 10.1016/j.cmet.2014.11.003.

※25：Niacin status, NAD distribution and ADP-ribose metabolism.
Curr Pharm Des. 2009;15(1):3-11.

※26：Large supplements of nicotinic acid and nicotinamide increase tissue NAD+ and poly(ADP-ribose) levels but do not affect diethylnitrosamine-induced altered hepatic foci in Fischer-344 rats.
J Nutr. 1995 Jun;125(6):1455-61.

※27：Safety assessment of nicotinamide riboside, a form of vitamin B3.
Hum Exp Toxicol. 2016 Jan 20. pii: 0960327115626254.

※28：Exercise and a High Fat Diet Synergistically Increase the Pantothenic Acid Requirement in Rats.
J Nutr Sci Vitaminol (Tokyo). 2015;61(3):215-21. doi: 10.3177/jnsv.61.215.

※29：Effects of pantothenic acid on testicular function in male rats.
J Vet Med Sci. 2009 Nov;71(11):1427-32.

※30：Homocysteine-lowering vitamins do not lower plasma S-adenosylhomocysteine in older people with elevated homocysteine concentrations.
Br J Nutr. 2010 Jun;103(11):1629-34. doi: 10.1017/S0007114509993552. Epub 2010 Jan 21.

※31：Higher plasma homocyst(e)ine and increased susceptibility to adverse effects of low folate in early familial coronary artery disease.
Arterioscler Thromb Vasc Biol. 1995 Sep;15(9):1314-20.

※32：Vitamin requirements for the treatment of hyperhomocysteinemia in humans.
J Nutr. 1994 Oct;124(10):1927-33.

※33：Vitamin B supplementation, homocysteine levels, and the risk of cerebrovascular disease: a meta-analysis.
Neurology. 2013 Oct 8;81(15):1298-307. doi: 10.1212/WNL.0b013e3182a823cc. Epub 2013 Sep 18.

※34：Homocysteine-lowering by B vitamins slows the rate of accelerated brain atrophy in mild cognitive impairment: a randomized controlled trial.
PLoS One. 2010 Sep 8;5(9):e12244. doi: 10.1371/journal.pone.0012244.

※35：Cognitive and clinical outcomes of homocysteine-lowering B-vitamin treatment in mild cognitive impairment: a randomized controlled trial.
Int J Geriatr Psychiatry. 2012 Jun;27(6):592-600. doi: 10.1002/gps.2758. Epub 2011 Jul 21.

※36：Plasma homocysteine as a risk factor for dementia and Alzheimer's disease.
N Engl J Med. 2002 Feb 14;346(7):476-83.

※37：Efficacy of folic acid supplementation in stroke prevention: new insight from a meta-analysis.
nt J Clin Pract. 2012 Jun;66(6):544-51. doi: 10.1111/j.1742-1241.2012.02929.x.

※38：Folic acid improves vascular reactivity in humans: a meta-analysis of randomized controlled trials.
Am J Clin Nutr. 2007 Sep;86(3):610-7.

※39：Dietary folate and vitamin b6 and B12 intake in relation to mortality from cardiovascular diseases: Japan collaborative cohort study.
Stroke. 2010 Jun;41(6):1285-9. doi: 10.1161/STROKEAHA.110.578906. Epub 2010 Apr 15.

※40：The hypotriglyceridemic effect of biotin supplementation involves increased levels of cGMP and AMPK activation.
Biofactors. 2012 Sep-Oct;38(5):387-94. doi: 10.1002/biof.1034. Epub 2012 Jul 17.

※41：Pharmacological concentrations of biotin reduce serum triglycerides and the expression of lipogenic genes.
Eur J Pharmacol. 2010 Oct 10;644(1-3):263-8. doi: 10.1016/j.ejphar.2010.07.009. Epub 2010 Jul 23.

※42：Vitamin C Is an Essential Factor on the Anti-viral Immune Responses through the Production of Interferon-α/β at the Initial Stage of Influenza A Virus (H3N2) Infection.
Immune Netw. 2013 Apr;13(2):70-4. doi: 10.4110/in.2013.13.2.70. Epub 2013 Apr 30.

※43：Enhanced interferon response to murine leukemia virus by ascorbic acid.
Infect Immun. 1974 Aug;10(2):409-10.

※44：Enhancement of interferon production by poly(rI)-poly(rC) in mouse cell cultures by ascorbic acid
Nature. 1975 Apr 10;254(5500):531-2.

※45：The possible role of mega-ascorbate in the endogenous synthesis of interferon.
Med Hypotheses. 1980 Mar;6(3):309-14.

※46：Effect of vitamin C and its derivatives on collagen synthesis and cross-linking by normal human fibroblasts.
Int J Cosmet Sci. 1998 Jun;20(3):151-8. doi: 10.1046/j.1467-2494.1998.171747.x.

※47：Final report of the safety assessment of L-Ascorbic Acid, Calcium Ascorbate, Magnesium Ascorbate, Magnesium Ascorbyl Phosphate, Sodium Ascorbate, and Sodium Ascorbyl Phosphate as used in cosmetics.
Int J Toxicol. 2005;24 Suppl 2:51-111.

※48：Regulation of collagen synthesis in human dermal fibroblasts by the sodium and magnesium salts of ascorbyl-2-phosphate.
Skin Pharmacol. 1993;6(1):65-71.

※49：Ascorbic acid preferentially enhances type I and III collagen gene transcription in human skin fibroblasts.
J Dermatol Sci. 1996 Mar;11(3):250-3.

※50：Pharmacologic ascorbic acid concentrations selectively kill cancer cells: action as a pro-drug to deliver hydrogen peroxide to tissues.
Proc Natl Acad Sci U S A. 2005 Sep 20;102(38):13604-9. Epub 2005 Sep 12.

※51：Pharmacologic doses of ascorbate act as a prooxidant and decrease growth of aggressive tumor xenografts in mice.
Proc Natl Acad Sci U S A. 2008 Aug 12;105(32):11105-9. doi: 10.1073/pnas.0804226105. Epub 2008 Aug 4.

※52：Parenteral ascorbate as a cancer therapeutic: a reassessment based on pharmacokinetics.
Antioxid Redox Signal. 2013 Dec 10;19(17):2141-56. doi: 10.1089/ars.2013.5372. Epub 2013 Jun 19.

※53：Ascorbic acid and its pro-oxidant activity as a therapy for tumours of oral cavity -- a systematic review.
Arch Oral Biol. 2013 Jun;58(6):563-74. doi: 10.1016/j.archoralbio.2013.01.016. Epub 2013 Mar 8.

※54：Effects of ascorbic acid on gingival melanin pigmentation in vitro and in vivo.
J Periodontol. 2009 Feb;80(2):317-23. doi: 10.1902/jop.2009.080409 .

※55：Inhibition of UVA-mediated melanogenesis by ascorbic acid through modulation of antioxidant defense and nitric oxide system.
Arch Pharm Res. 2011 May;34(5):811-20. doi: 10.1007/s12272-011-0515-3. Epub 2011 Jun 9.

※56：Effect of vitamin C on male fertility in rats subjected to forced swimming stress.
J Clin Diagn Res. 2014 Jul;8(7):HC05-8. doi: 10.7860/JCDR/2014/8432.4622. Epub 2014 Jul 20.

※57：The effect of ascorbic acid supplementation on sperm quality, lipid peroxidation and testosterone levels of male Wistar rats.
Theriogenology. 2005 Apr 15;63(7):2063-72. Epub 2004 Nov 18.

※58：Vitamins C and E treatment combined with exercise modulates oxidative stress markers in blood of patients with fibromyalgia: a controlled clinical pilot study.
Stress. 2010 Nov;13(6):498-505. doi: 10.3109/10253890.2010.486064. Epub 2010 Jul 28.

※59：Vitamin C supplementation and salivary immune function following exercise-heat stress.
Int J Sports Physiol Perform. 2008 Dec;3(4):516-30.

〔注〕※に記した数字は本文中の(※)を示し、著者が執筆の際に参考にした文献・資料を紹介しています。

※**60**:Effect of vitamin C supplementation on lipid peroxidation, muscle damage and inflammation after 30-min exercise at 75% VO2max.
J Sports Med Phys Fitness. 2008 Jun;48(2):217-24.

※**61**:Antioxidants prevent health-promoting effects of physical exercise in humans
Published online before print May 11, 2009, doi: 10.1073/pnas.0903485106

※**62**:Ascorbic acid supplementation does not attenuate post-exercise muscle soreness following muscle-damaging exercise but may delay the recovery process.
Br J Nutr. 2006 May;95(5):976-81

※**63**:Effects of resistance training combined with antioxidant supplementation on fat-free mass and insulin sensitivity in healthy elderly subjects.
Diabetes Res Clin Pract. 2010 Jan;87(1):e1-3. doi: 10.1016/j.diabres.2009.10.001. Epub 2009 Nov 1.

※**64**:Response of blood cell antioxidant enzyme defences to antioxidant diet supplementation and to intense exercise.
Eur J Nutr. 2006 Jun;45(4):187-95. Epub 2005 Dec 22.

※**65**:Vitamin and mineral supplementation effect on muscular activity and cycling efficiency in master athletes.
Appl Physiol Nutr Metab. 2010 Jun;35(3):251-60. doi: 10.1139/H10-014

※**66**:Antihistamine effect of supplemental ascorbic acid and neutrophil chemotaxis.
J Am Coll Nutr. 1992 Apr;11(2):172-6.

※**67**:The antihistamine action of ascorbic acid.
Subcell Biochem. 1996;25:189-213.

※**68**:Serum ascorbic acid and cardiovascular disease prevalence in U.S. adults.
Epidemiology. 1998 May;9(3):316-21.

※**69**:Serum vitamin C concentration was inversely associated with subsequent 20-year incidence of stroke in a Japanese rural community. The Shibata study.
Stroke. 2000 Oct;31(10):2287-94.

※**70**:Relation between plasma ascorbic acid and mortality in men and women in EPIC-Norfolk prospective study: a prospective population study. European Prospective Investigation into Cancer and Nutrition.
Lancet. 2001 Mar 3;357(9257):657-63.

※**71**:Vitamin C status and mortality in US adults.
Am J Clin Nutr. 2000 Jul;72(1):139-45.

※**72**:Ophthalmic nutrition and prevention of eye disorder and blindness.
Nutr Metab. 1977;21 Suppl 1:268-72.

※**73**:正常眼圧緑内障における血清ビタミンC濃度と尿酸濃度の関係
日本緑内障学会抄録集　20th 111 (2009)

※**74**:Effect of high dose vitamin C on urinary oxalate levels.
J Urol. 1994 Apr;151(4):834-7.

※**75**:Urinary oxalate excretion after large intakes of ascorbic acid in man.
Am J Clin Nutr. 1981 Mar;34(3):305-11.

※**76**:Effects of vitamin C intake on whole blood plasma, leucocyte and urine ascorbic acid and urine oxalic acid levels.
Acta Vitaminol Enzymol. 1985;7(1-2):123-30.

※**77**:Palmitoyl ascorbate: selective augmentation of procollagen mRNA expression compared with L-ascorbate in human intestinal smooth muscle cells.
J Cell Biochem. 1999 Jun 1;73(3):312-20.

※**78**:Acylated ascorbate stimulates collagen synthesis in cultured human foreskin fibroblasts at lower doses than does ascorbic acid.
Connect Tissue Res. 1998;37(3-4):303-11.

※**79**:The hydroxyl free radical reactions of ascorbyl palmitate as measured in various in vitro models.
Biochem Biophys Res Commun. 1999 Sep 7;262(3):661-5.

※80：Liposomal-encapsulated Ascorbic Acid: Influence on Vitamin C Bioavailability and Capacity to Protect Against Ischemia-Reperfusion Injury.
Nutr Metab Insights. 2016 Jun 20;9:25-30. doi: 10.4137/NMI.S39764. eCollection 2016.

※81：Vitamin D supplementation in underway submariners.
Aviat Space Environ Med. 2005 Jun;76(6):569-75.

※82：A 12-week double-blind randomized clinical trial of vitamin D_3 supplementation on body fat mass in healthy overweight and obese women.
Nutr J. 2012 Sep 22;11:78. doi: 10.1186/1475-2891-11-78.

※83：Dose-dependent effects of vitamin D on transdifferentiation of skeletal muscle cells to adipose cells.
J Endocrinol. 2013 Apr 1;217(1):45-58. doi: 10.1530/JOE-12-0234. Print 2013 Apr.

※84：Vitamin D Metabolite, 25-Hydroxyvitamin D, Regulates Lipid Metabolism by Inducing Degradation of SREBP/SCAP.
Cell Chemical Biology, 24.

※85：Treatment of vitamin D deficiency increases lower limb muscle strength in institutionalized older people independently of regular physical activity: a randomized double-blind controlled trial.
Ann Nutr Metab. 2009;54(4):291-300. doi: 10.1159/000235874. Epub 2009 Aug 31.

※86：Low-dose vitamin D prevents muscular atrophy and reduces falls and hip fractures in women after stroke: a randomized controlled trial.
Cerebrovasc Dis. 2005;20(3):187-92. Epub 2005 Jul 27.

※87：Randomized trial of vitamin D supplementation to prevent seasonal influenza A in schoolchildren.
Am J Clin Nutr. 2010 May;91(5):1255-60. doi: 10.3945/ajcn.2009.29094. Epub 2010 Mar 10.

※88：Effect of vitamin D on gastrointestinal symptoms and health-related quality of life in irritable bowel syndrome patients: a randomized double-blind clinical trial.

※89：Neurogastroenterol Motil. 2016 Oct;28(10):1533-44. doi: 10.1111/nmo.12851. Epub 2016 May 7.
Optimal vitamin D status for colorectal cancer prevention: a quantitative meta analysis.
Am J Prev Med. 2007 Mar;32(3):210-6.

※90：Role of ultraviolet B irradiance and vitamin D in prevention of ovarian cancer.
Am J Prev Med. 2006 Dec;31(6):512-4.

※91：Plasma vitamin D and risk of colorectal cancer: the Japan Public Health Center-Based Prospective Study.
Br J Cancer. 2007 Aug 6;97(3):446-51. Epub 2007 Jul 10.

※92：Vitamin D and calcium supplementation reduces cancer risk: results of a randomized trial.
Am J Clin Nutr. 2007 Jun;85(6):1586-91.

※93：Vitamin D and mortality: meta-analysis of individual participant data from a large consortium of cohort studies from Europe and the United States.
BMJ. 2014 Jun 17;348:g3656. doi: 10.1136/bmj.g3656.

※94：Vitamin D supplementation for prevention of mortality in adults.
Cochrane Database Syst Rev. 2014 Jan 10;(1):CD007470. doi: 10.1002/14651858.CD007470.pub3.

※95：1,25(OH)2-vitamin D3 enhances the stimulating effect of leucine and insulin on protein synthesis rate through Akt/PKB and mTOR mediated pathways in murine C2C12 skeletal myotubes.
Mol Nutr Food Res. 2013 Dec;57(12):2137-46. doi: 10.1002/mnfr.201300074. Epub 2013 Aug 9.

※96：1, 25(OH)2D3 protects β cell against high glucose-induced apoptosis through mTOR suppressing.
Mol Cell Endocrinol. 2015 Oct 15;414:111-9. doi: 10.1016/j.mce.2015.07.023. Epub 2015 Jul 26.

※97：Gene targeting by the vitamin D response element binding protein reveals a role for vitamin D in osteoblast mTOR signaling.
FASEB J. 2011 Mar;25(3):937-47. doi: 10.1096/fj.10-172577. Epub 2010 Dec 1.

※98：活性型ビタミンD3のヒト筋管における骨格筋萎縮因子への作用メカニズムに関する研究

※**99**：Vitamin D treatment improves levels of sexual hormones, metabolic parameters and erectile function in middle-aged vitamin D deficient men.
Aging Male. 2017 Jan 11:1-8. doi: 10.1080/13685538.2016.1271783.

※**100**：Vitamin D status affects strength gains in older adults supplemented with a combination of β-hydroxy-β-methylbutyrate, arginine, and lysine: a cohort study.
JPEN J Parenter Enteral Nutr. 2011 Nov;35(6):757-62. doi: 10.1177/0148607111413903. Epub 2011 Aug 1.

※**101**：Effects of a long-term vitamin D and calcium supplementation on falls and parameters of muscle function in community-dwelling older individuals.
Osteoporos Int. 2009 Feb;20(2):315-22. doi: 10.1007/s00198-008-0662-7. Epub 2008 Jul 16.

※**102**：Effect of vitamin D supplementation on cardiovascular disease risk factors and exercise performance in healthy participants: a randomized placebo-controlled preliminary study.
Ther Adv Endocrinol Metab. 2016 Aug;7(4):153-65. doi: 10.1177/2042018816653357. Epub 2016 Jun 20.

※**103**：Gamma-tocotrienol modulation of senescence-associated gene expression prevents cellular aging in human diploid fibroblasts.
Clinics (Sao Paulo). 2012;67(2):135-43.

※**104**：Vitamin E Supplementation Delays Cellular Senescence In Vitro.
Biomed Res Int. 2015;2015:563247. doi: 10.1155/2015/563247. Epub 2015 Nov 3.

※**105**：Effect of low dose antioxidant vitamin and trace element supplementation on the urinary concentrations of thromboxane and prostacyclin metabolites.
J Am Coll Nutr. 2007 Oct;26(5):405-11.

※**106**：Effects of supplementation with the fat-soluble vitamins E and D on fasting flow-mediated vasodilation in adults: a meta-analysis of randomized controlled trials.
Nutrients. 2015 Mar 10;7(3):1728-43. doi: 10.3390/nu7031728.

※**107**：Effect of vitamin C and vitamin E supplementation on endothelial function: a systematic review and meta-analysis of randomised controlled trials.
Br J Nutr. 2015 Apr 28;113(8):1182-94. doi: 10.1017/S0007114515000227.

※**108**：Vitamin-mineral supplementation and the progression of atherosclerosis: a meta-analysis of randomized controlled trials.
Am J Clin Nutr. 2006 Oct;84(4):880-7; quiz 954-5.

※**109**：A randomized factorial trial of vitamins C and E and beta carotene in the secondary prevention of cardiovascular events in women: results from the Women's Antioxidant Cardiovascular Study.
Arch Intern Med. 2007 Aug 13-27;167(15):1610-8.

※**110**：Promotion of plasma membrane repair by vitamin E.
Nat Commun. 2011 Dec 20;2:597. doi: 10.1038/ncomms1594.

※**111**：The antioxidant requirement for plasma membrane repair in skeletal muscle.
Free Radic Biol Med. 2015 Jul;84:246-53. doi: 10.1016/j.freeradbiomed.2015.03.016. Epub 2015 Apr 3.

※**112**：陸上競技中長距離選手の持久力に及ぼすビタミンE投与の影響

※**113**：alpha-Tocopherol supplementation in racing cyclists during extreme endurance training.
Int J Sport Nutr. 1994 Sep;4(3):253-64.

※**114**：Effect of vitamin E on function of pituitary-gonadal axis in male rats and human subjects.
Endocrinol Jpn. 1982 Jun;29(3):287-92.

※**115**：Trial of d-alpha-tocopherol in Huntington's disease.
Am J Psychiatry. 1995 Dec;152(12):1771-5.

※**116**：Pioglitazone, vitamin E, or placebo for nonalcoholic steatohepatitis.
N Engl J Med. 2010 May 6;362(18):1675-85. doi: 10.1056/NEJMoa0907929. Epub 2010 Apr.

※**117**：Serum alpha-tocopherol and gamma-tocopherol in relation to prostate cancer risk in a prospective study.
J Natl Cancer Inst. 2005 Mar 2;97(5):396-9.

※118：Gamma-tocopherol induces apoptosis in androgen-responsive LNCaP prostate cancer cells via caspase-dependent and independent mechanisms.
Ann N Y Acad Sci. 2004 Dec;1031:399-400.

※119：Gamma-tocopherol, but not alpha-tocopherol, decreases proinflammatory eicosanoids and inflammation damage in rats.
FASEB J. 2003 May;17(8):816-22.

※120：gamma-tocopherol and its major metabolite, in contrast to alpha-tocopherol, inhibit cyclooxygenase activity in macrophages and epithelial cells.
Proc Natl Acad Sci U S A. 2000 Oct 10;97(21):11494-9.

※121：Gamma, but not alpha, tocopherol levels in serum are reduced in coronary heart disease patients.
J Intern Med. 1996 Feb;239(2):111-7.

※122：Gamma-tocopherol inhibits human cancer cell cycle progression and cell proliferation by down-regulation of cyclins.
FASEB J. 2002 Dec;16(14):1952-4. Epub 2002 Oct 4.

※123：Oral alpha-tocopherol supplements decrease plasma gamma-tocopherol levels in humans.
J Nutr. 1985 Jun;115(6):807-13.

※124：Oral tocotrienols are transported to human tissues and delay the progression of the model for end-stage liver disease score in patients.
J Nutr. 2012 Mar;142(3):513-9. doi: 10.3945/jn.111.151902. Epub 2012 Feb 1.

※125：Effect of combined administration of vitamin D3 and vitamin K2 on bone mineral density of the lumbar spine in postmenopausal women with osteoporosis.
J Orthop Sci. 2000;5(6):546-51.

※126：Effect of vitamin K on bone mineral density: a meta-analysis of randomized controlled trials.
J Bone Miner Metab. 2012 Jan;30(1):60-8. doi: 10.1007/s00774-011-0287-3. Epub 2011 Jun 15.

※127：Dietary intake of menaquinone is associated with a reduced risk of coronary heart disease: the Rotterdam Study.
J Nutr. 2004 Nov;134(11):3100-5.

※128：Beneficial effects of vitamins D and K on the elastic properties of the vessel wall in postmenopausal women: a follow-up study.
Thromb Haemost. 2004 Feb;91(2):373-80.

※129：Role of vitamin K2 in the development of hepatocellular carcinoma in women with viral cirrhosis of the liver.
J Orthop Sci. 2000;5(6):546-51.

※130：Effect of vitamin K supplementation on insulin resistance in older men and women.
Diabetes Care. 2008 Nov;31(11):2092-6. doi: 10.2337/dc08-1204. Epub 2008 Aug 12.

※131：Dietary vitamin K intake in relation to cancer incidence and mortality: results from the Heidelberg cohort of the European Prospective Investigation into Cancer and Nutrition (EPIC-Heidelberg).
Am J Clin Nutr. 2010 May;91(5):1348-58. doi: 10.3945/ajcn.2009.28691. Epub 2010 Mar 24.

※132：Dietary intake of vitamin K is inversely associated with mortality risk.
J Nutr. 2014 May;144(5):743-50. doi: 10.3945/jn.113.187740. Epub 2014 Mar 19.

※133：Vitamin K and hepatocellular carcinoma: The basic and clinic.
World J Clin Cases. 2015 Sep 16;3(9):757-64. doi: 10.12998/wjcc.v3.i9.757.

※134：Vitamin K deficiency from dietary vitamin K restriction in humans.
Am J Clin Nutr. 1988 Mar;47(3):475-80.

※135：Dietary induced subclinical vitamin K deficiency in normal human subjects.
J Clin Invest. 1993 Apr;91(4):1761-8.

Part2 ミネラル(P128～221)

※1:Association of the renin-sodium profile with the risk of myocardial infarction in patients with hypertension.
N Engl J Med. 1991 Apr 18;324(16):1098-104.

※2:Epigenetic modulation of the renal β-adrenergic-WNK4 pathway in salt-sensitive hypertension.
Nat Med. 2011 May;17(5):573-80. doi: 10.1038/nm.2337. Epub 2011 Apr 17.

※3:Effects of sodium restriction on blood pressure, renin, aldosterone, catecholamines, cholesterols, and triglyceride: a meta-analysis.
JAMA. 1998 May 6;279(17):1383-91.

※4:Negative balance of calcium and magnesium under relatively low sodium intake in humans.
J Nutr Sci Vitaminol (Tokyo). 2003 Jun;49(3):201-9.

※5:Studies Support Population-Based Efforts to Lower Excessive Dietary Sodium Intakes,
But Raise Questions About Potential Harm From Too Little Salt Intake.
National Academy of Sciences.

※6:Compared with usual sodium intake, low- and excessive-sodium diets are associated with increased mortality: a meta-analysis.
Am J Hypertens. 2014 Sep;27(9):1129-37. doi: 10.1093/ajh/hpu028. Epub 2014 Mar 20.

※7:Salt Promotes Passive Overconsumption of Dietary Fat in Humans.
J Nutr. 2016 Mar 2. pii: jn226365. [Epub ahead of print]

※8:Glucocorticoids increase salt appetite by promoting water and sodium excretion.
Am J Physiol Regul Integr Comp Physiol. 2007 Sep;293(3):R1444-51. Epub 2007 Jun 27.

※9:Lower sodium intake reduces blood pressure in adults and children, but is not associated with a reduced risk of all CVD or all cause mortality.
Evid Based Med. 2014 Feb;19(1):33-4. doi: 10.1136/eb-2013-101385. Epub 2013 Jul 1.

※10:Effects of oral potassium on blood pressure. Meta-analysis of randomized controlled clinical trials.
JAMA. 1997 May 28;277(20):1624-32.

※11:Daily potassium intake and sodium-to-potassium ratio in the reduction of blood pressure: a meta-analysis of randomized controlled trials.
J Hypertens. 2015 Aug;33(8):1509-20. doi: 10.1097/HJH.0000000000000611.

※12:Are low intakes of calcium and potassium important causes of cardiovascular disease?
Am J Hypertens. 2001 Jun;14(6 Pt 2):206S-212S.

※13:日本医療福祉生活協同組合連合会資料より

※14:Urinary sodium and potassium excretion, mortality, and cardiovascular events.
N Engl J Med. 2014 Aug 14;371(7):612-23. doi: 10.1056/NEJMoa1311889.

※15:Calcium intake and risk of fracture: systematic review.
BMJ. 2015 Sep 29;351:h4580. doi: 10.1136/bmj.h4580.

※16:Calcium intake and bone mineral density: systematic review and meta-analysis.
BMJ. 2015 Sep 29;351:h4183. doi: 10.1136/bmj.h4183.

※17:Calcium supplements with or without vitamin D and risk of cardiovascular events: reanalysis of the Women's Health Initiative limited access dataset and meta-analysis.
BMJ. 2011 Apr 19;342:d2040. doi: 10.1136/bmj.d2040.

※18:Dietary and supplemental calcium intake and mortality.
JAMA Intern Med. 2013 Oct 28;173(19):1841. doi: 10.1001/jamainternmed.2013.9260.

※19:Ryanodine receptor oxidation causes intracellular calcium leak and muscle weakness in aging.
Cell Metab. 2011 Aug 3;14(2):196-207. doi: 10.1016/j.cmet.2011.05.014.

※20:Remodeling of ryanodine receptor complex causes "leaky" channels: a molecular mechanism for decreased exercise capacity.
Proc Natl Acad Sci U S A. 2008 Feb 12;105(6):2198-202. doi: 10.1073/pnas.0711074105. Epub 2008 Feb 11.

※21:Genetically enhancing mitochondrial antioxidant activity improves muscle function in aging.
Proc Natl Acad Sci U S A. 2014 Oct 21;111(42):15250-5. doi: 10.1073/pnas.1412754111. Epub 2014 Oct 6.

※22:Calcium intake and colorectal cancer risk: dose-response meta-analysis of prospective observational studies.
Int J Cancer. 2014 Oct 15;135(8):1940-8. doi: 10.1002/ijc.28840. Epub 2014 Mar 29.

※23:Dairy products, calcium, and prostate cancer risk: a systematic review and meta-analysis of cohort studies.
Am J Clin Nutr. 2015 Jan;101(1):87-117. doi: 10.3945/ajcn.113.067157. Epub 2014 Nov 19.

※24:Calcium and vitamin D supplementation is associated with decreased abdominal visceral adipose tissue in overweight and obese adults.
Am J Clin Nutr. 2012 Jan;95(1):101-8. doi: 10.3945/ajcn.111.019489. Epub 2011 Dec 14.

※25:Dairy augmentation of total and central fat loss in obese subjects.
Int J Obes (Lond). 2005 Apr;29(4):391-7.

※26:Role of calcium and dairy products in energy partitioning and weight management.
Am J Clin Nutr. 2004 May;79(5):907S-912S.

※27:Correlation between plasma calcium, parathyroid hormone (PTH) and the metabolic syndrome (MetS) in a community-based cohort of men and women.
Clin Endocrinol (Oxf). 2009 Nov;71(5):673-8. doi: 10.1111/j.1365-2265.2009.03558.x. Epub 2009 Feb 25.

※28:Parathyroid hormone is associated with incident diabetes in white, but not black adults: The Atherosclerosis Risk in Communities (ARIC) Study.
Diabetes Metab. 2016 Jun;42(3):162-9. doi: 10.1016/j.diabet.2015.12.004. Epub 2016 Jan 15.

※29:Use of calcium or calcium in combination with vitamin D supplementation to prevent fractures and bone loss in people aged 50 years and older: a meta-analysis.
Lancet. 2007 Aug 25;370(9588):657-66.

※30:Need for additional calcium to reduce the risk of hip fracture with vitamin d supplementation: evidence from a comparative metaanalysis of randomized controlled trials.
J Clin Endocrinol Metab. 2007 Apr;92(4):1415-23. Epub 2007 Jan 30.

※31:Associations of dietary iron intake with mortality from cardiovascular disease: the JACC study.
J Epidemiol. 2012;22(6):484-93. Epub 2012 Sep 15.

※32:Dietary Iron Intake and Body Iron Stores Are Associated with Risk of Coronary Heart Disease in a Meta-Analysis of Prospective Cohort Studies.
Journal of Nutrition, 2014; 144 (3): 359 DOI: 10.3945/jn.113.185124.

※33:Lactoferrin directly scavenges hydroxyl radicals and undergoes oxidative self-degradation: a possible role in protection against oxidative DNA damage.
Int J Mol Sci. 2014 Jan 14;15(1):1003-13. doi: 10.3390/ijms15011003.

※34:Effects of daily iron supplementation in primary-school-aged children: systematic review and meta-analysis of randomized controlled trials.
CMAJ. 2013 Nov 19;185(17):E791-802. doi: 10.1503/cmaj.130628. Epub 2013 Oct 15.

※35:Iron treatment normalizes cognitive functioning in young women.
Am J Clin Nutr. 2007 Mar;85(3):778-87.

※36:Short-term zinc supplementation in women with non-insulin-dependent diabetes mellitus: effects on plasma 5'-nucleotidase activities, insulin-like growth factor I concentrations, and lipoprotein oxidation rates in vitro.
Am J Clin Nutr. 1997 Sep;66(3):639-42.

※37:Zinc increases the effects of essential amino acids-whey protein supplements in frail elderly.
J Nutr Health Aging. 2009 Jun;13(6):491-7.

※38:Effect of zinc supplementation on insulin resistance and components of the metabolic syndrome in prepubertal obese children.
Hormones (Athens). 2009 Oct-Dec;8(4):279-85.

※39:Effect of zinc supplementation on markers of insulin resistance, oxidative stress, and inflammation among prepubescent children with metabolic syndrome.
Metab Syndr Relat Disord. 2010 Dec;8(6):505-10. doi: 10.1089/met.2010.0020. Epub 2010 Oct 28.

※40:Effect of zinc supplementation on antioxidant activity in young wrestlers.
Biol Trace Elem Res. 2010 Apr;134(1):55-63. doi: 10.1007/s12011-009-8457-z. Epub 2009 Jul 14.

※41:Toll-like receptor-mediated regulation of zinc homeostasis influences dendritic cell function.
Nat Immunol. 2006 Sep;7(9):971-7. Epub 2006 Aug 6.

※42:Zinc for the common cold.
Cochrane Database Syst Rev. 2011 Feb 16;(2):CD001364. doi: 10.1002/14651858.CD001364.pub3.

※43:Zinc sulfate supplementation for treatment of recurring oral ulcers.
South Med J. 1977 May;70(5):559-61.

※44:A randomized clinical trial on the treatment of oral herpes with topical zinc oxide/glycine.
Altern Ther Health Med. 2001 May-Jun;7(3):49-56.

※45:Zinc lozenges may shorten the duration of colds: a systematic review.
Open Respir Med J. 2011;5:51-8. doi: 10.2174/1874306401105010051. Epub 2011 Jun 23.

※46:The effectiveness of high dose zinc acetate lozenges on various common cold symptoms: a meta-analysis.
BMC Fam Pract. 2015 Feb 25;16:24. doi: 10.1186/s12875-015-0237-6.

※47:Effects of a Novel Zinc-Magnesium Formulation on Hormones and Strength.
Journal of Exercise Physiology Online. 3 (4): 26–36.

※48:Effects of Zinc Magnesium Aspartate (ZMA) Supplementation on Training Adaptations and Markers of Anabolism and Catabolism.
J Int Soc Sports Nutr. 2004; 1(2): 12–20.

※49:Serum testosterone and urinary excretion of steroid hormone metabolites after administration of a high-dose zinc supplement.
Eur J Clin Nutr. 2009 Jan;63(1):65-70. Epub 2007 Sep 19.

※50:The effect of exhaustion exercise on thyroid hormones and testosterone levels of elite athletes receiving oral zinc.
Neuro Endocrinol Lett. 2006 Feb-Apr;27(1-2):247-52.

※51:Effect of fatiguing bicycle exercise on thyroid hormone and testosterone levels in sedentary males supplemented with oral zinc.
Neuro Endocrinol Lett. 2007 Oct;28(5):681-5.

※52:Zinc arginine, a 5 alpha-reductase inhibitor, reduces rat ventral prostate weight and DNA without affecting testicular function.
Andrologia. 1993 Nov-Dec;25(6):369-75.

※53:The effect of zinc on the 5 alpha-reduction of testosterone by the hyperplastic human prostate gland.
J Steroid Biochem. 1984 Feb;20(2):651-5.

※54:Inhibition of 5 alpha-reductase activity in human skin by zinc and azelaic acid.
Br J Dermatol. 1988 Nov;119(5):627-32.

※55:Zinc monotherapy increases serum brain-derived neurotrophic factor (BDNF) levels and decreases depressive symptoms in overweight or obese subjects: a double-blind, randomized, placebo-controlled trial.
Nutr Neurosci. 2015 May;18(4):162-8. doi: 10.1179/1476830513Y.0000000105. Epub 2014 Jan 7.

※56:Effects of zinc supplementation on efficacy of antidepressant therapy, inflammatory cytokines, and brain-derived neurotrophic factor in patients with major depression.
Nutr Neurosci. 2014 Feb;17(2):65-71. doi: 10.1179/1476830513Y.0000000066. Epub 2013 Nov 26.

※57：Effect of Zinc Supplementation on GH, IGF1, IGFBP3, OCN, and ALP in Non-Zinc-Deficient Children.
J Am Coll Nutr. 2015;34(4):290-9. doi: 10.1080/07315724.2014.929511. Epub 2015 Mar 11.

※58：Oral zinc supplementation may improve cognitive function in schoolchildren.
Biol Trace Elem Res. 2013 Oct;155(1):23-8. doi: 10.1007/s12011-013-9766-9. Epub 2013 Jul 28.

※59：[Effects of high level Zn intake on metabolism in man].
Wei Sheng Yan Jiu. 2004 Nov;33(6):727-31.

※60：Zinc supplement use and risk of prostate cancer.
J Natl Cancer Inst. 2003 Jul 2;95(13):1004-7.

※61：Daily oral magnesium supplementation suppresses bone turnover in young adult males.
J Clin Endocrinol Metab. 1998 Aug;83(8):2742-8.

※62：A randomized controlled study of effects of dietary magnesium oxide supplementation on bone mineral content in healthy girls.
J Clin Endocrinol Metab. 2006 Dec;91(12):4866-72. Epub 2006 Oct 3.

※63：Circulating and dietary magnesium and risk of cardiovascular disease: a systematic review and meta-analysis of prospective studies.
Am J Clin Nutr. 2013 Jul;98(1):160-73. doi: 10.3945/ajcn.112.053132. Epub 2013 May 29.

※64：Magnesium and the risk of cardiovascular events: a meta-analysis of prospective cohort studies.
PLoS One. 2013;8(3):e57720. doi: 10.1371/journal.pone.0057720. Epub 2013 Mar 8.

※65：The effect of magnesium supplementation on blood pressure: a meta-analysis of randomized clinical trials.
Am J Hypertens. 2002 Aug;15(8):691-6.

※66：Beneficial effects of oral magnesium supplementation on insulin sensitivity and serum lipid profile.
Med Sci Monit. 2010 Jun;16(6):CR307-312.

※67：Oral magnesium supplementation reduces insulin resistance in non-diabetic subjects - a double-blind, placebo-controlled, randomized trial.
Diabetes Obes Metab. 2011 Mar;13(3):281-4. doi: 10.1111/j.1463-1326.2010.01332.x.

※68：Magnesium improves the beta-cell function to compensate variation of insulin sensitivity: double-blind, randomized clinical trial.
Eur J Clin Invest. 2011 Apr;41(4):405-10. doi: 10.1111/j.1365-2362.2010.02422.x. Epub 2011 Jan 17.

※69：Funato, Y., Yamazaki, D., Okuzaki, D. et al. Importance of the renal ion channel TRPM6 in the circadian secretion of renin to raise blood pressure. Nat Commun 12, 3683 (2021).

※70：On the significance of magnesium in extreme physical stress.
Cardiovasc Drugs Ther. 1998 Sep;12 Suppl 2:197-202.

※71：Magnesium, inflammation, and obesity in chronic disease.
Nutr Rev. 2010 Jun;68(6):333-40. doi: 10.1111/j.1753-4887.2010.00293.x.

※72：Obesity induced magnesium deficiency can be treated by vitamin D supplementation.
J Pak Med Assoc. 2009 Apr;59(4):258-61.

※73：Oral Mg(2+) supplementation reverses age-related neuroendocrine and sleep EEG changes in humans.
Pharmacopsychiatry. 2002 Jul;35(4):135-43.

※74：Magnesium supplementation improves indicators of low magnesium status and inflammatory stress in adults older than 51 years with poor quality sleep.
Magnes Res. 2010 Dec;23(4):158-68. doi: 10.1684/mrh.2010.0220. Epub 2011 Jan 4.

※75：Mg(2+) block of Drosophila NMDA receptors is required for long-term memory formation and CREB-dependent gene expression.
Neuron. 2012 Jun 7;74(5):887-98. doi: 10.1016/j.neuron.2012.03.039.

※76：Improvement of neurobehavioral disorders in children supplemented with magnesium-vitamin B6. I. Attention deficit hyperactivity disorders.
Magnes Res. 2006 Mar;19(1):46-52.

〔注〕※に記した数字は本文中の(※)を示し、著者が執筆の際に参考にした文献・資料を紹介しています。

※**77**:厚生労働省:医薬医療機器等安全情報No.310

※**78**:Report on Absorption of magnesium sulfate (Epsom salts) across the skin.

※**79**:Copper and immunity.
Am J Clin Nutr. 1998 May;67(5 Suppl):1064S-1068S.

※**80**:Respiratory burst and candidacidal activity of peritoneal macrophages are impaired in copper-deficient rats.
J Nutr. 1990 Dec;120(12):1692-9.

※**81**:Association of oxidative stress to the genesis of anxiety: implications for possible therapeutic interventions.
Curr Neuropharmacol. 2014 Mar;12(2):120-39. doi: 10.2174/1570159X11666131120232135.

※**82**:High-affinity copper block of GABA(A) receptor-mediated currents in acutely isolated cerebellar Purkinje cells of the rat.
Eur J Neurosci. 1998 Feb;10(2):522-8.

※**83**:An N-terminal histidine is the primary determinant of alpha subunit-dependent Cu2+ sensitivity of alphabeta3gamma2L GABA(A) receptors.
Mol Pharmacol. 2003 Nov;64(5):1145-52.

※**84**:Dilated cardiomyopathy and neonatal lethality in mutant mice lacking manganese superoxide dismutase.
Nat Genet. 1995 Dec;11(4):376-81.

※**85**:Neurodegeneration, myocardial injury, and perinatal death in mitochondrial superoxide dismutase-deficient mice.
Proc Natl Acad Sci U S A. 1996 Sep 3; 93(18): 9782–9787.

※**86**:Oxidative stress causes heart failure with impaired mitochondrial respiration.
J Biol Chem. 2006 Nov 3;281(44):33789-801. Epub 2006 Sep 6.

※**87**:Conditional knockout of Mn superoxide dismutase in postnatal motor neurons reveals resistance to mitochondrial generated superoxide radicals.
Neurobiol Dis. 2006 Jul;23(1):169-77. Epub 2006 May 3.

※**88**:Effects of selenium supplements on cancer prevention: meta-analysis of randomized controlled trials.
Nutr Cancer. 2011 Nov;63(8):1185-95. doi: 10.1080/01635581.2011.607544. Epub 2011 Oct 17.

※**89**:The importance of selenium to human health.
Lancet. 2000 Jul 15;356(9225):233-41.

※**90**:Selenium, copper and zinc in seminal plasma of men with varicocele, relationship with seminal parameters.
Biol Trace Elem Res. 2011 Dec;143(3):1247-54. doi: 10.1007/s12011-011-8957-5. Epub 2011 Jan 15.

※**91**:Suppression of thyroid function during ingestion of seaweed "Kombu" (Laminaria japonoca) in normal Japanese adults.
Endocr J. 2008 Dec;55(6):1103-8. Epub 2008 Aug 9.

※**92**:Perinatal goiter with increased iodine uptake and hypothyroidism due to excess maternal iodine ingestion.
Horm Res. 2009;72(6):344-7. doi: 10.1159/000249162. Epub 2009 Oct 21.

※**93**:Effect of chromium dinicocysteinate supplementation on circulating levels of insulin, TNF-α, oxidative stress, and insulin resistance in type 2 diabetic subjects: randomized, double-blind, placebo-controlled study.
Mol Nutr Food Res. 2012 Aug;56(8):1333-41. doi: 10.1002/mnfr.201100719. Epub 2012 Jun 6.

※**94**:Beneficial effect of chromium supplementation on glucose, HbA1C and lipid variables in individuals with newly onset type-2 diabetes.
J Trace Elem Med Biol. 2011 Jul;25(3):149-53. doi: 10.1016/j.jtemb.2011.03.003. Epub 2011 May 12.

※**95**:Improved cognitive-cerebral function in older adults with chromium supplementation.
Nutr Neurosci. 2010 Jun;13(3):116-22. doi: 10.1179/147683010X12611460764084.

※**96**:Effects of short-term chromium supplementation on insulin sensitivity and body composition in overweight children: randomized, double-blind, placebo-controlled study.
J Nutr Biochem. 2011 Nov;22(11):1030-4. doi: 10.1016/j.jnutbio.2010.10.001. Epub 2011 Jan 8.

※97:Effects of niacin-bound chromium and grape seed proanthocyanidin extract on the lipid profile of hypercholesterolemic subjects: a pilot study.
J Med. 2000;31(5-6):227-46.

※98:Effect of chromium nicotinic acid supplementation on selected cardiovascular disease risk factors.
Biol Trace Elem Res. 1996 Dec;55(3):297-305.

※99:Role of sulphate in development.
Reproduction. 2013 Jul 29;146(3):R81-9. doi: 10.1530/REP-13-0056. Print 2013 Sep.

※100:Sulfotransferases, sulfatases and formylglycine-generating enzymes: a sulfation fascination.
Curr Opin Chem Biol. 2008 Oct;12(5):573-81. doi: 10.1016/j.cbpa.2008.06.018.

※101:コバルトの貧血に及ぼす実験的並びに臨床的効果(第一報)
日本内科学会雑誌　Vol.44(1955-1956) No.6 P534-539

※102:子宮癌患者の貧血に対するコバルト鉄の応用
臨床婦人科産科

※103:Effects of vanadyl sulfate on carbohydrate and lipid metabolism in patients with non-insulin-dependent diabetes mellitus.
Metabolism. 1996 Sep;45(9):1130-5.

※104:Oral vanadyl sulfate improves hepatic and peripheral insulin sensitivity in patients with non-insulin-dependent diabetes mellitus.
J Clin Invest. 1995 Jun;95(6):2501-9.

※105:Oral vanadyl sulfate improves insulin sensitivity in NIDDM but not in obese nondiabetic subjects.
Diabetes. 1996 May;45(5):659-66.

※106:In vivo and in vitro studies of vanadate in human and rodent diabetes mellitus.
Mol Cell Biochem. 1995 Dec 6-20;153(1-2):217-31.

※107:健常成人女性における高飽和脂肪酸食摂取時の軽度インスリン抵抗性に対するバナジウム含有水の影響
栄養学雑誌　Vol. 62(2004) No. 4 P227-234

※108:バナジウム含有天然水の糖尿病改善作用における考察
渋市 郁雄, 安江 正明, 加藤 克彦, 渡邉 泰雄, Biomedical Research on Trace Elements, **2006年17巻1号**, **p.11-16**

Part 3　活性酸素とスカベンジャー(P226～314)

※1:The serial cultivation of human diploid cell strains.
Exp Cell Res. 1961 Dec;25:585-621.

※2:Aging of the collagen fiber.
Int Rev Connect Tissue Res. 1964;2:243-300.

※3:エラー破綻説特に蛋白合成および分解に関する諸問題IV-3.
臨床老年医学大系・基礎老年医学総論, 情報開発研究所, 1983, p91―119.

※4:Xanthine oxidase-induced injury to endothelium: role of intracellular iron and hydroxyl radical.
Am J Physiol. 1989 Nov;257(5 Pt 2):H1640-6.

※5:Role of neutrophils in ischemia-reperfusion-induced microvascular injury.
Am J Physiol. 1987 Sep;253(3 Pt 2):H699-703.

※6:A monoclonal antibody against the CD18 leukocyte adhesion molecule prevents indomethacin-induced gastric damage in the rabbit.
Gastroenterology. 1991 Apr;100(4):878-83.

※7:Roles of beta 2 integrins of rat neutrophils in complement- and oxygen radical-mediated acute inflammatory injury.
J Immunol. 1992 Mar 15;148(6):1847-57.

※8:Oxygen radicals induce human endothelial cells to express GMP-140 and bind neutrophils.
J Cell Biol. 1991 Feb;112(4):749-59.

※**9**:Hydrogen peroxide stimulates the synthesis of platelet-activating factor by endothelium and induces endothelial cell-dependent neutrophil adhesion.
J Clin Invest. 1988 Dec;82(6):2045-55.

※**10**:Pharmacologic ascorbic acid concentrations selectively kill cancer cells: action as a pro-drug to deliver hydrogen peroxide to tissues.
Proc Natl Acad Sci U S A. 2005 Sep 20;102(38):13604-9. Epub 2005 Sep 12.

※**11**:Pharmacologic doses of ascorbate act as a prooxidant and decrease growth of aggressive tumor xenografts in mice.
Proc Natl Acad Sci U S A. 2008 Aug 12;105(32):11105-9. doi: 10.1073/pnas.0804226105. Epub 2008 Aug 4.

※**12**:Parenteral ascorbate as a cancer therapeutic: a reassessment based on pharmacokinetics.
Antioxid Redox Signal. 2013 Dec 10;19(17):2141-56. doi: 10.1089/ars.2013.5372. Epub 2013 Jun 19.

※**13**:Ascorbic acid and its pro-oxidant activity as a therapy for tumours of oral cavity -- a systematic review.
Arch Oral Biol. 2013 Jun;58(6):563-74. doi: 10.1016/j.archoralbio.2013.01.016. Epub 2013 Mar 8.

※**14**:SOME PRELIMINARY FINDINGS ON PHYSICAL COMPLAINTS FROM A PROSPECTIVE STUDY OF 1,064,004 MEN AND WOMEN.
Am J Public Health Nations Health. 1964 Jan;54:11-23.

※**15**:Associations of specific types of sports and exercise with all-cause and cardiovascular-disease mortality: a cohort study of 80 306 British adults.
Br J Sports Med. 2016 Nov 28. pii: bjsports-2016-096822. doi: 10.1136/bjsports-2016-096822.

※**16**:Oxidants and antioxidants in exercise.
J Appl Physiol (1985). 1995 Sep;79(3):675-86.

※**17**:Effect of physical exercise on the content of 8-hydroxydeoxyguanosine in nuclear DNA prepared from human lymphocytes.
Jpn J Cancer Res. 1993 Jul;84(7):720-5.

※**18**:Habitual long-distance running does not enhance urinary excretion of 8-hydroxydeoxyguanosine.
Eur J Appl Physiol Occup Physiol. 1997;75(5):467-9.

※**19**:Effect of physical inactivity on major non-communicable diseases worldwide: an analysis of burden of disease and life expectancy.
Lancet. 2012 Jul 21;380(9838):219-29. doi: 10.1016/S0140-6736(12)61031-9.

※**20**:A muscle-specific p38 MAPK/Mef2/MnSOD pathway regulates stress, motor function, and life span in Drosophila.
Dev Cell. 2011 Oct 18;21(4):783-95. doi: 10.1016/j.devcel.2011.09.002.

※**21**:Antioxidants prevent health-promoting effects of physical exercise in humans.
Published online before print May 11, 2009, doi: 10.1073/pnas.0903485106.

※**22**:Ascorbic acid supplementation does not attenuate post-exercise muscle soreness following muscle-damaging exercise but may delay the recovery process.
Br J Nutr. 2006 May;95(5):976-81.

※**23**:Effects of resistance training combined with antioxidant supplementation on fat-free mass and insulin sensitivity in healthy elderly subjects.
Diabetes Res Clin Pract. 2010 Jan;87(1):e1-3. doi: 10.1016/j.diabres.2009.10.001. Epub 2009 Nov 1.

※**24**:Response of blood cell antioxidant enzyme defences to antioxidant diet supplementation and to intense exercise.
Eur J Nutr. 2006 Jun;45(4):187-95. Epub 2005 Dec 22.

※**25**:Vitamin and mineral supplementation effect on muscular activity and cycling efficiency in master athletes.
Appl Physiol Nutr Metab. 2010 Jun;35(3):251-60. doi: 10.1139/H10-014.

※**26**:Induction of superoxide dismutase in leukocytes by paraquat: correlation with age and possible predictor of longevity.
Blood. 1990 Aug 15;76(4):835-41.

※**27**:Ubiquinol-10 protects human low density lipoprotein more efficiently against lipid peroxidation than does alpha-tocopherol.
Proc Natl Acad Sci U S A. 1991 Mar 1;88(5):1646-50.

※28：Formation of Lipid Hydroperoxides in the Cupric Ion-induced Oxidation of Plasma and Low Density Lipoprotein. Oxidative Damage and Repair. 1st Edn., Pergamon Press, London, pp: 287-291.

※29：Free radical-mediated chain oxidation of low density lipoprotein and its synergistic inhibition by vitamin E and vitamin C.
Arch Biochem Biophys. 1990 Jun;279(2):402-5.

※30：Vitamin C exhibits pro-oxidant properties.
Nature. 1998 Apr 9;392(6676):559.

※31：Evidence for an ascorbate shuttle for the transfer of reducing equivalents across chromaffin granule membranes.
J Biol Chem. 1986 Feb 25;261(6):2529-35.

※32：Oral tocotrienols are transported to human tissues and delay the progression of the model for end-stage liver disease score in patients.
J Nutr. 2012 Mar;142(3):513-9. doi: 10.3945/jn.111.151902. Epub 2012 Feb 1.

※33：Lipids 24 (7), 579-584 (1989).
Kalen A, et al.

※34：The effects of coenzyme Q10 administration on glucose homeostasis parameters, lipid profiles, biomarkers of inflammation and oxidative stress in patients with metabolic syndrome.
Eur J Nutr. 2015 Sep 18.

※35：Ubiquinol supplementation enhances peak power production in trained athletes: a double-blind, placebo controlled study.
J Int Soc Sports Nutr. 2013 Apr 29;10:24. doi: 10.1186/1550-2783-10-24. eCollection 2013.

※36：Effect of coenzyme Q10 administration on endothelial function and extracellular superoxide dismutase in patients with ischaemic heart disease: a double-blind, randomized controlled study.
Eur Heart J. 2007 Sep;28(18):2249-55. Epub 2007 Jul 19.

※37：Coenzyme Q10 and exercise training in chronic heart failure.
Eur Heart J. 2006 Nov;27(22):2675-81. Epub 2006 Aug 1.

※38：alpha-Lipoic acid as a biological antioxidant.
Free Radic Biol Med. 1995 Aug;19(2):227-50.

※39：The pharmacology of the antioxidant lipoic acid.
Gen Pharmacol. 1997 Sep;29(3):315-31.

※40：Glycemic and oxidative status of patients with type 2 diabetes mellitus following oral administration of alpha-lipoic acid: a randomized double-blinded placebo-controlled study.
Asia Pac J Clin Nutr. 2012;21(1):12-21.

※41：α-Lipoic acid, diabetic neuropathy, and Nathan's prophecy.
Angiology. 2012 Feb;63(2):81-3. doi: 10.1177/0003319711421165.

※42：α-Lipoic acid regulates lipid metabolism through induction of sirtuin 1 (SIRT1) and activation of AMP-activated protein kinase.
Diabetologia. 2012 Jun;55(6):1824-35. doi: 10.1007/s00125-012-2530-4. Epub 2012 Mar 30.

※43：Lipoic acid is 10 times more toxic in cats than reported in humans, dogs or rats.
J Anim Physiol Anim Nutr (Berl). 2004 Apr;88(3-4):150-6.

※44：Singlet oxygen quenching ability of astaxanthin esters from the green alga Haematococcus pluvialis.
Biotechnol. Lett., 1999, 21, 265-269.

※45：Quenching of singlet oxygen by carotenoids produced in escherichia coli - attenuation of singlet oxygen-mediated bacterial killing by carotenoids.
FEBS Lett. 2000 Nov 10;484(3):280-4.

※46：Antioxidant activity of xanthophylls on peroxyl radical-mediated phospholipid peroxidation.
Biochim Biophys Acta. 1992 Jun 22;1126(2):178-84.

※**47**:Astaxanthin and peridinin inhibit oxidative damage in Fe(2+)-loaded liposomes: scavenging oxyradicals or changing membrane permeability?
Biochem Biophys Res Commun. 2001 Oct 19;288(1):225-32.

※**48**:Molecular characteristics of astaxanthin and beta-carotene in the phospholipid monolayer and their distributions in the phospholipid bilayer.
Chem Phys Lipids. 2001 Nov;113(1-2):11-22.

※**49**:Effects of astaxanthin supplementation on exercise-induced fatigue in mice.
Biol Pharm Bull. 2006 Oct;29(10):2106-10.

※**50**:Role of carotenoid β-cryptoxanthin in bone homeostasis.
J Biomed Sci. 2012 Apr 2;19:36. doi: 10.1186/1423-0127-19-36.

※**51**:Mechanism of visceral fat reduction in Tsumura Suzuki obese, diabetes (TSOD) mice orally administered β-cryptoxanthin from Satsuma mandarin oranges (Citrus unshiu Marc).
J Agric Food Chem. 2011 Dec 14;59(23):12342-51. doi: 10.1021/jf202821u. Epub 2011 Nov 15.

※**52**:Inhibitory effect of natural carotenoids on Epstein-Barr virus activation activity of a tumor promoter in Raji cells. A screening study for anti-tumor promoters.
Biol Pharm Bull. 1995 Feb;18(2):227-33.

※**53**:The carotenoid beta-cryptoxanthin stimulates the repair of DNA oxidation damage in addition to acting as an antioxidant in human cells.
Carcinogenesis. 2009 Feb;30(2):308-14. doi: 10.1093/carcin/bgn270. Epub 2008 Dec 4.

※**54**:Effects of natural antioxidant ginkgo biloba extract (EGB 761) on myocardial ischemia-reperfusion injury.
Free Radic Biol Med. 1994 Jun;16(6):789-94.

※**55**:Ginkgo biloba extract prevents mucosal damage associated with small-intestinal ischaemia.
Scand J Gastroenterol. 1989 Aug;24(6):666-70.

※**56**:Lipoperoxidation induced by hydrogen peroxide in human erythrocyte membranes. 2. Comparison of the antioxidant effect of Ginkgo biloba extract (EGb 761) with those of water-soluble and lipid-soluble antioxidants.
J Int Med Res. 1995 Jan-Feb;23(1):9-18.

※**57**:イチョウ葉エキスの抗酸化作用
日本油化学会誌 Vol. 46(1997) No.12 p1481-1488

※**58**:緑茶ポリフェノール(カテキン類)のSOD様活性について
New Food Industry,40,17-24,1998

※**59**:Association of green tea consumption with mortality due to all causes and major causes of death in a Japanese population: the Japan Public Health Center-based Prospective Study (JPHC Study).
Ann Epidemiol. 2015 Jul;25(7):512-518.e3. doi: 10.1016/j.annepidem.2015.03.007. Epub 2015 Mar 25.

※**60**:Catechins suppress muscle inflammation and hasten performance recovery after exercise.
Med Sci Sports Exerc. 2013 Sep;45(9):1694-702. doi: 10.1249/MSS.0b013e31828de99f.

※**61**:Flavonoids as Antioxidants.
J. Am. Chem. Soc., 1994, 116 (11), pp 4846–4851.

※**62**:Antioxidant Potential of Gallocatechins. A Pulse Radiolysis and Laser Photolysis Study.
J. Am. Chem. Soc., 1995, 117 (39), pp 9881–9888.

※**63**:Protective effect of epicatechin, epicatechin gallate, and quercetin on lipid peroxidation in phospholipid bilayers.
Arch Biochem Biophys. 1994 Jan;308(1):278-84.

※**64**:Dietary flavonoids as antioxidants.
Forum Nutr. 2009;61:87-94. doi: 10.1159/000212741. Epub 2009 Apr 7.

※**65**:Interaction of flavonoids with ascorbate and determination of their univalent redox potentials: a pulse radiolysis study.
Free Radic Biol Med. 1995 Jul;19(1):45-52.

※66：Disposition of quercetin in man after single oral and intravenous doses.
Eur J Clin Pharmacol. 1975 Dec 19;9(2-3):229-34.

※67：Absorption of dietary quercetin glycosides and quercetin in healthy ileostomy volunteers.
Am J Clin Nutr. 1995 Dec;62(6):1276-82.

※68：Absorption and disposition kinetics of the dietary antioxidant quercetin in man.
Free Radic Biol Med. 1996;21(5):703-7.

※69：Oral administration of nano-emulsion curcumin in mice suppresses inflammatory-induced NFκB signaling and macrophage migration.
PLoS One. 2014 Nov 4;9(11):e111559. doi: 10.1371/journal.pone.0111559. eCollection 2014.

※70：Curcumin protects endothelial cells against homocysteine induced injury through inhibiting inflammation.
Am J Transl Res. 2016 Nov 15;8(11):4598-4604. eCollection 2016.

※71：Curcumin improves the metabolic syndrome in high-fructose-diet-fed rats: role of TNF-α, NF-κB, and oxidative stress.
Can J Physiol Pharmacol. 2016 Aug 17:1-11.

※72：Combined administration of curcumin and gallic acid inhibits gallic acid-induced suppression of steroidogenesis, sperm output, antioxidant defenses and inflammatory responsive genes.
J Steroid Biochem Mol Biol. 2014 Sep;143:49-60. doi: 10.1016/j.jsbmb.2014.02.008. Epub 2014 Feb 22.

※73：Effect of curcumin supplementation on physiological fatigue and physical performance in mice.
Nutrients. 2015 Jan 30;7(2):905-21. doi: 10.3390/nu7020905.

※74：ウコンによる薬物性肝障害により影響を受けた自己免疫性肝炎の1例
肝臓　Vol. 46(2005) No.1 P26-32

※75：Influence of piperine on the pharmacokinetics of curcumin in animals and human volunteers.
Planta Med. 1998 May;64(4):353-6.

※76：Sirtuin regulation of mitochondria: energy production, apoptosis, and signaling.
Trends Biochem Sci. 2010 Dec;35(12):669-75. doi: 10.1016/j.tibs.2010.07.003. Epub 2010 Sep 20.

※77：Activation of SIRT3 by resveratrol ameliorates cardiac fibrosis and improves cardiac function via the TGF-β/Smad3 pathway.
Am J Physiol Heart Circ Physiol. 2015 Mar 1;308(5):H424-34. doi: 10.1152/ajpheart.00454.2014. Epub 2014 Dec 19.

※78：Extending healthy life span--from yeast to humans.
Science. 2010 Apr 16;328(5976):321-6. doi: 10.1126/science.1172539.

※79：The sirtuin SIRT6 regulates lifespan in male mice.
Nature. 2012 Feb 22;483(7388):218-21. doi: 10.1038/nature10815.

※80：SIRT1 is required for AMPK activation and the beneficial effects of resveratrol on mitochondrial function.
Cell Metab. 2012 May 2;15(5):675-90. doi: 10.1016/j.cmet.2012.04.003.

※81：Calorie restriction-like effects of 30 days of resveratrol supplementation on energy metabolism and metabolic profile in obese humans.
Cell Metab. 2011 Nov 2;14(5):612-22. doi: 10.1016/j.cmet.2011.10.002.

※82：Enhanced inhibition of adipogenesis and induction of apoptosis in 3T3-L1 adipocytes with combinations of resveratrol and quercetin.
Life Sci. 2008 May 7;82(19-20):1032-9. doi: 10.1016/j.lfs.2008.03.003. Epub 2008 Mar 21.

※83：Resveratrol promotes myogenesis and hypertrophy in murine myoblasts.
J Transl Med. 2013 Dec 13;11:310. doi: 10.1186/1479-5876-11-310.

※84：Resveratrol products resulting by free radical attack.
Radiation Physics and Chemistry　Volume 77, Issue 6, June 2008, Pages 708–712.

※85：Radical-induced oxidation of trans-resveratrol.
Biochimie. 2012 Mar;94(3):741-7. doi: 10.1016/j.biochi.2011.11.005. Epub 2011 Nov 20.

※86：The cancer preventative agent resveratrol is converted to the anticancer agent piceatannol by the cytochrome P450 enzyme CYP1B1.
Br J Cancer. 2002 Mar 4;86(5):774-8.

※87：RESVERATROL REDUCES ENDOTHELIAL OXIDATIVE STRESS BY MODULATING THE GENE EXPRESSION OF SUPEROXIDE DISMUTASE 1 (SOD1), GLUTATHIONE PEROXIDASE 1 (GPX1) AND NADPH OXIDASE SUBUNIT (NOX4).
J. Physiol Pharmacol 60:111-116, 2009.

※88：Effects of trans-resveratrol on copper-dependent hydroxyl-radical formation and DNA damage: evidence for hydroxyl-radical scavenging and a novel, glutathione-sparing mechanism of action.
Arch Biochem Biophys. 2000 Sep 15;381(2):253-63.

※89：High absorption but very low bioavailability of oral resveratrol in humans.
Drug Metab Dispos. 2004 Dec;32(12):1377-82. Epub 2004 Aug 27.

※90：Effects of resveratrol on cerebral blood flow variables and cognitive performance in humans: a double-blind, placebo-controlled, crossover investigation.
Am J Clin Nutr. 2010 Jun;91(6):1590-7. doi: 10.3945/ajcn.2009.28641. Epub 2010 Mar 31.

※91：Chronodisruption and cancer.
Naturwissenschaften. 2008 May;95(5):367-82. doi: 10.1007/s00114-007-0335-y. Epub 2008 Jan 15.

※92：Caloric restriction, resveratrol and melatonin: Role of SIRT1 and implications for aging and related-diseases.
Mech Ageing Dev. 2015 Mar;146-148:28-41. doi: 10.1016/j.mad.2015.03.008. Epub 2015 Mar 27.

※93：Melatonin as adjuvant cancer care with and without chemotherapy: a systematic review and meta-analysis of randomized trials.
Integr Cancer Ther. 2012 Dec;11(4):293-303. doi: 10.1177/1534735411425484. Epub 2011 Oct 21.

※94：Melatonin treatment improves blood pressure, lipid profile, and parameters of oxidative stress in patients with metabolic syndrome.
J Pineal Res. 2011 Apr;50(3):261-6. doi: 10.1111/j.1600-079X.2010.00835.x. Epub 2010 Dec 8.

※95：In Vivo Amelioration of Age-Associated Hallmarks by Partial Reprogramming.
Cell. 2016 Dec 15;167(7):1719-1733.e12. doi: 10.1016/j.cell.2016.11.052.

著者Profile

山本義徳 (やまもと・よしのり)

1969年生まれ。ボディビルダー、トレーニング指導者。早稲田大学政治経済学部卒業後、ボディビルダーとして国内外の大会で活躍、優勝経験も多数。その後、アスレティック・トレーナーとして、メジャーリーガー、プロスポーツ選手、オリンピックアスリートのトレーニング指導および栄養指導を担当。また、一般社団法人 パーソナルトレーナー協会理事として後進の育成にも力を入れている。YouTubeチャンネル「山本義徳・筋トレ大学」は、60万人以上の登録者数を誇る。

著書に『「世界一キツい」から筋肉がデカくなる! 山本式3/7法』(小社刊)、『"筋肉博士"山本義徳のかっこいいカラダをつくる筋トレ講座』(ベースボール・マガジン社)、『超初心者でもよくわかる! 自宅でできる 筋トレ大学』(扶桑社)、『最高の健康 科学的に衰えない体をつくる』(KADOKAWA)などがある。

Staff

イラスト　前田はんきち
デザイン　株式会社FANTAGRAPH
校正　有限会社くすのき舎、株式会社聚珍社
編集協力　株式会社フロンテア

※本書は、2017年にPOD（Print on Demand）で発行された『アスリートのための最新栄養学 上下巻』に加筆し、イラストや図版などを加えて再編集したものです。

良質な筋肉をつくるための
山本式・アスリート栄養学　下巻
～微量栄養素とスカベンジャー編～

2022年9月10日　第1刷発行
2023年5月10日　第2刷発行

著者　山本義徳
発行者　永岡純一
発行所　株式会社永岡書店
〒176-8518　東京都練馬区豊玉上1-7-14
代表☎ 03（3992）5155　編集☎ 03（3992）7191
DTP　植田屋
印刷　精文堂印刷
製本　ヤマナカ製本

ISBN978-4-522-43995-1　C0075